职业教育新形态
财会精品系列教材

会计基础

微课版 | 第 3 版

李莉◎主编

周瑞 张卉 王娅 余欣悦◎副主编

BASIC ACCOUNTING

人 民 邮 电 出 版 社
北 京

图书在版编目（CIP）数据

会计基础 : 微课版 / 李莉主编. -- 3 版. -- 北京 : 人民邮电出版社, 2025. -- (职业教育新形态财会精品系列教材). -- ISBN 978-7-115-67439-5

Ⅰ. F230

中国国家版本馆 CIP 数据核字第 2025BS3650 号

内 容 提 要

本书坚持“以就业为导向”的职业教育指导思想，以任务驱动方式组织学习内容。书中按照企业财税工作的内容和流程编排学习内容，分为 3 个模块，每个模块下设若干学习任务，共 11 个学习任务。模块一主要介绍企业创建的相关知识及对会计的初步认知；模块二主要介绍会计核算的基本理论、方法、流程及企业生产经营活动所涉及的财税实务的具体应用；模块三主要介绍企业财务报表的解读与分析。附录中配有相应的会计核算资料（包括真实的原始凭证、记账凭证、会计账簿等资料）。本书充分体现了教学做一体化的教学模式，强化了对基本理论、方法的讲解和操作应用。

本书既可作为高等职业院校经管类非会计专业财税基础、会计基础等课程的教材，也可作为在职人员培训用书或自学财务、会计、税收等财税知识的参考书。

♦ 主　　编　李　莉
副 主 编　周　瑞　张　卉　王　娅　余欣悦
责任编辑　曹可可
责任印制　王　郁　彭志环

♦ 人民邮电出版社出版发行　　北京市丰台区成寿寺路 11 号
邮编　100164　　电子邮件　315@ptpress.com.cn
网址　https://www.ptpress.com.cn
三河市兴达印务有限公司印刷

♦ 开本：787×1092　1/16
印张：15.5　　2025 年 8 月第 3 版
字数：408 千字　　2025 年 8 月河北第 1 次印刷

定价：56.00 元

读者服务热线：(010)81055256　印装质量热线：(010)81055316
反盗版热线：(010)81055315

第 3 版前言

本书第 2 版的修订内容主要涉及收入、金融工具确认与计量等具体会计准则的修订，财务报表部分列报项目的更新，以及融入素养元素等。其中较为重要的是新增了素质内容，以贯彻党中央提出的职业院校要培养德才兼备的高技能人才的基本要求。根据各知识点，书中对应穿插了素质案例让学生在课堂上讨论思辨，以帮助他们树立正确的世界观、人生观、价值观和道德观，为以后从事相应的财经工作奠定扎实的思想基础。本书第 2 版还进一步丰富和完善了相关知识链接、能力拓展等课程教学资源，以有助于学生对会计相关知识的深入理解和财税核算与分析技能的巩固应用。

时隔三年，围绕数字经济大背景，高等职业教育财经商贸类各专业的人才培养目标不断调整，本书第 2 版的部分内容已显陈旧，因此，修订任务迫在眉睫。本书第 3 版修订的主要内容如下：一是根据这三年国家财税政策的新变化，特别是 2024 年 12 月 25 日审议通过的《中华人民共和国增值税法》，及时修订了本书中涉及的相关知识点；二是在模块三企业财务报表的解读与分析部分，增加了基于 Power BI 的大数据分析训练案例，从会计基础课程的角度来帮助学生建立大数据思维，并使其具备一定的大数据分析技能；三是课程资源更加丰富，特别针对各模块中的一些重难点，新增了部分知识链接、微课等资源，以便帮助学生理解，从而突破和解决这些重难点。

第 3 版由四川商务职业学院李莉教授主持完成模块一和模块二的修订、本书部分数据的更新和知识点的勘误；四川商务职业学院周瑞、四川商务职业学院张卉、安徽城市管理职业学院王娅老师完成三个模块任务训练部分题库的修正和更新；四川商务职业学院余欣悦老师完成模块三基于 Power BI 的大数据分析训练案例的编写。

本书第 3 版部分微课及教案等资源可在人邮教育社区（www.ryjiaoyu.com）下载。

由于编者水平有限，书中不足之处恳请读者批评指正。

编者

2025 年 2 月

目　录

模块一

企业财税基础

导读

创建企业时，创办者通常应考虑以下两个方面：一是企业的组织形式，二是企业所能享受的税收优惠政策。不同组织形式、不同经营性质的企业，其享受的税收优惠政策是不同的。接下来，创办者还应考虑企业的注册区域，是普通地区还是开发区、自贸试验区、西部地区，不同地区企业所能享受的税收优惠政策是不同的。

企业完成注册后开始生产经营活动，伴随着业务的开展就会产生各种各样的纳税义务，以及其他经营管理活动。熟悉国家的税制体系，及时足额地缴纳税金，设置健全的会计账簿，全面、完整、系统地核算企业所开展的生产经营活动，是会计工作的基本职责。掌握企业在创建阶段的工商注册、税务知识、资金结算知识，以及初步认识会计工作的性质和内容，是本模块的学习目的。

学习目标

知识目标

- 了解企业的类型和企业的经营过程。
- 了解会计的产生与发展历史，明确会计的含义、特点、目标。
- 熟悉企业创设的相关流程和规定。
- 熟悉我国的税制体系，重点掌握增值税、企业所得税、个人所得税的计算、申报与缴纳方法。

能力目标

- 能够按照规定程序创建企业，并依序办理工商登记等企业注册事宜。
- 能够理解会计信息的质量要求。

素养目标

- 具有劳动精神、工匠精神和爱岗敬业、诚实守信的职业素养。
- 培养自主学习能力，积极主动学习财税知识。

任务一　注册企业

任务导入

张欣从某大学工商管理专业毕业后，决定自主创业。通过市场调研并根据自己的兴趣爱好，他选择代理销售某一体育服装品牌。在父母的资助下，他独自成立了一家企业，企业名称拟为爱伦体育服装公司。请问，张欣需如何操作才能完成企业设立的所有流程？

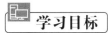

创业者依据目的注册企业，注册一个什么样的企业是一个很重要的选择。企业类型不同，税收待遇就不同，会计核算也存在一定差异。

一、认知企业

企业是指从事生产、运输、贸易等经济活动，以营利为目的，实行自主经营、独立核算、依法设立的经济组织，如工厂、农场、商店、矿山、运输公司等。

企业与行政机关、学校等事业单位和其他社会组织是有区别的。营利性是企业区别于非企业的一个根本标志，凡是不具备这一根本标志的经济组织就不是企业。企业要自负盈亏，用自己的收入弥补发生的相应支出，讲求经济效益；而行政机关、学校等属于非营利组织，它们不以营利为目的。政府等行政组织的经费开支主要依靠财政拨款，一些社团组织的活动经费则主要来自会员的会费和社会赞助。

我国目前的企业类型极为庞杂，主要有以下两种分类标准。

1. 按组织形式分类

（1）个人独资企业。个人独资企业是指依照《中华人民共和国个人独资企业法》在我国境内设立，由一个自然人投资，财产为投资人个人所有，投资人以其个人财产对企业债务承担无限责任的经营实体。个人独资企业是最早、最简单的企业组织形式之一，自诞生起就盛行于手工业、农业、林业、渔业、零售业、服务业等领域。在大多数情况下，个人独资企业为小型企业，其所有者也是管理者，如日杂商店老板、餐馆老板，以及独立执业的医师、律师等专业人士。

知识链接

个体工商户

个体工商户，简称个体户，是我国企业的一种特殊类型。它是指在我国境内以个人财产或者家庭财产作为经营资本，依照《促进个体工商户发展条例》，经核准登记，并在法定的范围内从事工商经营活动的个体经营者。个体工商户多以自然人或家庭的名义对外从事经营活动，采取商铺门店或摊位等经营方式，其经营者与所有者合体，对外以个人财产或家庭财产承担无限责任。如以个人名义申请登记的个体工商户，个体经营，收益也归个人的，其债务由个人财产清偿；如以家庭财产投资，收益的主要部分供家庭成员消费的，其债务由家庭财产清偿。

（2）合伙企业。合伙企业是指自然人、法人和其他组织依照《中华人民共和国合伙企业法》（以下简称《合伙企业法》）在我国境内设立的普通合伙企业和有限合伙企业。例如，医师合伙组建诊所、律师合伙组建律师事务所、注册会计师合伙组建会计师事务所，提供专业服务。合伙企业可能是小型企业，也可能是巨型企业。合伙企业又分为普通合伙企业和有限合伙企业两类。普通合伙企业由普通合伙人组成，合伙人对合伙企业债务承担无限连带责任；有限合伙企业由普通合伙人和有限合伙人组成，普通合伙人对合伙企业债务承担无限连带责任，而有限合伙人以其认缴的出资额为限对合伙企业债务承担责任。依据《合伙企业法》，国有独资公司、国有企业、上市公司及公益性的事业单位、社会团体不得成为普通合伙人。

（3）公司。公司是指依法设立、全部资本由股东出资、以营利为目的的企业。根据《中华人民共和国公司法》（以下简称《公司法》），公司可以分为两种主要形式：有限责任公司和股份有限公司。

① 有限责任公司。有限责任公司又称有限公司，是依据《公司法》由全体股东共同出资设立，每个股东以其认缴的出资额为限对公司承担责任，公司以其全部资产对公司债务承担责任的企业。

有限责任公司由五十个以下股东出资设立，不公开募集资本。有限责任公司包括国有独资公司及其他有限责任公司。

知识链接

一人有限责任公司与国有独资公司

1. 一人有限责任公司

一人有限责任公司是指只有一个自然人股东或一个法人股东的有限责任公司。《公司法》规定：一个自然人只能投资设立一个一人有限责任公司；应当在公司登记中注明自然人独资或者法人独资，并在公司营业执照中载明；应当在每一个会计年度终了时编制财务会计报告，并经会计师事务所审计；一人有限责任公司的股东不能证明公司财产独立于股东自己的财产的，应当对公司债务承担连带责任。

2. 国有独资公司

国有独资公司是指国家单独出资、由国务院或者地方人民政府授权本级人民政府国有资产监督管理机构履行出资人职责的有限责任公司。《公司法》规定：国有独资公司章程由履行出资人职责的机构制定；国有独资公司不设股东会，由履行出资人职责的机构行使股东会职权；履行出资人职责的机构可以授权公司董事会行使股东会的部分职权，但公司的合并、分立、解散、申请破产，增加或者减少注册资本，分配利润，应当由履行出资人职责的机构决定。

② 股份有限公司。股份有限公司又称股份公司，其资本由股份所组成，其全部资本分成等额股份，通过发行股票筹集公司资本，股东以其认购的股份为限对公司承担责任，公司以其全部资产对公司债务承担责任，是规模相对较大的企业。

知识链接

上市公司

上市公司是股份有限公司的一种。所谓上市公司，是指所发行的股票经过国务院或国务院授权的证券管理部门批准，在证券交易所上市交易的股份有限公司。上市公司到证券交易所上市交易，除了必须经过批准，还必须符合一定的条件。

思考

假设爱伦体育服装公司注册为一家个人独资企业，如果将其转化为公司，最大的优点是什么？

2. 按从事的经营活动内容分类

（1）工业企业。工业企业是指为满足社会需要并获得盈利、从事工业性生产经营活动或工业性劳务活动、自主经营、自负盈亏、独立核算且有法人资格的经济组织。

（2）商品流通企业。商品流通企业是指从事商品购销活动、自主经营和自负盈亏的经济组织。商品流通企业的主要经济活动是组织商品流通，即商品的购进、销售、调拨和储存，将商品从生产领域转移到消费领域，以促进工农业生产的发展和满足人民生活的需要，从而实现商品的价值并获得盈利。与工业企业相比，商品流通企业的经营过程主要包括商品购进与销售过程，没有生产过程。

（3）服务型企业。服务型企业是指从事劳务及服务商品生产与销售活动的企业。服务型企业提供的服务商品与其他产业商品相比，具有非实物性、不可储存性和生产与消费同时性等特点。例如，从事餐饮、酒店、旅游、交通运输、仓储、租赁、建筑、安装、金融、邮电、通信等劳务及服务行业的企业均属于服务型企业。

二、企业注册

1. 我国企业的注册管理制度

创业者要想开办企业以开展生产经营活动获取收益，首先要办理企业的注册手续。近年来，我国政府为了有效激发企业创新活力，营造更加宽松、便利的营商环境，坚定不移地推动商事制度改革，大大简化了企业注册登记、注销登记等审批手续，从而提高了企业注册管理的行政效率。通常情况下，企业登记注册的事项主要包括以下方面。

（1）取得行业许可证。我国对很多行业的企业生产经营实行许可制度，即市场准入制度。例如，从事音像制品经营活动，需要获得文化主管部门颁发的音像制品许可证。从事其他行业的经营活动，基本也需要相关行业管理部门颁发的行业许可证。

企业在取得行业许可证后，方能进行工商登记注册。

（2）工商登记注册。创业者注册企业必须经过工商注册登记，满足工商登记要求，才准予经营。

（3）银行开户。根据国家有关规定，凡独立核算的新办企业在取得工商行政管理部门颁发的法人营业执照后，必须在当地银行开设账户。银行存款账户是各单位通过银行办理转账结算、信贷及现金收付业务的工具，具有反映和监督国民经济各部门经济活动的作用。企业在银行开设账户后，除按银行规定的企业库存现金限额保留一定的库存现金满足企业日常零星开支外，超过限额的现金必须存入银行。

企业开设的银行账户主要包括以下几种。

① 基本存款账户。基本存款账户即银行基本户，是指存款人（企业）办理日常转账结算和现金收付的账户。企业的工资、薪金等现金支出，只能通过基本存款账户办理。一家企业只能开设一个基本存款账户。

开设基本存款账户需要持企业在工商、税务等相关部门注册登记后取得的证照、法定代表人身份证、经办人身份证、法定代表人证明书、授权委托书等证件办理；如从他行转户过来，还需提供原基本户的销户回执单。

② 一般存款账户。一般存款账户即一般户，是指存款人因借款或其他结算需要，在基本存款账户开户银行以外的银行营业机构开设的银行结算账户。一般存款账户可办理转账结算和现金缴存，但不能提取现金。一家企业可以开设多个一般存款账户。

③ 专用存款账户。专用存款账户是指企业按照相关规定，对特定用途资金进行专项管理和使用而开设的银行结算账户，如企业厂房、大型机械设备等固定资产建设项目专项资金等。

④ 临时存款账户。临时存款账户是指存款人因临时需要，如设立临时机构、异地临时经营活动等，并在规定期限内使用而开设的银行结算账户。临时存款账户的有效期不得超过两年。

除这些账户外，企业在经营过程中根据需要可能还会开设外汇账户或保证金账户等。如企业经营涉及外币，则要开设外汇账户。外汇账户是指境内机构、驻华机构、个人按照有关账户管理规定在经批准经营外汇存款业务的银行和非银行金融机构为自由兑换货币而开设的账户。

其中，以基本存款账户为例，企业到银行开设账户及后续管理流程如下。

存款人申请开设基本存款账户，应填制开户申请书，提供盖有存款人印章的印鉴卡片，经银行审核同意后开设账户。基本存款账户的开设及后续管理流程如图 1-1 所示。

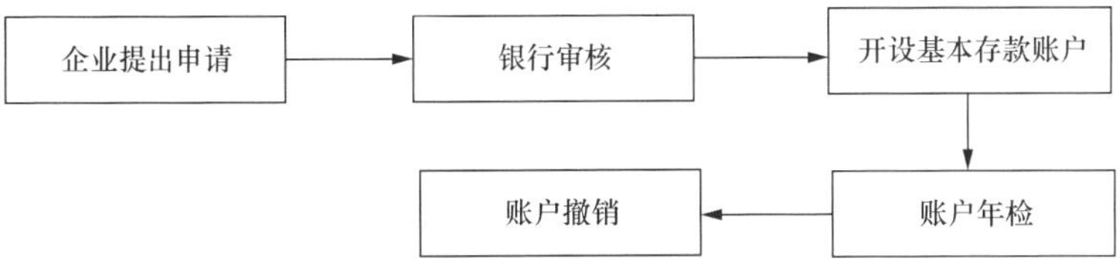

图 1-1　基本存款账户的开设及后续管理流程

AI 问一问

打开并登录 DeepSeek 工具，在输入文本框中输入“注册时填写的注册资本是否越高越好？可能存在哪些风险？”，对 AI 工具生成的答案进行判断与评价。

2. 选择注册区域

素质教育案例 1

个人账户收款的违法行为

注册企业的目的是从事生产经营活动，获得一定的盈利。而企业获得盈利的途径有两个：一是提高收入，二是降低成本。企业要降低成本，创业者在注册企业时即可进行规划。因为企业可以通过选择注册区域降低企业的纳税成本，所以企业注册区域就成为创业者在创建企业时需要首先考虑的基本问题。在其他条件相同的情况下，创业者一般应到低税区注册企业。

低税区是指适用税率较低或可以享受减、免、退税等税收优惠的地区、行业或企业。

（1）低税区地区。

低税区地区包括境内低税区和境外低税区。

① 境内低税区。

我国境内低税区主要包括开发区、自贸试验区和西部地区等区域，这些区域执行不同的税收优惠政策。

- 开发区。我国的开发区分为国家级开发区和地方开发区两个级次。

国家级开发区是由国务院批准在城市规划区内设立的实行国家特定优惠政策的经济技术开发区、保税区、高新技术产业开发区等，属于国家对区域发展的一种高规格的制度支持。入驻开发区的企业除审批手续和环节简捷、有金融扶持等优惠政策外，还可以统一享受减、免、退税等各种税收优惠政策。

地方开发区是地方政府为了发展当地经济，在自己的行政区域划定的开发区域。入驻这些区域的企业，可以享受地方政府制定的包括税收优惠在内的政策，如地方政府从自己分成的增值税中拿出一部分返还入驻企业。但这些入驻企业不能享受国家级开发区的优惠政策，特别是税收优惠政策。

- 自贸试验区。自贸试验区全称为自由贸易试验区。自贸试验区是在主权国家或地区的关境以外，划出的特定区域，供企业入驻、经营。入驻自贸试验区的企业，在贸易和投资等方面除享受比世贸组织有关规定更加优惠的政策外，还享受很多税收优惠政策，如准许境外商品豁免关税且自由进出。

2013 年 9 月，中国第一个自贸试验区在上海成立。入驻上海自贸试验区的企业，可以享受该地区的各项包括税收在内的优惠政策，尤其是留住人才的优惠政策。自贸试验区吸引企业的重要原因，在于其突破了现有制度和机制的限制，在税收制度、管理机制方面提供了创新性的运作机制。

2015年4月，天津、广东、福建获批设立自贸试验区，上海自贸试验区扩展区域加入自贸试验区行列。2017年3月，党中央、国务院决定在辽宁省、浙江省、河南省、湖北省、重庆市、四川省、陕西省新设立7个自贸试验区。2018年10月，国务院批准设立中国（海南）自由贸易试验区（以下简称海南自贸试验区），并发布了《中国（海南）自由贸易试验区总体方案》。2019年8月，黑龙江省、云南省、河北省、广西壮族自治区、江苏省、山东省加入自贸试验区行列。2020年9月，湖南省、安徽省和北京市又进入自贸试验区阵列。“十三五”期间，我国自贸试验区几经扩围，发展到21个，形成了覆盖东西南北中的改革开放创新格局。2023年11月，新疆自贸试验区成立。至此，我国自贸试验区已达22个。

> **思考**
> 自贸试验区和保税区有何区别？

- 西部地区。西部大开发是国家重要的战略决策，财政部、海关总署、国家税务总局近年来陆续出台相关税收优惠政策，鼓励企业到西部注册，从事生产经营活动。《财政部 海关总署 国家税务总局关于深入实施西部大开发战略有关税收政策问题的通知》（财税〔2011〕58号）进一步明确，自2011年1月1日起至2020年12月31日，对设在西部地区以《西部地区鼓励类产业目录》中规定的产业项目为主营业务，其主营业务收入占企业收入总额70%以上的企业，经企业申请，主管税务机关审核确认后，此类企业可减按15%税率缴纳企业所得税。2020年以来，国家继续出台一系列有针对性的减税降费政策，其中，将对2020年年底到期的西部地区鼓励类产业企业减按15%税率征收企业所得税的政策，延长至2030年12月31日，同时降低享受政策的门槛，将鼓励类产业项目的主营业务收入占企业收入总额限制比例由70%降至60%。这意味着，西部大开发减税政策延长10年，并扩大了覆盖面，将进一步减轻西部地区企业的税收负担。

入驻西部地区的企业，还可以享受地方政府配套的各项优惠政策。

② 境外低税区。

境外低税区相对繁杂，既可能是岛国（地区），也可能是陆地国家（地区）。岛国（地区）多分布在太平洋或大西洋，通过使用极其优惠的税率，吸引国际上的投资者到那里去注册企业。

（2）低税区行业。

我国的低税区行业主要涵盖农业和外贸业。这两个行业历来都有很大力度的税收扶持政策。

① 农业的税收优惠。

自2004年以来，“中央一号”文件连续聚焦“三农”，足见党中央对农业的重视，我国的税收优惠政策一直向农业（包括涉农企业）倾斜，大力支持“三农”的发展。

农业的税收优惠主要包括免税和减税两种形式。

a. 免税政策。

- 增值税的免税项目。

农业生产者销售的自产农产品，农业机耕、排灌、病虫害防治、植物保护、农牧保险及相关技术培训业务，家禽、牲畜、水生动物的配种和疾病防治，免征增值税（《中华人民共和国增值税法》，自2026年1月1日起施行）。

- 企业所得税的免税项目。

蔬菜、谷物、薯类、油料、豆类、棉花、麻类、糖料、水果、坚果的种植所得，免征企业所得税。

农作物新品种的选育所得，中药材的种植所得，林木的培育和种植所得，牲畜、家禽的饲养所得，林产品的采集所得，免征企业所得税。

灌溉、农产品初加工、兽医、农技推广、农机作业和维修等农、林、牧、渔服务业项目所得，免征企业所得税。

远洋捕捞所得，免征企业所得税。

“公司+农户”经营模式的企业，免征企业所得税。

除此之外，农业领域减免的税种还有城镇土地使用税和车船税。如直接用于农、林、牧、渔的生产用地，免征城镇土地使用税；在渔业船舶管理部门登记为捕捞或者养殖船的船舶，减免车船税。

b. 减税政策。减税的税种主要包括增值税，增值税一般纳税人购进农业生产者销售的免税农业产品可享受税款扣除，视同进项税额，扣除率为9%或10%。

② 外贸业的税收优惠。

外贸业是从事跨国商品和服务交易的行业，外贸商品的差价较大，利润丰厚，为了赚取其中的利益，每个国家都希望把商品售到境外去，所以在税收方面也相应制定了“鼓励出口、限制进口”的政策。针对出口业务，我国制定的是“退（免）税”优惠政策，但限制出口的商品例外；而对进口业务，则要征收关税、增值税和消费税，国家需要的技术设备等项目也不例外；涉及民众的进口业务也有优惠政策，如边民通过互市贸易进口的生活用品，每人每日价值在人民币8 000元以下的，免征进口关税和进口环节税。

自贸试验区也属于外贸业的延伸领域，以上海自贸试验区的主要税收优惠政策为例。

- 鼓励投资政策。上海自贸试验区鼓励投资政策主要包括2项。一是注册在试验区的企业或个人股东，因非货币性资产对外投资等资产重组行为而产生的资产评估增值部分，可在不超过5年期限内，分期缴纳所得税。二是对试验区内企业以股份或出资比例等股权形式给予企业的高端人才和紧缺人才的奖励，实行已经在中关村等地区试点的股权激励个人所得税分期纳税政策。这个政策简称“股权激励政策”。

- 鼓励贸易政策。上海自贸试验区鼓励贸易政策主要包括5项。一是将试验区内注册的融资租赁企业或金融租赁公司在试验区内设立的项目子公司纳入融资租赁出口退税试点范围。二是对试验区内注册的国内租赁公司或租赁公司设立的项目子公司，经国家有关部门批准从境外购买空载重量在25吨以上并租赁给国内航空公司使用的飞机，享受相关进口环节增值税优惠政策。三是对设立在试验区内的企业生产、加工并经“二线”销往内地的货物，根据企业申请，试行对该内销货物按其对应进口料件或按实际报验状态征收关税的政策。四是在现行的政策框架下，对试验区内的生产企业和生产性服务企业进口所需的机器、设备等货物予以免税，但生活性服务业等企业进口的货物，以及法律、行政法规和相关规定明确不予免税的货物除外。五是完善启运港退税试点政策，适时研究扩大启运地、承运企业和运输工具等试点范围。

（3）低税区企业。

我国的很多企业享受低税率或减税、免税等税收优惠政策。下面选择高新技术企业和小型微利企业（以下简称小微企业）予以介绍。

① 高新技术企业的税收优惠政策。

高新技术企业是指拥有核心自主知识产权，同时符合《高新技术企业认定管理办法》（国科发火〔2016〕32 号）认定条件的企业群体。其税收优惠政策主要包括以下几个方面。

- 经认定为高新技术企业，可以减按 15%的税率征收企业所得税，并享受“两免三减半”的优惠政策——自成立之日起，第一年和第二年免征企业所得税，第三年至第五年减半征收企业所得税。
- 境内新办的集成电路设计企业和符合条件的软件企业，经认定后，自获利年度起享受“两免三减半”的企业所得税优惠。
- 研发费用加计扣除。为营造良好的科技创新税收环境，“十三五”“十四五”期间，我国逐步推进研发费用加计扣除政策调整优化，大幅放宽研发活动和研发费用范围，研发费用的加计扣除比例从 50%到 75%，再提升至 100%。同时，改革研发费用加计扣除清缴核算方式，内部自主研发无形资产费用化支出在当期据实扣除的基础上，再采用加计比例扣除；资本化支出形成无形资产的，按成本加计比例后再在无形资产摊销期内分期摊销。2023 年 9 月，财政部、税务总局、国家发展改革委和工业和信息化部发布公告，为进一步鼓励企业研发创新，促进集成电路产业和工业母机产业高质量发展，集成电路企业和工业母机企业开展研发活动中实际发生的研发费用，未形成无形资产计入当期损益的，在按规定据实扣除的基础上，在 2023 年 1 月 1 日至 2027 年 12 月 31 日期间，再按照实际发生额的 120%在税前扣除；形成无形资产的，在上述期间按照无形资产成本的 220%在税前摊销。
- 技术转让所得企业所得税减免。居民企业技术转让所得不超过 500 万元的部分，免征企业所得税；超过 500 万元的部分，减半征收企业所得税。
- 企业进行技术转让、技术开发及与之相关的技术咨询、技术服务取得的收入（简称四技收入），合同经过有关部门认定后，免征增值税。
- 重点扶持行业税收优惠。对符合条件的节能服务公司实施合同能源管理项目，取得的增值税应税收入，增值税先征后返。自取得第一笔生产经营收入的所属纳税年度起，第一年至第三年免征企业所得税，第四年至第六年按照 25%的法定税率减半征收企业所得税。

若高新技术企业入驻西部地区，还可以享受再减半的税收优惠政策，如 15%的税率可减按 7.5%缴纳企业所得税。

知识链接

高新技术企业与小微企业

② 小微企业的税收优惠政策。

小微企业在我国是一个庞大的群体，很多大企业是从小微企业成长起来的。我国对小微企业有一系列的税收优惠政策。

在所得税方面，小微企业执行 20%的企业所得税税率，比法定的企业所得税税率（25%）少 5 个百分点。此外，小微企业和个体工商户还享受阶段性的企业所得税及其他税费的优惠政策。

在增值税方面，小微企业除享受一般税收优惠政策外，我国对月销售额在一定标准以下的小微企业，阶段性免征增值税。

3. 企业注册流程

素质教育案例 2

霍尔果斯是税收筹划“天堂”吗

（1）准备注册材料。企业注册需要准备相关材料，主要包括企业章程、设立登记申请书、补充信息登记表、企业地址证明（房产证等）、企业成员身份证、工商注册指定委托书。

（2）完善企业信息。企业信息包括企业名称、企业地址、企业的注册资本与经营年限、企业成员信息等。

（3）申报企业名称。企业名称确定后，企业通过企业名称申报系统或者在企业登记机关服务窗口申报企业名称，申请通过后获得《企业（字号）名称预先核准通知书》。

（4）预约交件、提交材料。工商核名完成后，即在市场监督管理局网站上提交注册信息，并预约提交纸质材料的时间，然后在规定的时间内现场提交纸质材料。提交的材料会当场进行审核，如果材料出现问题，根据地方规定的不同，可能产生不同的影响。

（5）办理营业执照。材料提交成功后，将由市场监督管理局进行营业执照办理。

（6）刻章备案。营业执照办理完成后，需要到指定部门进行刻章备案。企业印章主要包括公章、财务章、合同章、发票章、法定代表人名章。

知识链接

企业注册制度的演变

（7）银行开户。在领取“一照一码”营业执照后，应及时在当地选择一家相对便利的商业银行，按照银行账户开立的要求提交相关资料，开立企业的基本存款账户。

（8）涉税信息采集并领购发票。领取“一照一码”营业执照之日起 15 日内，将财务、会计制度或财务、会计处理办法报送当地主管税务机关备案。同时，在开立银行账户之日起 15 日内，向当地主管税务机关报告全部银行账户的具体信息，并按规定登录当地电子税务局网站，在相应模块进行票种核定和电子发票申领，若需纸质发票，则需要到当地税务局大厅，通过相关程序现场领购。在完成涉税信息采集后，加载统一社会信用代码的营业执照可代替税务登记证使用。

任务实施

本任务的“任务导入”中张欣毕业后选择自主创业，代理销售体育服装品牌，其创建企业的程序如下。

（1）找准项目。选择自己拟代理销售的体育服装品牌，然后与体育服装品牌生产企业或总代理商就代理销售模式等一系列关键要素进行洽谈，达成一致，签订意向性协议。

（2）筹集资金。根据初定的代理销售规模，测算资金需要量，然后进行筹资，经与家人协商，由父母提供初创资金。

（3）选择注册地。根据企业的实际情况，选择合适的注册地。

（4）选择注册的企业类型，并准备注册相关材料。张欣可选择成立一家一人有限责任公司，并拟定公司章程；到市场监督管理局领取并填写设立登记申请书、补充信息登记表。

（5）申报企业名称。领取并填写企业名称预先核准申请书，将初拟的企业名称“爱伦体育服装公司”向市场监督管理局提交审核，市场监督管理局审核无误后，核发《企业（字号）名称预先核准通知书》，通常在 3 个工作日内完成。

（6）预约交件、提交材料。在市场监督管理局网站上提交注册信息，并预约提交纸质材料的时间，然后在规定的时间内现场（市场监督登记窗口）提交纸质材料。需要携带的资料包括法定代表人身份证件（如果注册股份有限公司，还需提交全体股东身份证复印件、各股东股权分配情况证明）、名称核准通知书原件、企业的经营范围（国家专营专控的行业需要提供批文）、企业场地的租赁合同（租期一年以上）一式两份及相关产权证明（非住宅）。

（7）办理营业执照。市场监督登记窗口收到申请人的申请资料后，审核相关申请资料。申请资料齐全且符合法定形式的，市场监督登记窗口应向申请人出具《“五证合一”受理通知书》，并及时将相关申请信息录入企业注册登记系统，进入联合审批流程；申请资料不齐全的，市场监督登记窗口应当场一次性告知申请人需要补充的全部材料，并出具《补办通知书》。同时，市场监督管理局综合窗口对受理的相关资料进行拍照或扫描，并及时把相关资料信息传至企业注册登记系统。

（8）刻章备案。办理完营业执照后，还需到当地公安机关指定地点进行刻章备案，需刻印的企业印章主要包括公章、财务章、合同章、发票章、法定代表人名章，通常在 2 个工作日内完成。

（9）银行开户。领取“一照一码”营业执照后到银行开立基本存款账户，通常在 10 个工作日内完成。

（10）涉税信息采集并领购发票。领取“一照一码”营业执照之日起 15 日内应将财务、会计制度或财务、会计处理办法报送当地主管税务机关备案；同时，申请领购发票，以便开展购销业务。此外，在开立银行存款账户之日起 15 日内，向当地主管税务机关报告其全部银行账户的具体信息，并按规定进行纳税申报。

任务训练

1. 单项选择题

（1）企业区别于非企业的一个根本标志是（　　）。

A. 营利性　　B. 有限责任　　C. 无限责任　　D. 法人资格

（2）与工业企业相比，商品流通企业的经营过程中没有（　　）。

A. 供应过程　　B. 生产过程　　C. 销售过程　　D. 分配过程

（3）企业的工资、薪金等现金支出，只能通过（　　）办理。

A. 基本存款账户　　B. 一般存款账户　　C. 临时存款账户　　D. 专用存款账户

（4）一家企业有（　　）个基本存款账户。

A. 1　　B. 2　　C. 3　　D. 4

（5）银行转账结算的起点是（　　）元。

A. 500　　B. 1 000　　C. 1 500　　D. 2 000

（6）企业开设的临时存款账户有效期最长不得超过（　　）。

A. 6 个月　　B. 1 年　　C. 3 个月　　D. 2 年

（7）在开立银行账户之日起（　　）日内，向当地主管税务机关报告其全部银行账户的具体信息，并按规定进行纳税申报。

A. 5　　B. 10　　C. 15　　D. 30

（8）下列企业中，不具有法人资格的是（　　）。

A. 子公司　　B. 一人有限责任公司

C. 股份有限公司　　D. 分公司

（9）符合条件的小微企业，减按（　　）的税率征收企业所得税。

A. 5%　　B. 10%　　C. 15%　　D. 20%

（10）根据规定，高新技术企业在我国境内发生的研究开发费用总额占全部研究开发费用总额的比例不低于（　　）。

A. 50%　　B. 60%　　C. 40%　　D. 20%

2. 多项选择题

（1）我国企业按组织形式分类，可分为（　　）。

A. 个人独资企业　　B. 合伙企业　　C. 公司　　D. 外商独资企业

（2）下列企业类型中，不具有法人资格的有（　　）。

A. 个人独资企业　　B. 合伙企业　　C. 有限责任公司　　D. 国有独资公司

（3）下列选项中，属于公司性质的企业有（　　）。

A. 个体工商户　　B. 律师事务所

C. 一人有限责任公司　　D. 股份有限公司

（4）子公司与分公司的区别在于（　　）。

A. 子公司具有法人资格　　B. 分公司具有法人资格

C. 子公司不具有法人资格　　D. 分公司不具有法人资格

（5）服务型企业提供的服务商品与其他产业商品相比，具有（　　）等特点。

A. 非实物性　　B. 不可储存性

C. 生产与消费同时性　　D. 可储存性

（6）“五证合一”是指在营业执照、组织机构代码证、税务登记证“三证合一”登记制度改革的基础上，再将（　　）合并。

A. 社会保险登记证　　B. 信用证

C. 统计登记证　　D. 银行开户证明

（7）企业开设的银行账户主要包括（　　）。

A. 基本存款账户　　B. 临时存款账户　　C. 一般存款账户　　D. 专用存款账户

（8）小微企业是（　　）的统称。

A. 小型企业　　B. 微利企业　　C. 家庭作坊　　D. 个体工商户

（9）我国境内注册企业可供选择的低税区主要包括（　　）。

A. 开发区　　B. 自贸试验区　　C. 西部地区　　D. 保税区

（10）符合小微企业的条件主要包括（　　）。

A. 资产总额不超过 5 000 万元　　B. 年应纳税所得额不超过 300 万元

C. 从业人数不超过 300 人　　D. 收入总额不超过 2 000 万元

3. 判断题

（1）个体工商户具有法人资格。（　　）

（2）一人有限责任公司的股东应当对公司债务承担连带责任。（　　）

（3）企业可以在多家银行分别开立一个基本存款账户。（　　）

（4）企业开设的一般存款账户可以存取现金和转账。（　　）

（5）“五证合一”中的证书包括刻章许可证。（　　）

（6）“一照一码”中的一码是指统一社会信用代码。（　　）

（7）公司登记时需提交验资报告，并对注册资本采取实缴制。（　　）

（8）在其他条件相同的情况下，投资人一般应到高税区注册企业。（　　）

（9）我国的低税区行业主要涵盖农业和外贸业。（　　）

（10）“公司+农户”经营模式的企业应按规定缴纳增值税。（　　）

4. 简答题

（1）简述个人独资企业和一人有限责任公司的区别。

（2）简述企业注册的流程。

（3）简述企业基本存款账户的开户流程。

（4）简述大学生自主创业的优惠政策。

（5）简述国家对小微企业的最新税收优惠政策。

（6）简述国家对高新技术企业的最新税收优惠政策。

任务二　税制解读

任务导入

张欣注册的爱伦体育服装公司于 2024 年 1 月正式开业，从事体育服装品牌的代理销售。那么，根据这家公司的规模和性质，张欣到税务机关进行税务登记时，税务机关人员核定其应缴纳的税种有哪些？其中，按照其开展的生产经营活动，该公司属于增值税纳税义务人，但其应该被界定为小规模纳税义务人还是一般纳税义务人？如何进行具体的税费计算与纳税申报？

一、我国的税制体系解读

1. 税收的定义与特征

税收是国家为了满足社会公共需要，凭借政治权力参与社会剩余产品分配，强制地、无偿地取得财政收入的一种固定征收形式。

税收的含义可从 4 个方面理解。①国家征税的出发点是为了满足社会公共需要，即国家向社会提供安全、秩序、公民基本权利和经济发展的必要条件等方面的需要，如国防、外交、公安、司法、行政管理、基础教育、基础科学研究、卫生保健、生态环境保护、城市基础设施等。社会公共需要的效用具有不可分割性、非排他性，且价值难以通过市场交换得到补偿。因此，要满足这些需要，必须由作为公共管理和服务主体的政府承担起提供公共产品的职责，通过征税来保证全体公民对各类公共产品的需要。②国家征税凭借的是公共权力（政治权力）。税收的征收主体只能是代表社会全体成员行使公共权力的政府，其他任何社会组织或个人都是无权征税的。与公共权力相对应的必然是政府管理社会和为民众提供公共产品的义务。③政府运转依赖国家预算拨款，而国家预算拨款的主要来源是税收，没有税收的支撑也就无法保证政府的正常运转，因此，税收是国家财政收入的主要来源。④税收是由社会公共需要引起的分配，它的分配对象主要是社会剩余产品价值，即在社会总产品价值中剔除已消耗的生产资料转移价值和劳动者新创造价值中为自己劳动创造的价值后剩余的部分（也称为劳动者为社会劳动创造的价值）。

税收是补偿公共产品价值来源的基本途径，是政府履行社会管理职能所依托的收入来源，是在国际经济交往中维护国家权益的重要工具。同时，税收对社会经济稳定、协调发展具有重要的调节作用，并通过杠杆作用对居民收入产生再分配效果。税收具有以下 3 个特征。

（1）无偿性。税收的无偿性是指国家征税以后，税款一律纳入国家财政预算，由财政统一分配，不直接向具体的纳税人返还或支付报酬。税收的无偿性有两层含义：一是针对具体纳税人是无偿的，但对全体纳税人是有偿的；二是虽不能直接偿还，但是要间接地偿还给纳税人，即“取之于民，用之于民”。

（2）强制性。税收的强制性是指国家凭借其政治权力以法律的形式对税收征纳双方的权利、义务进行制约，既不是按照征税主体的意愿随意征税，而是按照法律进行征税；也不是由纳税主体按照个人意愿自愿缴纳，而是纳税人必须依法纳税，否则就要受到法律的制裁。税收的强制性是由税收的无偿性决定的。

（3）固定性。税收的固定性是指国家对什么征税和征多少税是通过法律形式预先规定的，征纳双方都必须遵守。正因为税收的固定性，才得以保证国家财政收入的均衡和纳税人负担的稳定。

2. 税收制度的构成要素

各个国家的税收制度存在较大差异，但都具备以下基本要素：征税对象、纳税义务人、税率、减免税、纳税期限、纳税环节、法律责任等。其中，征税对象、纳税义务人和税率是税收制度的三大基本要素。

（1）征税对象。

征税对象是指对什么征税，是税收法律关系中征纳双方共同指向的客体或标的物。征税对象指明对什么征税，是区别一种税与另一种税的重要标志。如企业所得税的征税对象是企业的应纳税所得额，消费税则以特定消费品作为征税对象。根据税种的不同，征税对象主要包括商品或劳务、收益额、财产及资源等。

税目是各个税种规定的具体征税项目，是征税对象的具体化，其作用是进一步明确征税范围。如消费税将其征税对象特定消费品具体划分为烟、酒及酒精等 15 个税目，在这 15 种特定消费品之外的其他消费品，就无须缴纳消费税。

与征税对象和税目相关的概念还有计税依据。计税依据是计算税额的依据，不同税种甚至同一税种的不同税目的计税依据是不同的。如消费税的计税依据大部分是应税消费品的销售额，但啤酒、黄酒、成品油的计税依据则是应税消费品的销售数量。

（2）纳税义务人。

纳税义务人简称纳税人，又称纳税主体，是指税法规定直接负有纳税义务的单位和个人，包括法人、自然人和其他组织。如消费税的纳税人是在我国境内生产、委托加工和进口应税消费品的单位和个人。

与纳税人相关的要素还有负税人、扣缴义务人、税务代理人和委托代征人。

负税人是指实际承担税款的单位和个人，而纳税人是直接向税务机关缴纳税款的单位和个人。如果纳税人能够通过一定途径将税款转嫁出去，纳税人就不再是负税人；否则，纳税人同时是负税人。

扣缴义务人包括代扣代缴义务人和代收代缴义务人。代扣代缴义务人是指有义务从持有的纳税人收入中扣除其应纳税额并代为缴纳的单位和个人。代收代缴义务人是指有义务从纳税人处收取其应纳税额并代为缴纳的单位和个人。

税务代理人是指在国家有关法律、法规范围内，受纳税人、扣缴义务人的委托，办理涉税服务事项的主体。

委托代征人是指接受税务机关的委托，按照税务机关核发的代征证书的要求，以税务机关的名义向纳税人征收零星税款的单位和人员。

思考

何谓自然人和法人？

（3）税率。

税率是应纳税额与征税对象数额之间的法定比例或额度，它是计算税额的尺度，也是衡量税负轻重的重要标志。税率的高低，直接关系到国家的财政收入和纳税人的负担。我国现行的税率形式主要有以下几种。

① 比例税率。比例税率是指对同一征税对象不分数额大小，都按规定的同一比例征税，如我国的增值税、企业所得税即采用比例税率形式。

② 累进税率。累进税率是指随征税对象数额的增大而逐步提高的税率。累进税率又分为超额

累进税率和超率累进税率两种。

超额累进税率是指把计税金额按数额大小分成若干级距，对每个级距分别规定相应的差别税率，应纳税所得额每超过一个规定的级距，对超过的部分就按高一级的税率计算征税，如我国个人所得税中的工资、薪金所得的预扣预缴和经营所得税额的计算等即采用超额累进税率形式。

超率累进税率是指把征税对象数额的相对率分成若干级距，分别规定相应的差别税率，相对率每超过一个规定的级距，对超过的部分就按高一级的税率计算征税，如我国的土地增值税即采用超率累进税率形式。

③ 定额税率。定额税率是指按征税对象确定的计算单位，直接规定一个固定的税额，如我国的车船税、城镇土地使用税等即采用定额税率形式。

3. 我国的税制体系

一国税制体系的形成，受其历史、文化、政治和经济等多方面因素的影响，其核心在于必须与一国的经济发展水平所对应的经济运行制度相适应。当一国的经济发展水平所对应的经济运行制度发生变化时，税制体系也要相应地发生变化，此时需对税制体系进行重新构造和改组，即税制改革。

我国现行的税制体系是以流转税和所得税并重、其他税类为辅助税种的复税制体系。这种复税制体系可以使我国税收多环节、多层次地发挥作用。

（1）流转税类。目前流转税类包括3个税种，即增值税、消费税和关税。流转税是我国现行税制中的主体税种之一。流转税通常是在生产、流通或者服务领域中，按照纳税人取得的销售收入、营业收入或者进出口货物的价格（数量）征收的各税种。

（2）所得税类。目前所得税类包括2个税种，即企业所得税和个人所得税。所得税是按照生产者、经营者取得的利润或者个人取得的收入征收的各税种。

（3）行为目的税类。目前行为目的税类包括7个税种，即车辆购置税、印花税、契税、城市维护建设税、耕地占用税、土地增值税和环境保护税。行为目的税是为了达到特定的目的，对特定对象和行为进行调节而设置的各税种。

（4）财产税类。财产税类包括2个税种，即房产税和车船税。财产税是以纳税人所有或属其支配的财产为课税对象的一种税。它以财产为课税对象，向财产的所有者征收。财产税属于对社会财富的存量课税。

（5）资源税类。资源税类包括2个税种，即资源税和城镇土地使用税。资源税是对从事资源开发或者使用城镇土地者征收的，可以体现国有资源的有偿使用，并对纳税人取得的资源级差收入进行调节。

（6）农业税类。农业税类包括 1 个税种，即烟叶税。烟叶税是国家对烟草实行“寓禁于征”政策的延续。它与增值税的征收紧密相连，但又延续了烟叶特产税的税收分配办法，其收入全部归地方人民政府，是增加地方人民政府财政收入的有效方式，既有助于缓解地方财政的压力，也有利于地方经济健康发展。

自2012年1月1日起，我国开征船舶吨税。船舶吨税是海关代为对进出中国港口的国际航行船舶征收的一种税。其征收税款主要用于港口建设维护及海上干线公用航标的建设维护。

总之，我国现行的税制体系包括18种税，分为3类，其中流转税类3种，所得税类2种，其他税类13种。

知识链接

我国现行税种税收收入划分

素质教育案例3

偷漏税被处罚警示案例

二、增值税解读

1. 增值税概述

（1）增值税的概念。

增值税是以货物、服务等在流转过程中产生的增值额为计税依据而征收的一种流转税。在现实经济生活中，以销售货物为例，增值额的概念可从以下两个方面予以理解。

① 从一个生产经营主体来看，增值额是指该生产经营主体销售货物的收入额扣除为生产经营该种货物（包括服务等）而外购的那部分货物价款后的余额。

② 从一项货物来看，增值额是指该货物经历的生产和流通各个环节所创造的增值额之和。

例如，某纺织企业以 1 000 元（不含税价）采购一批棉花，然后加工成布料以 1 200 元（不含税价）卖出，则 200（1 200-1 000）元就是这一流转环节所产生的增值额。

（2）增值税的特点。

增值税作为流转税的一种，与其他流转税相比，既保留了按商品流转额纳税的优点，又避免了按商品流转额全额纳税的缺点。其主要特点如下。

① 增值税只对增值额计税。任何纳税人缴纳增值税，归根结底都按生产、经营过程中新创造的那部分价值课税，即以商品的销售额为计税基础，允许从税额中扣除上一环节已经缴纳的税款，以实现按增值额计税的目的。这是增值税的基本特点。

② 增值税征收范围较广，基本涵盖我国全行业。

③ 增值税实行价外计税。增值税以不含增值税的价格为计税基础，企业在销售商品时所开具的增值税专用发票上分别注明增值税税款和不含增值税的价格，以消除增值税对成本、利润和价格的影响。

④ 增值税连续征收而不重复纳税。某一商品从生产到最后实现消费，经过许多环节，但统一实行根据增值税专用发票注明的税款进行税款抵扣的制度。也就是说，在上一环节购进货物、接受服务等支付款项时，取得的增值税专用发票上注明的价外税款，可在计算本环节销售货物或提供应税服务的税款时予以扣除，以避免出现重复纳税的现象。

⑤ 增值税税负公平合理。增值税实行同一商品同一税负的机制，因此，它不会因生产流通环节变化而影响税负，体现了税负公平的原则。

（3）增值税纳税人。

增值税纳税人是指税法规定负有缴纳增值税义务的单位和个人，具体包括在我国境内销售货物、服务、无形资产、不动产（以下简称应税交易），以及进口货物的单位或者个人（包括个体工商户）。

销售货物、服务、无形资产、不动产，是指有偿转让货物、不动产的所有权，有偿提供服务，有偿转让无形资产的所有权或者使用权。

我国增值税纳税人根据经营规模和会计核算健全程度等标准划分为小规模纳税人和一般纳税人两种，两种纳税人采取不同的计征和管理办法。

① 小规模纳税人。小规模纳税人是指年应征增值税销售额未超过 500 万元的纳税人。

《国家税务总局关于增值税发票管理等有关事项的公告》（国家税务总局公告 2019 年第 33 号）规定：增值税小规模纳税人（其他个人除外）发生增值税应税行为，需要开具增值税专用发票的，可以自愿使用增值税发票管理系统自行开具。选择自行开具增值税专用发票的小规模纳税人，税务机关不再为其代开增值税专用发票。

小规模纳税人会计核算健全，能够提供准确税务资料的，可向主管税务机关申请办理一般纳税人资格认定，成为一般纳税人。

提示

会计核算健全，是指能够按照国家统一的会计制度规定设置账簿，根据合法、有效的会计凭证进行核算，编制财务报告，提供完整系统的会计核算资料。

② 一般纳税人。一般纳税人是指年应征增值税销售额超过财政部、国家税务总局规定的小规模纳税人标准，并且会计核算健全的企业或企业性单位。

增值税一般纳税人资格实行登记制，增值税纳税人可以在网上或者到税务局窗口办理一般纳税人资格登记。

除财政部、国家税务总局另有规定外，增值纳税人自一般纳税人资格生效之日起，按照增值税一般计税方法计算应纳税额，并按照规定领取增值税专用发票，采取凭增值税专用发票实行税款抵扣的制度。

提示

除国家税务总局另有规定外，纳税人一经登记为一般纳税人资格后，不得转为小规模纳税人。年应征增值税销售额超过规定标准的纳税人，符合有关政策规定选择按小规模纳税人纳税的，应当及时向主管税务机关提交书面说明。个体工商户以外的其他个人年应征增值税销售额超过规定标准的，则不需要向主管税务机关提交书面说明。

（4）增值税的征税范围。

① 销售货物。货物是指有形动产，包括电力、热力、气体在内。销售货物是指有偿转让货物的所有权，且货物的起运地或者所在地在境内。

② 销售服务。销售服务是指利用纳税人的技术、设施等资源为客户提供各种非实物形态的服务，具体包括交通运输服务、邮政服务、电信服务、建筑服务、加工修理修配服务、金融服务、现代服务和生活服务。其中，加工修理修配服务是指有偿提供加工、修理修配劳务，但单位或个体经营者聘用的员工为本单位或雇主提供加工、修理修配劳务，不包括在内。加工，是指受托加工货物，即委托方提供原料及主要材料，受托方按照委托方的要求，制造货物并收取加工费的业务；修理修配，是指受托对损伤和丧失功能的货物进行修复，使其恢复原状和功能的业务。

③ 销售不动产。销售不动产是指转让不动产所有权的业务活动。不动产是指不能移动，移动后会引起性质、形状改变的财产，包括建筑物、构筑物等，且所在地在境内。

④ 销售无形资产。销售无形资产是指转让无形资产的所有权或者使用权的业务活动。无形资产是指不具实物形态，但能带来经济利益的资产，包括技术、商标、著作权、商誉、自然资源使用权和其他权益性无形资产。

⑤ 进口货物。进口货物是指申报进入我国海关境内的货物。凡进入我国海关境内的货物，在报关进口环节，除了依法缴纳关税，还必须缴纳增值税。

知识链接

视同应税交易的情形

有下列情形之一的，视同应税交易，应当依照增值税法规定缴纳增值税：

① 单位和个体工商户将自产或者委托加工的货物用于集体福利或者个人消费；

② 单位和个体工商户无偿转让货物；
③ 单位和个人无偿转让无形资产、不动产或者金融商品。

不属于应税交易的情形

有下列情形之一的，不属于应税交易，不征收增值税：
① 员工为受雇单位或者雇主提供取得工资、薪金的服务；
② 收取行政事业性收费、政府性基金；
③ 依照法律规定被征收、征用而取得补偿；
④取得存款利息收入。

（5）增值税税率。

一般纳税人增值税税率分为 4 档：13%、9%、6%和 0。小规模纳税人增值税征收率为 3%。增值税不同税率（含征收率）的适用范围如表 1-1 所示。

表 1–1　　增值税不同税率（含征收率）的适用范围

税率	适用范围
13%	增值税一般纳税人销售或者进口货物，加工、修理修配服务及有形动产租赁服务
9%	增值税一般纳税人销售或进口以下货物： ① 农产品、食用植物油、食用盐； ② 自来水、暖气、冷气、热水、煤气、石油液化气、天然气、沼气、二甲醚、居民用煤炭制品； ③ 图书、报纸、杂志、音像制品、电子出版物； ④ 饲料、化肥、农药、农机、农膜
9%	交通运输、邮政、基础电信、建筑、不动产租赁服务、销售不动产、转让土地使用权
6%	增值电信、金融服务、现代服务业（研发和技术服务、信息技术服务、文化创意服务、物流辅助服务、鉴证咨询服务、广播影视、商务辅助服务）、转让专利、商标、著作、商誉、自然资源和其他权益性无形资产使用权或所有权
零税率	纳税人出口货物（国务院另有规定的除外），境内单位和个人跨境销售国务院规定范围内的服务、无形资产
3%征收率	小规模纳税人征收率为 3%

提示

企业对外出口货物、劳务或服务适用零税率，不仅出口环节不必纳税，而且可以退还以前环节已纳税款。除财政部和国家税务总局根据国务院决定而明确的增值税出口退税率外，出口货物的退税率为其适用税率。我国会根据对外贸易的实际情况对退税率做出及时的调整，企业在申报出口退税时，应查询国家税务总局发布的出口退税文库，按照有关规定执行。

2. 增值税的计算

（1）增值税一般纳税人应纳税额的计算。

增值税一般纳税人采用一般计税方法，通过销项税额抵扣进项税额计算应纳税额的方式，计算缴纳增值税。其计算公式如下。

应纳税额=当期销项税额-当期进项税额

① 当期销项税额的计算。销项税额是纳税人发生应税交易，按照销售额和法定的适用税率计

算，并向购买方收取的增值税税额。销项税额是纳税人发生应税交易的整体税负，即到本环节为止所承担的全部税款，它是纳税人发生应税交易时随同货物或服务价格一起向购买方收取的，该税额不是本环节纳税人的应纳税额，从销项税额中扣除进项税额后的差额才是本环节纳税人的应纳税额。

当期销项税额=当期不含税销售额×适用税率

其中，不含税销售额=含税销售额÷（1+适用税率）。

② 当期进项税额的计算。进项税额是指纳税人购进货物、服务、无形资产、不动产支付或者负担的增值税税额。进项税额表示单位和个人在购买货物或接受服务的同时也支付了货物或服务所承担的税款。其计算公式如下。

当期进项税额=当期不含税买价×适用税率

【做中学 1.1】明辉公司为一般纳税人企业，主要生产空调机，2024 年 5 月购销业务如下：本月购进原材料取得防伪税控系统开具的增值税专用发票上注明价款 1 000 000 元，适用的增值税税率为 13%，发票已通过税务机关认证；本月销售给广电商场空调机 500 台，每台不含税价格 2 800 元；购买一台生产用设备，取得防伪税控系统开具的增值税专用发票上注明增值税税额为 8 000 元，发票已通过税务机关认证。

要求：计算该公司当月应缴纳的增值税税额。

知识链接

销项税额和进项税额的关系

【分析与处理】

当月进项税额=1 000 000×13%+8 000=138 000（元）

当月销项税额=500×2 800×13%=182 000（元）

当月应缴纳的增值税税额=182 000−138 000=44 000（元）

【做中学 1.2】飞腾公司为一般纳税人企业，主要从事建筑安装业务，适用的增值税税率为 9%。2024 年 8 月该公司购进建筑用材料 100 000 元，取得增值税专用发票上注明增值税税额为 13 000 元，发票已通过税务机关认证。当月提供建筑服务，开具的增值税专用发票上显示取得的建筑服务含税收入为 218 000 元。

要求：计算该公司当月应缴纳的增值税税额。

【分析与处理】

不含税建筑服务收入=218 000÷（1+9%）=200 000（元）

当月销项税额=200 000×9%=18 000（元）

当月进项税额=13 000 元

当月应缴纳的增值税税额=18 000−13 000=5 000（元）

【做中学 1.3】甲公司为增值税一般纳税人，适用的增值税税率为 13%，原材料采用实际成本法进行日常核算。2024 年 6 月，甲公司发生以下涉及增值税的经济业务或事项。

① 购入一台无须安装的生产经营用设备，增值税专用发票上注明的价款为 400 000 元，适用的增值税税率为 13%，发票已通过税务机关认证。货款尚未支付。

② 销售一批商品，增值税专用发票上注明的价款为 1 000 000 元，适用的增值税税率为 13%，提货单和增值税专用发票已交购货方，并收到购货方开来的转账支票，收讫货款及相关款项。该批商品的实际成本是 800 000 元。

③ 由于管理不善，库存原材料被盗，价值 20 000 元，应由该批原材料负担的增值税税额为 2 600 元，尚未经批准处理。

要求：根据上述资料，计算该公司本月应缴纳的增值税税额。

【分析与处理】

本月进项税额=400 000×13%=52 000（元）

本月销项税额=1 000 000×13%=130 000（元）

本月进项税额转出为 2 600 元。

本月应缴纳的增值税税额=130 000−52 000+2 600=806 000（元）

（2）增值税小规模纳税人应纳税额的计算。

增值税小规模纳税人采用简易计税方法，即以销售额和征收率计算应纳税额的方式，计算缴纳增值税。其计算公式如下。

应纳税额=不含税销售额×征收率

其中，不含税销售额=含税销售额÷（1+征收率）。

【做中学 1.4】某文化用品商店（系小规模纳税人）2024 年 6 月取得零售收入总额 20 200 元，享受减按 1%征税。

要求：计算该文化用品商店本月应缴纳的增值税税额。

【分析与处理】

不含税销售额=20 200÷（1+3%）=20 000（元）

本月应缴纳的增值税税额=20 000×1%=200（元）

提示

《财政部 税务总局关于进一步支持小微企业和个体工商户发展有关税费政策的公告》（财政部 税务总局公告 2023 年第 12 号）有关税费政策公告如下。

一、自 2023 年 1 月 1 日至 2027 年 12 月 31 日，对个体工商户年应纳税所得额不超过 200 万元的部分，减半征收个人所得税。个体工商户在享受现行其他个人所得税优惠政策的基础上，可叠加享受本条优惠政策。

二、自 2023 年 1 月 1 日至 2027 年 12 月 31 日，对增值税小规模纳税人、小型微利企业和个体工商户减半征收资源税（不含水资源税）、城市维护建设税、房产税、城镇土地使用税、印花税（不含证券交易印花税）、耕地占用税和教育费附加、地方教育附加。

三、对小型微利企业减按 25%计算应纳税所得额，按 20%的税率缴纳企业所得税政策，延续执行至 2027 年 12 月 31 日。

四、增值税小规模纳税人、小型微利企业和个体工商户已依法享受资源税、城市维护建设税、房产税、城镇土地使用税、印花税、耕地占用税、教育费附加、地方教育附加等其他优惠政策的，可叠加享受本公告第二条规定的优惠政策。

五、本公告所称小型微利企业，是指从事国家非限制和禁止行业，且同时符合年度应纳税所得额不超过 300 万元、从业人数不超过 300 人、资产总额不超过 5 000 万元等三个条件的企业。

从业人数，包括与企业建立劳动关系的职工人数和企业接受的劳务派遣用工人数。所称从业人数和资产总额指标，应按企业全年的季度平均值确定。具体计算公式如下：

季度平均值 =（季初值 + 季末值）÷2

全年季度平均值 = 全年各季度平均值之和 ÷4

年度中间开业或者终止经营活动的，以其实际经营期作为一个纳税年度确定上述相关指标。

小型微利企业的判定以企业所得税年度汇算清缴结果为准。登记为增值税一般纳税人的新设立的企业，从事国家非限制和禁止行业，且同时符合申报期上月末从业人数不超过 300 人、资产总额不超过5 000万元等两个条件的，可在首次办理汇算清缴前按照小型微利企业申报享受第二条规定的优惠政策。

六、本公告发布之日前，已征的相关税款，可抵减纳税人以后月份应缴纳税款或予以退还。发布之日前已办理注销的，不再追溯享受。

3. 增值税的申报与缴纳

增值税的纳税期限分别为10日、15日、1个月或者1个季度。纳税人的具体纳税期限，由主管税务机关根据纳税人应纳税额的大小分别核定；不能按照固定期限纳税的，可以按次纳税。

知识链接

发票及发票申领

增值税报缴税款的期限规定：纳税人以10日、15日为1期纳税的，自期满之日起5日内预缴税款，于次月1日起15日内申报纳税并结清上月应纳税款；纳税人以1个月或者1个季度为1期纳税的，自期满之日起15日内申报纳税。

增值税起征点（仅适用于个体工商户小规模纳税人和其他个人）幅度：按期纳税的，为月销售额5 000～20 000元（含本数）；按次纳税的，为每次（日）销售额300～500元（含本数）。

三、企业所得税解读

企业所得税是指对中国境内从事生产经营活动的企业或组织，就其生产经营所得和其他所得依法征收的一种税。它是国家参与企业利润分配并调节其收益水平的一个关键税种，体现了国家与企业的分配关系，有利于加大国家对经济的监督力度；同时也是国家筹集财政收入的重要渠道。

知识链接

企业所得税纳税人：居民企业与非居民企业

1. 企业所得税概述

（1）纳税人。企业所得税的纳税人是指在中国境内取得收入的企业或者组织（不包括个人独资企业和合伙企业），具体包括：①依法在中国境内成立的企业（公司制企业和其他非公司制企业）、事业单位、社会团体和其他取得收入的组织；②依照外国（地区）法律成立，在我国境内开展生产经营活动取得收入的外商投资企业、外国企业和其他组织。

提示

个人独资企业不缴纳企业所得税，缴纳个人所得税。合伙企业以每一个合伙人为纳税人，其生产、经营所得和其他所得采取“先分后税”的原则：合伙人是自然人的，缴纳个人所得税；合伙人是法人或其他组织的，缴纳企业所得税。

（2）征税对象和征收范围。企业所得税以纳税人来源于我国境内、境外的生产、经营所得和其他所得为征税对象。它包括销售货物所得、提供劳务所得、转让财产所得、股息红利所得、利息所得、租金所得、特许权使用费所得、接受捐赠所得和其他所得。

（3）税率。企业所得税的税率是据以计算企业所得税应纳税额的法定比率。根据企业所得税法律制度的规定，企业所得税实行25%的比例税率。另对部分企业实行优惠税率，其中小微企业所得税税率为20%，高新技术企业所得税税率为15%。

2. 企业所得税的计算

（1）应纳税所得额的计算。

应纳税所得额又称税务利润，是企业所得税的计税依据。根据企业所得税法律制度的规定，应纳税所得额是企业每一个纳税年度的收入总额，减除不征税收入、免税收入、各项扣除及允许弥补的以前年度亏损后的余额。应纳税所得额的计算直接关系到国家财政收入和企业的税收负担。

在实际工作中，应纳税所得额通常是在税前会计利润的基础上，根据税收法律制度的规定进行相应调整后计算求得的。其计算公式如下。

应纳税所得额=会计利润总额+纳税调整增加额-纳税调整减少额-弥补以前年度亏损

会计与税法在计算确定各自收益额时，所采用的计算依据或标准不一致，导致二者计算出来的收益额存在差异，那么，在计算应纳税所得额时，就需要在会计利润总额的基础上，对产生差异的收支项目进行纳税调整，使其最终符合税法的标准。例如企业购买国库券（即国债）持有期间获得的利息收入，在计算会计利润总额时要作为收入处理，而在计算应纳税所得额时，由于税法规定国库券的利息收入属于免税收入，则不作为纳税收入处理，因此在计算时，需要对会计利润总额进行调减；又如企业违法经营，被市场监管部门处以的罚款，依据会计核算的原则，罚款支出属于企业发生的费用支出范围，在计算会计利润总额时作为扣除项而减少了利润数额，但依据税法规定，企业违法经营罚款支出不得在税前扣除，因此，在计算应纳税所得额时，需要对会计利润总额进行调增。

知识链接

企业所得税的纳税调整事项

思考

企业支付的违约金和银行的罚息属于纳税调整事项吗？

（2）应纳税额的计算。

根据企业所得税法的相关规定，应纳税额的计算公式如下。

应纳税额=应纳税所得额×适用税率－减免税额－允许抵扣的税额

其中，减免税额是指根据税法的相关规定或国务院制定的企业所得税专项优惠政策计算出的减免税额；允许抵扣的税额是针对企业购置用于环境保护、节能节水、安全生产等专用设备的投资额。

【做中学 1.5】华兴公司 2024 年度按企业会计准则计算的会计利润总额为 50 万元，所得税税率为 25%。当年按税法核定的全年计税工资为 10 万元，全年实际发放工资薪金 8 万元。假定该公司全年无其他纳税调整因素。

由于华兴公司当年实际发放工资薪金 8 万元，未超过按税法核定的全年计税工资 10 万元，因此工资薪金支出不需要调整。而当年华兴公司的会计利润总额为 50 万元，由于无纳税调整事项，则应纳税所得额等于会计利润总额。

要求：计算该公司应缴纳的企业所得税税额。

【分析与处理】

本业务中，由于该公司 2024 年度无纳税调整事项，因此应纳税所得额与会计利润总额相同，均为 500 000 元。公司本年度应缴纳的企业所得税税额的计算如下。

应交企业所得税税额=500 000×25%=125 000（元）

【做中学 1.6】新陆公司 2024 年度按企业会计准则计算的会计利润总额为 4 190 000 元，所得税税率为 25%。其中，当年取得的各项收入中，国债利息收入为 110 000 元，依据税法规定，属于免税收入；当年发生的各项支出中，业务招待费依据税法规定，超标了 92 000 元；被市场监管部门处以罚款支出 40 000 元，依据税法规定，不得在税前扣除。

要求：计算该公司应缴纳的企业所得税税额。

【分析与处理】

根据企业所得税法规定，国债利息收入 110 000 元免税，应调减应纳税所得额；业务招待费超标 92 000 元，不得在税前扣除，应调增应纳税所得额；行政性罚款支出 40 000 元不予扣除，应调增应纳税所得额。据此，应纳税所得额和应交所得税税额的计算如下。

应纳税所得额=4 190 000+92 000+40 000−110 000=4 212 000（元）

应交所得税税额=4 212 000×25%=1 053 000（元）

3. 企业所得税的申报与缴纳

企业所得税实行按年计算，分月或者分季预缴，月份或者季度终了后 15 日内预缴，年度终了后 5 个月内汇算清缴，多退少补。

知识链接

个人所得税纳税人——居民个人和非居民个人

四、个人所得税解读

个人所得税是指对我国居民个人的境内外各项应税所得，以及非居民个人的境内应税所得征收的一种税。

1. 个人所得税概述

（1）纳税人。依据住所和居住时间两个标准，纳税人分为居民个人和非居民个人，分别承担不同的纳税义务。

（2）征税对象。个人所得税的征税对象是个人取得的应税所得。个人所得税法列举征税的个人所得共 9 项，具体包括：①工资、薪金所得；②劳务报酬所得；③稿酬所得；④特许权使用费所得；⑤经营所得；⑥利息、股息、红利所得；⑦财产租赁所得；⑧财产转让所得；⑨偶然所得。

（3）税率。2018 年 8 月，第十三届全国人民代表大会常务委员会第五次会议审议通过了关于修改个人所得税法的决定草案。此次个人所得税法的修改力度很大，促进了个人所得税由分类税制向综合税制转变。

针对不同的个人所得项目，适用的税率也有所不同。其中，工资、薪金所得，劳务报酬所得，稿酬所得，特许权使用费所得 4 项综合所得适用的税率如表 1-2 所示（居民个人工资薪金预扣预缴也适用该税率表）；居民个人劳务报酬所得预扣预缴适用的税率如表 1-3 所示。居民个人其他所得及非居民个人各项所得适用的税率在此不赘述。

表 1-2　个人所得税税率表一

（综合所得适用）

级数	全年应纳税所得额	税率/%	速算扣除数
1	不超过 36 000 元的部分	3	0
2	超过 36 000 元至 144 000 元的部分	10	2 520
3	超过 144 000 元至 300 000 元的部分	20	16 920
4	超过 300 000 元至 420 000 元的部分	25	31 920
5	超过 420 000 元至 660 000 元的部分	30	52 920
6	超过 660 000 元至 960 000 元的部分	35	85 920
7	超过 960 000 元的部分	45	181 920

注：居民个人工资、薪金所得按月累计进行预扣预缴时也适用该表税率计算扣缴税额。

表 1-3 个人所得税税率表二

（经营所得适用）

级数	全年应纳税所得额	税率/%	速算扣除数
1	不超过 30 000 元的部分	5	0
2	超过 30 000 元至 90 000 元的部分	10	1 500
3	超过 90 000 元至 300 000 元的部分	20	10 500
4	超过 300 000 元至 500 000 元的部分	30	40 500
5	超过 500 000 元的部分	35	65 500

2. 个人所得税的计算

（1）居民个人综合所得应纳税额的计算。

应纳税额=应纳税所得额×适用税率-速算扣除数

其中，应纳税所得额=综合所得-基本减除费用-专项扣除-专项附加扣除-依法确定的其他扣除。

知识链接

居民个人综合所得专项附加扣除

【做中学 1.7】刘琛受聘于一家科技公司，2024 年收入情况如下：每月工资薪金 13 600 元，个人负担“三险一金”每月 2 500 元。刘琛在申报专项附加扣除时，向单位报送的专项附加扣除信息如下：一个上小学的儿子，尚在偿还贷款的于 5 年前购入的一套境内住房，年满 60 周岁的父母。刘琛为独生子女，所购住房为首套住房，夫妻约定子女教育和住房贷款利息全部由刘琛扣除。

要求：计算刘琛 2024 年应缴纳的个人所得税税额。

【分析与处理】

2024 年应纳税所得额=13 600×12-60 000-2 500×12-2 000×12-1 000×12-3 000×12=1 200（元）

2024 年应纳税额=1 200×3%=36（元）

（2）居民个人综合所得（工资、薪金所得）应纳税额预扣预缴计算。

本期应预扣预缴税额=累计预扣预缴应纳税所得额×预扣率-速算扣除数-累计减免税额-累计已预扣预缴税额

其中，累计预扣预缴应纳税所得额=累计收入-累计免税收入-累计减除费用-累计专项扣除-累计专项附加扣除-累计依法确定的其他扣除

【做中学 1.8】赵铭 2023 年入职于某科技公司。2024 年每月应发工资均为 30 000 元。每月“三险一金”等专项扣除为 4 500 元，从 2023 年 1 月起每月享受子女教育、赡养老人两项专项附加扣除共计 5 000 元，没有减免收入及减免税额等情况。

要求：计算赵铭 2024 年前 3 个月每月的预扣预缴个人所得税税额。

【分析与处理】

1 月：

预扣预缴个人所得税税额=（30 000-5 000-4 500-5 000）×3%=465（元）

2 月：

预扣预缴个人所得税税额=（30 000×2-5 000×2-4 500×2-5 000×2）×3%-465=465（元）

3 月：

预扣预缴个人所得税税额=（30 000×3-5 000×3-4 500×3-5 000×3）×10%-2 520-465-465=1 200（元）

3. 个人所得税的申报与缴纳

知识链接

年终奖的计税方法

个人所得税的纳税办法分为自行申报纳税和预扣预缴两种。

（1）自行申报纳税。自行申报纳税是由纳税人自行在税法规定的纳税期限内向税务机关申报取得的应税所得项目和数额，如实填写个人所得税纳税申报表，并按照税法规定计算应纳税额，据此缴纳个人所得税的一种方法。

（2）预扣预缴。《中华人民共和国个人所得税法》将工资、薪金所得等四类收入合并为综合所得后，将个人所得税缴纳调整为按月预扣预缴、次年汇算清缴的模式。预扣预缴是指按照相关税法规定负有扣缴义务的单位或者个人，在按月向个人支付应税所得时，应计算应纳税额，从其所得中扣除并缴入国库，同时向税务机关报送扣缴个人所得税报告表，年终再由纳税人个人将其全年综合所得进行汇总计算，于次年规定的汇算清缴期间（次年 3 月 1 日起至 6 月 30 日止）内向税务机关申报缴纳。

AI 问一问

打开并登录豆包工具，在输入文本框中输入“个人通过网络平台获得的收入（如自媒体收益）是否需要缴纳个人所得税？如果需要，如何申报？”，对 AI 工具生成的答案进行判断与评价。

任务实施

知识链接

新个税累计预扣计算方法

本任务的“任务导入”中张欣注册成功的爱伦体育服装公司涉税事项处理如下。

第 1 步，分析创设的企业组织类型和业务范围与性质，确定税务登记时企业应缴纳的税种。

爱伦体育服装公司应缴纳的主要税种如下。

（1）该企业属于一人有限责任公司（自然人独资），注册的是企业法人性质，因此，其应缴纳的所得税为企业所得税。

（2）该企业开展的业务是品牌体育服装的代理销售，因此，其应缴纳的流转税为增值税。

（3）根据该企业拥有的财产和其他应税行为，应缴纳的其他税种包括城市维护建设税、教育费附加、房产税、契税、城镇土地使用税、印花税等。

第 2 步，根据爱伦体育服装公司的经营规模和拟采取的会计核算形式，确定增值税纳税人的类型。

刚成立的爱伦体育服装公司，其业务量较少、经营规模较小，同时，为节约费用、提高工作效率，张欣决定采取代理记账形式组织企业的会计核算。由此，可确定爱伦体育服装公司应定性为小规模纳税人，采取简易计税方法向国家缴纳增值税及相关税种。

第 3 步，明确该企业应缴纳的各税种的计算、申报与缴纳方法。

根据爱伦体育服装公司的基本情况，税务机关为其确定的各税种的计征管理办法如下。

（1）企业所得税采取定期定额征收管理办法。

（2）增值税采取简易计税方法。月末，计算当月应缴纳的增值税税额，并于次月申报缴纳。

（3）其他税种根据应税行为和纳税义务的发生时间具体确定计征管理办法。

任务训练

1. 单项选择题

（1）（　　）是区别不同税种的重要标志。

A. 征税对象　B. 税目　C. 纳税人　D. 税率

（2）税收的征收主体是（　　）。

A. 企业　B. 居民　C. 政府　D. 社团组织

（3）（　　）是国家财政收入的主要来源。

A. 基金　B. 金融　C. 税收　D. 投资收益

（4）年应征增值税销售额在（　　）万元以下的纳税人属于增值税小规模纳税人。

A. 80　B. 100　C. 200　D. 500

（5）生产销售下列货物应按 9%征收增值税的是（　　）。

A. 农机　B. 汽车　C. 家用电器　D. 办公用品

（6）增值税一般纳税人本月含税销售额为 113 万元，适用的增值税税率为 13%，当月的增值税销项税额为（　　）万元。

A. 18.56　B. 13　C. 14.69　D. 3.48

（7）根据企业所得税法律制度的规定，下列各项中不属于企业所得税纳税人的是（　　）。

A. 股份有限公司　B. 合伙企业　C. 联营企业　D. 出版社

（8）企业所得税的计税依据是（　　）。

A. 会计利润　B. 应纳税所得额　C. 收入总额　D. 以上都不是

（9）下列选项中，不属于个人所得税税前专项附加扣除项目的是（　　）。

A. 个人应计交的“三险一金”　B. 个人购买商业健康险支出

C. 子女教育支出　D. 住房贷款利息

（10）个人所得税的征管办法采取的是（　　）。

A. 自行申报　B. 预扣预缴

C. 自行申报与预扣预缴相结合　D. 以上都不是

2. 多项选择题

（1）税收具有（　　）特征。

A. 无偿性　B. 强制性　C. 固定性　D. 灵活性

（2）我国现行税制体系是以（　　）并重、其他税类为辅助税种的复税制体系。

A. 所得税　B. 资源税　C. 流转税　D. 财产税

（3）我国现行的税率形式主要包括（　　）。

A. 比例税率　B. 超额累进税率　C. 超率累进税率　D. 定额税率

（4）增值税纳税人根据销售规模和会计核算健全与否分为（　　），采取不同的征管办法。

A. 大规模纳税人　B. 一般纳税人　C. 小规模纳税人　D. 特殊纳税人

（5）增值税的纳税期限为（　　）。

A. 1 日　B. 5 日　C. 1 个月　D. 1 个季度

（6）下列选项中，适用税率为 9%的增值税征税行为有（　　）。

A. 提供交通运输、邮政服务　B. 提供建筑、不动产租赁服务

C. 提供有形动产租赁服务　D. 销售不动产，转让土地使用权

（7）下列选项中，应缴纳企业所得税的有（　　）。

A. 个体工商户　　B. 合伙企业　　C. 有限责任公司　　D. 股份有限公司

（8）下列选项中，属于企业所得税纳税调整事项的有（　　）。

A. 业务宣传费　　B. 业务招待费　　C. 违约金　　D. 税收滞纳金

（9）下列选项中，属于企业所得税免税收入的有（　　）。

A. 国债利息收入　　B. 股息　　C. 红利　　D. 政府补助收入

（10）居民个人的综合所得，主要包括（　　）。

A. 工资、薪金所得　B. 劳务报酬所得　C. 稿酬所得　D. 特许权使用费所得

3. 判断题

（1）税率是应纳税额与征税对象数额的比例，是计算税额的尺度。（　　）

（2）税收无须借助法律形式进行。（　　）

（3）增值税属于价内税。（　　）

（4）增值税一般纳税人在购进环节支付的增值税均可抵扣。（　　）

（5）企业所得税是对自然人所取得的生产经营及其他所得征收的一种税。（　　）

（6）企业支付给银行的罚息不得在税前扣除。（　　）

（7）小规模纳税人采取凭增值税专用发票抵扣增值税的计征办法，因此小规模纳税人可取得和开具增值税专用发票。（　　）

（8）企业可直接根据会计利润和适用税率计算企业所得税应纳税额。（　　）

（9）居民个人如果既有工资、薪金所得又有劳务报酬所得，年终需将两项所得合并计算个人所得税，进行汇算清缴。（　　）

（10）居民个人的财产租赁所得属于综合所得。（　　）

4. 简答题

（1）简述税收的特征。

（2）简述我国现行税制体系包括的具体税种。

（3）简述增值税的征收范围及适用税率（含征收率）。

（4）简述企业所得税的计算、申报与缴纳方法。

（5）简述居民个人综合所得专项附加扣除项目及其扣除标准。

5. 计算分析题

（1）江南制造厂为增值税一般纳税人，适用的增值税税率为 13%，原材料采用实际成本法进行日常核算。2024 年 6 月，该厂发生以下涉及增值税的经济业务或事项。

① 购入一批材料，增值税专用发票上注明的原材料价款为 400 000 元，增值税税率为 13%，货款以银行存款支付，材料已验收入库。

② 取得运输部门开具的增值税专用发票，本月购进原材料发生的运输费用为 30 000 元，增值税税率为 9%，款项以银行存款支付。

③ 本月销售一批商品，增值税专用发票上注明的价款为 700 000 元，增值税税率为 13%，商品已经发出，价款尚未收到。

④ 仓库盘点，发现由于管理不善，原材料被盗，价值 7 000 元，应由该批原材料负担的增值税税额为 910 元，尚未经批准处理。

要求：根据上述资料，计算该厂本月应缴纳的增值税税额。

（2）红河公司为增值税一般纳税人，适用的增值税税率为 13%。2024 年 5 月，红河公司购进

一批货物，取得增值税专用发票，购进价为 1 800 万元，当月将其中的一部分货物分别销售给宾馆和个体零售商，取得含税销售收入 1 695 万元和 452 万元。个体零售商将购进的货物销售给消费者，取得含税销售收入 50.5 万元。已知个体零售商为小规模纳税人，享受减按 1%征税。

要求：分别计算红河公司和个体零售商当月应缴纳的增值税税额。

（3）某食品厂为增值税小规模纳税人，享受减按 1%征税，2024 年 3 月发生以下经济业务。

① 外购原材料 20 000 元，取得增值税专用发票。

② 购进一批模具，取得的增值税普通发票注明金额 4 000 元。

③ 当月销售一批糕点，取得含税收入 25 250 元，货款已收。

④ 以赊销方式销售一批饼干，货已发出，开具了增值税专用发票，取得不含税收入 60 000 元，截至当月底收到 50 000 元货款。

要求：计算该食品厂当月应缴纳的增值税税额。

（4）某旅行社系增值税一般纳税人，适用的增值税税率为 6%。2024 年 7 月，该旅行社获得组团境内旅游收入 80 万元（含税，下同），替旅游者支付给其他单位的住宿、交通、门票、餐费等共计 58 万元；组织境外旅游收入 110 万元，付给境外接团企业 70 万元费用；承接境外旅游团入境旅游，该境外旅游团共收费 40 万元，本旅行社取得接团收入 27 万元，其中含代付门票等费用 13 万元。

要求：计算该旅行社 7 月应缴纳的增值税税额。

（5）某高新技术企业于 2019 年成立，以软件产品的开发、生产、销售为主要业务。2024 年，该企业发生以下经济业务。

① 销售自行开发的软件产品，取得不含税收入 3 000 万元。

② 取得国债利息收入 1.2 万元，从其他被投资企业分回股息 50 万元。

③ 将一项技术所有权进行转让，取得 600 万元。

④ 软件产品的销售成本为 1 800 万元。

⑤ 软件产品的销售费用为 350 万元，其中含业务宣传费 25 万元。

根据税收法律规定，国债利息收入免征企业所得税。一个纳税年度内，居民企业转让技术所有权所得不超过 500 万元的部分免征企业所得税，超过 500 万元的部分减半征收企业所得税。企业每一纳税年度发生的符合条件的业务宣传费，不超过当年销售（营业）收入 15%的部分，准予扣除。

要求：计算该企业当年应缴纳的企业所得税税额。

（6）枫华公司 2024 年度全年取得的按企业会计准则计算的税前会计利润为 3 700 000 元，企业所得税税率为 25%。其中，取得的国债利息收入为 74 万元（依据税收法律规定，属于免税收入）；当年发生的各项支出中，业务招待费依据税收法律规定，超标了 80 000 元。

要求：计算该公司当年应缴纳的企业所得税税额。

（7）小李 2024 年 8 月的税前工资为 10 000 元，个人缴纳养老保险等“三险一金”共计 1 100 元，当月个人继续教育支出 1 000 元（税务机关已审核通过），无其他专项附加扣除项目。

要求：① 计算小李 2024 年 8 月应预扣预缴的个人所得税税额；

② 计算小李 2024 年 8 月的实发工资。

任务三　初识会计

任务导入

张欣注册成立的爱伦体育服装公司于 2024 年 3 月开始了企业的经营活动。作为企业管理者，他可以通过哪些途径获取经营活动数据，及时了解、把握企业的经营状态，从而确保企业的经营活动有序进行，实现既定的经营目标？

一、会计的产生与发展

会计是伴随着人类的生产实践活动逐渐产生和发展起来的。人们的衣、食、住、行都需要消耗一定的物质资料，而要取得这些物质资料，就要生产。在生产实践中，人们在创造财富的同时，也会耗费大量的物化劳动和活劳动。因此，人们意识到在生产过程中要建立专门的职能，对物质财富生产过程中的占用、消耗及成果进行记录、计算、分析和考核，实现以最少的占用、最小的消耗取得最满意的成果，这一专门职能就是会计。

早期的会计只是生产活动的附带部分，随着生产力的进一步发展，记录和计量活动逐渐从生产中分离出来，出现了专门从事生产过程和劳动成果记录工作的簿记人员。

会计随着人类社会的需要和生产管理的要求而产生，随着生产的发展而发展，其内容和方法在不断完善，职能也在不断扩大。

1. 原始社会

原始社会是会计的萌芽阶段。在这一阶段，生产力有了一定的发展，生产活动也呈现多样化，随着捕获食物的日益增多，逐渐积累了稳固的社会物质条件。为了能够对劳动产品进行清点、计数、记录、分配，人们创造了绘图记事、结绳记事、刻契记事等方法。

2. 奴隶社会

在这一阶段，生产力有了进一步的发展，劳动生产率也有所提高，生产剩余越来越多，于是出现了专门的机构和人员对财富进行记录和管理。西周时期设有专职的“司书”和“司会”，负责对政府的财政收支进行记录和核算，并定期向统治者报告。

3. 封建社会

封建社会时期，社会经济繁荣，生产规模扩大，管理不断加强。生产力的发展促进了会计方法的改进。东汉时期，由于造纸术的发明，出现了名为“计簿”或“簿记”的账册，标志着账簿的产生。宋朝时期，出现了四柱结算法，官厅中办理钱粮报销或移交，要编造四柱清册，将全部经济活动分为旧管——期初余额、新收——本期收入、开除——本期支出、实在——期末余额 4 个方面，即“四柱”，其基本关系是“旧管+新收−开除=实在”，通过四柱平衡公式，核算财产物资增减变化及其结果。四柱结算法说明我国古代会计已经发展到相当高的水平。明末清朝时期，出现了“龙门账”和“四脚账”，对各项经济业务分“来”和“去”两个方面进行反映。

4. 近代社会

1494 年，意大利数学家卢卡•帕乔利出版了《算术、几何、比例与比例性大全》，这本书详细阐述了借贷记账原理，标志着现代会计正式产生。卢卡•帕乔利被后人尊称为“近代会计之父”。

20 世纪 20 年代后，随着经济的发展，会计又进一步分成财务会计和管理会计两大分支。财务会计又称对外报告会计，主要向企业外部利益集团提供相关会计信息；管理会计则主要侧重于为企业内部的预测、决策、规划与控制提供信息，所以又称对内报告会计。

会计的产生和发展历史证明，会计是为适应人类生产实践和经济管理的客观要求而产生与发展起来的。经济越发展，会计越重要。正如马克思指出的：“过程越是按社会的规模进行，越是失去纯粹个人的性质，作为对过程的控制和观念总结的簿记就越有必要；因此，簿记对资本主义生产比对手工业和农民的分散生产更为重要，对公有生产比对资本主义生产更为重要。”

二、会计的含义与特点

1. 会计的含义

会计在其漫长、曲折的发展过程中，其内涵与外延不断丰富。会计最初仅指计算、记录，其后逐渐融入了管理、考核等内容。由此可知，会计是指以货币为主要计量单位，采用一系列专门的方法和程序，对企业等经济组织的经济活动进行全面、连续、系统、综合的核算和监督，并向有关方面提供信息，以满足信息使用者经济决策需要的一项经济管理活动。

思考

会计以货币作为主要计量单位，其是否为唯一计量单位？

2. 会计的特点

（1）会计以货币作为主要计量单位。计量单位是指用来度量事物数量的尺度标准，通常包括实物计量、劳务计量和货币计量 3 种计量单位。其中，实物单位是用来度量实物数量的单位，如千克、件、吨、台等；劳务单位如小时（工时）、日（劳动日）等。会计之所以要将货币作为主要计量单位，是因为它可以对不同形态的资产进行汇总与分割，具有其他计量单位无法比拟的统一价值尺度的优势，可以满足会计核算中综合反映经济业务的需要。需要说明的是，会计有时还需要辅以其他计量单位来进一步补充说明具体内容，如用实物单位反映原材料和库存商品的数量，用劳务单位作为计算薪酬的基础等。因此，会计以货币为主要计量单位，辅以其他计量单位，以满足会计管理多样化的需要。

（2）会计具有专门方法。会计在其产生和发展的过程中，逐步形成了一系列既相互联系又相互独立的专门方法，包括设置会计科目与账户、复式记账、填制与审核会计凭证、登记账簿、成本计算、财产清查、编制财务报表等。

（3）会计具有核算和监督的基本职能。会计的核算职能又称反映职能，是指会计对经济活动进行确认、计量、记录与报告，即记账、算账和报账。会计首先对原始凭证进行审核，在真实、完整的基础上进一步在账簿中进行登记，再将账簿记录进行分析汇总，编制财务报表，通过财务报表向单位内部和外部的有关方面提供本单位的财务信息，这就是会计的核算职能。

会计的监督职能是指会计在反映经济活动时，对会计资料的真实性、完整性，以及对会计事项的合理性、合法性所进行的检查与审核。

会计的核算职能和监督职能关系密切，两者相辅相成、不可分割。会计核算是会计监督的基础和前提，没有核算所提供的各种信息，监督就失去了依据；而会计监督是会计核算的质量保证和延续，只有核算没有监督，就难以保证核算所提供信息的真实性、可靠性。只有严格进行监督，核算所提供的数据资料才能在经济管理中发挥更大的作用。

（4）会计的对象是会计工作所要核算和监督的内容，即企事业单位在日常经济活动或业务活动中所表现出的资金运动。

（5）会计是一项经济管理活动。会计工作往往在单位内部管理的整个系统中进行，每一个管理环节都离不开会计人员的参与。在宏观经济中，会计是国民经济管理的重要基础和组成部分。从职能属性看，核算和监督是一项经济管理活动；从本质属性看，会计是一项经济管理活动。

知识链接

大智移云物区时代下会计职能的演变

三、会计的分类

会计的种类有很多，按不同的标准可以将会计划分为不同的种类。

1. 按会计信息的使用者分类

（1）财务会计。财务会计是当代企业会计的一个重要组成部分。它是以通用的会计原则为指导，采用专门的簿记系统，对企业的生产经营过程进行核算和监督，旨在为所有者、债权人及其他利益相关者提供会计信息的对外报告会计。

财务会计的目标是向会计信息的外部使用者，如投资人、债权人、社会公众和政府部门等提供会计信息，使其了解企业的财务状况和经营成果，最终有助于这些外部使用者进行相关的决策。

（2）管理会计。管理会计是企业为了加强内部经营管理，提高企业经济效益，在企业经营管理过程中直接发挥作用的对内报告会计。

管理会计的目标是通过使用管理会计工具、方法，参与企业规划、决策、控制、评价活动并为之提供有用的信息，推动企业实现战略规划。

管理会计与财务会计不同，它不要求运用复式记账法，也不遵循公认的会计原则，是通过对财务会计信息的深加工和再利用，实现对经营过程的预测、决策、规划、控制和考核评价。

AI问一问

打开并登录文心一言工具，在输入文本框中输入“人工智能和大数据技术如何改变会计信息使用者的需求？（如实时报表等）”，对AI工具生成的答案进行判断与评价。

2. 按会计所服务的领域分类

（1）企业会计。企业会计是指服务于企业单位的会计。企业会计主要反映企业的财务状况和经营者的经营业绩，它有特定的会计对象和专门的会计方法。财务会计和成本会计都属于企业会计的范畴。

（2）非营利组织会计。非营利组织会计是指服务于非营利组织的会计。非营利组织是指民间非营利组织，包括社会团体、基金会、民办非企业单位等，但不包括公立非营利组织。公立非营利组织一般是依靠国有资产运营的国有事业单位。

（3）政府会计。政府会计是指将会计学的基本原理应用于政府公共部门的专业会计，主要用来反映政府公共部门的财务状况和财务活动成果，以及政府公共部门的成本费用。

四、会计的目标

会计的目标在于为信息使用者提供有用的会计信息，帮助信息使用者进行经济、财务决策和控制经济活动，并反映管理层受托责任的履行情况。信息使用者包括投资者、债权人、政府及有关部门、社会公众等，信息使用者又被称为利益相关者。会计目标如图1-2所示。

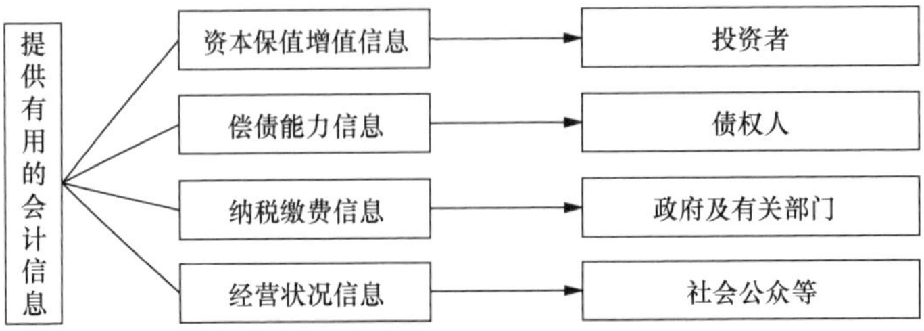

图1-2　会计目标

知识链接

会计信息的使用者

会计目标是会计工作的出发点和最终要求，其决定和制约着会计工作的方向，控制着会计工作的各个环节和整个过程，涉及会计工作的方方面面，在内容上呈现多层次性，随着经济的发展而不断发展变化。

五、会计信息的质量要求

高质量的会计信息应具备可靠性、相关性、可理解性和可比性四大基本特征。

1. 可靠性

可靠性是指会计信息必须是客观的和可验证的。信息如果不可靠，不但对决策无用，而且会造成决策失误。因此，企业应当以实际发生的交易或者事项为依据进行会计核算，保证会计信息内容真实、数字准确、资料可靠，具有可验证性和中立性。可靠性是会计信息的重要质量特征。

素质教育案例 4

会计做两套账的违法行为

2. 相关性

相关性是指会计信息与信息使用者所需要解决的问题相关联，即会计信息与使用者进行的决策有关，有助于使用者对企业过去、现在及未来的情况做出评价或者预测。相关性的核心是对决策有用，具有影响决策的能力。

3. 可理解性

可理解性是指会计信息必须能够被使用者理解，即企业提供的会计信息必须清晰易懂。信息若不能被使用者理解，即便质量再高，也没有使用价值。

4. 可比性

可比性是指一个企业的会计信息与其他企业的同类会计信息尽量口径一致、相互可比。不同企业的会计信息或同一企业不同时期的会计信息如能相互可比，就会大大增强信息的有用性。一家企业的会计信息如能与其他企业类似的会计信息相比较，或者与本企业以前年度同日期或其他时点的类似会计信息相比较，使用者就不难发现它们之间的相似、相异之处，以及发现本企业当前生产经营管理中的问题。

除此以外，会计信息还应满足实质重于形式、谨慎性、重要性、及时性等质量要求。

知识链接

财务报告——会计信息的最终呈现形式

企业的经济活动发生以后，会计通常采用专门的方法、按照一定的程序，依次通过会计凭证、会计账簿等特定载体进行记录，最终以财务报告的形式对企业的财务状况和经营成果、现金流量等情况，进行连续、系统、全面、综合的反映。财务报告是向投资者、债权人等会计信息使用者提供有用信息的媒介和渠道，是投资者、债权人等会计信息使用者与企业管理层之间沟通信息的桥梁和纽带。

财务报告以数字与文字相结合的形式对企业的经营活动信息进行列报，其中主体部分是财务报表。财务报表是对企业财务状况、经营成果、现金流量的结构性表述，主要包括“四表一注”，即资产负债表、利润表、现金流量表、所有者权益（或股东权益）变动表和报表附注。其中，前 3 项是常说的基本财务报表。

任务实施

本任务的“任务导入”中张欣成立的爱伦体育服装公司，于 2024 年 3 月开始企业的经营活动。张欣作为企业管理者，需获取经营活动数据，及时了解、把握企业的经营状态，从而确保企业的经营活动有序进行，实现既定的经营目标。那么，他可以从哪些途径获取经营活动数据呢？分析如下。

（1）获取经营活动数据的主要途径是会计核算形成的相关数据和资料。张欣聘请的代理记账公司应定期为其提供资产负债表、利润表等主要财务报表，以便他从中总览企业基本财务状况和经营成果。他如需详细了解具体数据来源和构成，则需调阅代理记账公司为其设置并登记的相关账簿、凭证等会计核算资料。

（2）张欣在经营活动过程中，还需自行设计业务台账，详细登记采购、销售、库存、资金结算等经营活动主要环节的关键数据和信息，从而与会计核算资料结合，获得较为系统、全面的经营活动数据，确保管理、决策的科学和有效。

任务训练

1. 单项选择题

（1）会计的本质是（　　）。

A. 核算活动　　B. 管理活动　　C. 监督活动　　D. 经济活动

（2）会计的对象是特定单位的（　　）。

A. 经济资源　　B. 资金活动　　C. 劳动成果　　D. 劳动耗费

（3）会计的基本职能是（　　）。

A. 反映和考核　　B. 核算和监督　　C. 预测和决策　　D. 分析和管理

（4）会计的主要计量单位是（　　）。

A. 实物计量　　B. 货币计量　　C. 时间计量　　D. 劳务计量

（5）财务会计与管理会计的主要区别是（　　）。

A. 侧重的服务对象不同　　B. 遵循的会计原则不同

C. 核算的数据来源不同　　D. 采用的核算方法不同

2. 多项选择题

（1）下列有关会计的说法中，正确的有（　　）。

A. 本质上是一项经济管理活动　　B. 对经济活动进行核算和监督

C. 以货币为主要计量单位　　D. 核算特定单位的经济活动

（2）企业经营管理活动中大量使用的三大报表是（　　）。

A. 销售报表　　B. 资产负债表　　C. 利润表　　D. 现金流量表

（3）高质量的会计信息一般应具有的特征主要包括（　　）。

A. 可靠性　　B. 相关性　　C. 可理解性　　D. 可比性

（4）会计监督职能是指会计人员在进行会计核算的同时，对经济活动的（　　）进行审查。

A. 真实性　　B. 合法性　　C. 合理性　　D. 完整性

（5）会计信息的使用者包括（　　）。

A. 投资者　　B. 债权人　　C. 社会公众　　D. 政府及有关部门

3. 判断题

（1）会计是人类社会发展到一定历史阶段的产物，它起源于生产实践，是为管理生产活动而产生的。（　　）

（2）会计以货币作为唯一计量单位。（　　）

（3）现代会计形成的标志是财务会计与管理会计的分离。（　　）

（4）会计的基本职能是会计核算和会计监督，会计监督是首要职能。（　　）

（5）会计的基本目标是为使用者提供有用的会计信息。　（　　）

4. 简答题

（1）简述会计的产生和发展历史。

（2）简述会计的含义和特点。

（3）简述会计信息的使用者及其使用目标。

（4）简述会计信息的质量要求。

（5）简述会计的目标。

任务四　了解企业内部控制

任务导入

张欣成立的爱伦体育服装公司，按照相关法律规定，作为新成立的企业，应该怎样设立会计机构？设置哪些会计岗位？招聘会计人员的要求有哪些？当企业运作不再井然有序时，张欣应该运用哪些内部控制知识解决问题？

一、设置会计机构

1. 了解会计职业

会计是一个较为特殊的行业，无论企业规模大小，都需要从事会计工作的人员保证其正常的运营。由此可见，会计人员是企业的核心人员之一，是企业运转的关键角色，也是每一个组织中最重要的岗位之一。

2. 设置会计机构和配备会计人员

会计机构是指各单位内部设置的办理会计事务的职能部门，会计人员是从事会计工作的人员。建立并完善会计机构，配备一定数量且符合要求的会计人员，是做好会计工作、充分发挥会计职能作用的前提条件。《中华人民共和国会计法》（以下简称《会计法》）等对会计机构的设置与会计人员的配备做出了具体规定。

知识链接

从事会计工作需要具备的证书

《会计法》第三十四条规定："各单位应当根据会计业务的需要，依法采取下列一种方式组织本单位的会计工作：（一）设置会计机构；（二）在有关机构中设置会计岗位并指定会计主管人员；（三）委托经批准设立从事会计代理记账业务的中介机构代理记账；（四）国务院财政部门规定的其他方式。"

3. 设置会计工作岗位

（1）会计工作岗位的概念。会计工作岗位是指一个会计机构内部根据业务分工而设置的从事会计工作、办理会计事项的具体职能岗位。在会计机构内部设置会计工作岗位，是建立岗位责任制的前提，是提高会计工作效率和质量的重要保证。

会计工作岗位一般分为：总会计师，即会计机构负责人或者会计主管人员；出纳，负责财产物资核算，工资核算，成本费用核算，财务成果核算，资金核算，资本、基金核算，收入、支出、债权债务核算；总账会计，负责对外财务报告编制，会计电算化，往来结算；会计档案管理员；等等。

需要注意的是，会计档案管理岗位在会计档案正式移交之前属于会计工作岗位，在会计档案正式移交之后则不再属于会计工作岗位；档案管理部门的人员（管理会计档案）、收银员、单位内部审计人员、社会审计人员、政府审计人员也不属于会计工作岗位人员。

（2）会计工作岗位设置的要求。一个单位需要设置多少会计工作岗位，配备多少会计人员，应与其业务活动规模、特点和管理要求相适应。会计工作岗位可以一人一岗、一人多岗、一岗多人。通常情况下，在小型企业中，一人一岗、一人多岗的现象较多；而在大中型企业中，一岗多人的现象较普遍。

会计工作岗位设置应符合内部牵制制度的要求。内部牵制制度（钱账分管制度）是指凡是涉及款项和财务收付、结算及登记的任何一项工作，都必须由两人或两人以上分工办理，以起到相互制约作用的一种工作制度。例如，出纳不得兼管稽核，会计档案保管，收入、费用、债权债务账目的登记工作（不是所有记账工作）。出纳以外的人员不得经管现金、有价证券、票据。

设置会计工作岗位要建立会计工作岗位责任制。会计工作岗位责任制是指明确各项会计工作岗位的职责范围、具体内容和要求，并落实到每个会计工作岗位或会计人员的一种会计工作责任制度。通过建立会计工作岗位责任制，能够明确每一个会计人员的权力和责任，做到事事有人管，人人有专责。

企业设置会计工作岗位时，对会计人员的工作岗位要有计划地进行轮岗，以便会计人员全面熟悉业务，不断提高业务素质。

思考

超市收银员、医院门诊收费员、商场收银员、档案管理部门工作人员是否属于会计工作岗位人员？

二、加强企业内部控制

知识链接

会计人员职业发展规划

1. 内部控制的概念

内部控制是指企业董事会、监事会、经理层和普通员工实施的、旨在实现控制目标的过程。

根据国家有关法律法规，财政部会同证监会、审计署、银监会、保监会制定了《企业内部控制基本规范》并于2008年5月22日印发，自2009年7月1日起施行。

知识链接

内部控制的内涵

单位为了实现经营目标，保护资产的安全完整，保证会计信息资料的正确可靠，确保经营方针的贯彻执行，保证经营活动的经济性、效率性和效果性，而在单位内部采取的自我调整、约束、规划、评价和控制的一系列方法、手段与措施，即是内部控制的内涵。

2. 内部控制的目标

企业内部控制的目标主要包括合理保证企业经营管理合法合规、资产安全，财务报告及相关信息真实完整，提升经营效率和效果，促进企业实现发展战略。

3. 内部控制的原则

企业建立与实施内部控制，应遵循以下原则。

（1）全面性原则。内部控制应当贯穿决策、执行和监督全过程，覆盖企业及其所属单位的各种业务和事项。

（2）重要性原则。内部控制应当在全面控制的基础上，关注重要业务事项和高风险领域。

（3）制衡性原则。内部控制应当在治理结构、机构设置及权责分配、业务流程等方面相互制约、相互监督，同时兼顾运营效率。

（4）适应性原则。内部控制应当与企业的经营规模、业务范围、竞争状况和风险水平等相适应，并随着情况的变化及时进行调整。

（5）成本效益原则。内部控制应当权衡实施成本与预期效益，以适当的成本实现有效控制。

4. 内部控制的责任人

内部控制的建立与实施离不开明确的责任主体和明晰的职责划分：董事会负责内部控制的建立健全和有效实施，监事会对董事会建立与实施内部控制进行监督，经理层负责组织领导企业内部控制的日常运行。

企业应当成立专门机构或者指定适当的机构具体负责组织协调内部控制的建立与实施。只有各部门、各岗位人员各司其职、充分配合，才能保证整个内部控制体系有效运转。

5. 内部控制的内容

（1）内部环境。内部环境是企业实施内部控制的基础，一般包括治理结构、机构设置及权责分配、内部审计、人力资源政策、企业文化、社会责任等。

（2）风险评估。风险评估是指企业及时识别、系统分析经营活动中与实现内部控制目标相关的风险，合理确定风险应对策略。

（3）控制活动。控制活动是指企业根据风险评估结果，采用相应的控制措施，将风险控制在可承受范围之内。

（4）信息与沟通。信息与沟通是指企业及时、准确地收集、传递与内部控制相关的信息，确保信息在企业内部、企业与外部之间进行有效传递。

（5）内部监督。内部监督是指企业对内部控制的建立与实施情况进行监督检查，包括日常监督检查和专项监督检查，以此评价内部控制的有效性，针对发现的内部控制缺陷，及时进行改进。

AI 问一问

打开并登录 DeepSeek 工具，在输入文本框中输入“内部控制的局限性有哪些？为什么再完善的制度也可能失效？”，对 AI 工具生成的答案进行判断与评价。

6. 内部控制活动的措施

内部控制活动的措施一般包括以下几个方面。

（1）不相容职务分离控制。不相容职务是指那些由一个人担任既可能发生错误和舞弊行为，又可能掩盖其错误和舞弊行为的职务，如授权批准与业务经办、业务经办与会计记录、会计记录与财产保管、授权批准与监督检查等。企业在设计、建立内部控制制度时，首先应确定哪些职务是不相容的；其次要明确规定各个机构和岗位的职责权限，使不相容职务之间能够相互监督、相互制约，形成有效的制衡机制。

不相容职务分离的核心是“内部牵制”，它要求每项经济业务都要经过两个或两个以上的部门或人员处理，使个人或部门的工作必须与其他个人或部门的工作相一致或相联系，并受其监督和制约。

（2）授权审批控制。授权审批控制是指企业在办理各项经济业务时，必须经过规定程序的授权批准。企业必须建立授权审批控制体系，明确授权审批的范围、层次、程序和责任。

（3）会计系统控制。会计系统控制是指通过对会计主体所发生的各项能用货币计量的经济业务进行记录、归集、分类、编报等的控制。其内容主要包括依法设置会计机构、配备会计从业人员；建立会计工作岗位责任制，对会计人员进行科学合理的分工，使其相互监督和制约；按照规定取得和填制原始凭证；设计正确的凭证格式；对凭证进行连续编号；规定合理的凭证传递程序；明确凭证的装订和保管手续责任；合理设置账户，登记会计账簿，进行复式记账；按照《会计法》和国家统一的会计准则的要求编制、报送、保管财务报告。

（4）财产保护控制。财产保护控制要求企业限制未经授权人员对财产的直接接触，同时采取财产记录、实物保管定期盘点和账实核对等措施，确保各种财产安全、完整。

（5）预算控制。在实际工作中，预算编制无论采用自上而下还是自下而上的方法，决策权都应落实在内部管理最高层，由其进行决策、指挥和协调。预算确定后，由各预算单位组织实施，并辅以对等的责、权、利关系，由内部审计部门等负责监督预算的执行。

预算控制要求企业建立预算管理制度，加强预算编制、执行、分析、考核等环节的管理，明确预算项目，建立预算标准，规范预算环节，及时分析和控制预算差异，采取改进措施。预算内资金实行责任人限额审批，限额以上资金实行集体审批。严格控制无预算的资金支出。

（6）运营分析控制。运营分析控制要求企业建立运营情况分析制度，管理层应综合运用生产、购销、投资、融资、财务等方面的信息，通过因素分析、对比分析、趋势分析等方法，定期开展运营情况分析，发现存在的问题，及时查明原因并解决。

（7）绩效考评控制。绩效考评控制要求企业科学设置考核指标体系，对照预算指标、盈利水平、投资回报率、安全生产目标等方面的业绩指标，对企业内部各职能部门和全体员工的业绩进行定期考核与客观评价，并将考评结果作为确定员工薪酬及职务晋升、评优、降级、调岗和辞退等的依据。它是解决企业内部控制公平性问题的必要条件。

思考

如果爱伦体育服装公司刚刚成立，内部员工工作散漫、工作效率低，请问管理者可以通过哪些举措来改变这一现状？

任务实施

按照相关法律规定，本任务的“任务导入”中张欣成立的爱伦体育服装公司作为新成立的公司，需在领取“一照一码”营业执照之日起15日内，将财务、会计制度或财务、会计处理办法报送主管税务机关备案。

由于爱伦体育服装公司规模小、人员少，故张欣决定在公司成立之初暂不设立会计机构、配备会计人员，而是聘请代理记账公司为其提供会计核算及报税等相关服务。

同时，为保证公司有序运行，张欣做了以下工作。

第一，请代理记账公司为其制定基本的财务会计制度（如费用审核报销制度、资产管理制度、存货盘点制度等）。

第二，张欣通过学习，借鉴其他同类公司业务运行管理模式，自行制定了公司内部控制的基本制度和办法（如销货款解缴制度、找零备用金制度、采购业务控制办法等），以此预防在经营管理活动中可能出现的一些失控问题。

任务训练

1. 单项选择题

（1）下列各项中，不属于会计工作岗位的是（　　）。

A. 出纳岗位　　B. 总账会计岗位　　C. 成本会计岗位　　D. 库管员岗位

（2）（　　）是指企业及时识别、系统分析经营活动中与实现内部控制目标相关的风险，合理确定风险应对策略。

A. 内部环境　　B. 风险评估　　C. 控制活动　　D. 内部监督

（3）内部控制的目标主要包括（　　）。

A. 绝对保证财务报表是公允的、合法的

B. 合理保证财务报表是公允的、合法的

C. 绝对保证经营管理合法合规、资产安全、财务报告及相关信息真实完整，提升经营效率和效果，促进企业实现发展战略

D. 合理保证经营管理合法合规、资产安全、财务报告及相关信息真实完整，提升经营效率和效果，促进企业实现发展战略

（4）企业建立与实施内部控制，下列不属于应遵循的原则的是（　　）。

A. 全面性原则　　B. 重要性原则　　C. 可靠性原则　　D. 制衡性原则

（5）下列岗位中，不得兼管稽核，会计档案保管，收入、费用、债权债务账目的登记工作的是（　　）。

A. 出纳岗位　　B. 总账会计岗位　　C. 成本会计岗位　　D. 税务会计岗位

2. 多项选择题

（1）会计工作岗位的设置可以（　　）。

A. 一人一岗　　B. 多人多岗　　C. 一人多岗　　D. 一岗多人

（2）下列方法中，符合《会计法》对会计机构的设置和会计人员的配备要求的有（　　）。

A. 实行代理记账　　B. 单独设置会计机构

C. 在有关机构中设置专职会计人员　　D. 设置兼职会计人员

（3）内部控制的参与主体包括（　　）。

A. 董事会　　B. 监事会　　C. 经理层　　D. 普通员工

（4）预算控制包括（　　）环节。

A. 预算编制　　B. 预算执行　　C. 预算分析　　D. 预算考核

（5）不相容职务之间应实行分离，其中会计记录应与（　　）相分离。

A. 会计监督　　B. 业务经办　　C. 财产保管　　D. 预算编制

3. 判断题

（1）内部控制是由企业董事会、监事会、经理层实施的，与普通员工没有关系。（　　）

（2）会计工作岗位可以一人一岗、一人多岗或者一岗多人。（　　）

（3）出纳不得兼管稽核，会计档案保管，收入、费用、债权债务账目的登记工作。（　　）

（4）不相容职务分离的核心是“内部牵制”。（　　）

（5）内部控制不必考虑成本效益原则。（　　）

4. 简答题

（1）简述会计机构设置的基本原则。

（2）简述企业建立和实施内部控制应遵循的原则。

（3）简述内部控制的目标。

（4）简述内部控制的主要内容。

（5）简述内部控制活动的主要措施。

5. 综合分析题

（1）杰克公司经过数十年的发展，积累了相当丰富的工艺技术和一定的管理经验，有许多公司管理制度。随着公司的发展壮大，其在经营过程中出现了一些问题，已经影响到公司的发展。该公司出纳员李敏，给人的印象是兢兢业业、勤勤恳恳、待人热情、工作积极，无论分内、分外的事，她都会主动去做，受到领导的器重、同事的信任。而事实上，李敏在其工作期间，先后利用22张现金支票编造各种理由提取现金98.96万元，均未记入现金日记账，构成贪污罪。其具体手段如下：隐匿10笔销售收入98.96万元，将其提现的金额与隐匿的收入相抵，使32笔收支业务均未在银行存款日记账和银行存款余额调节表中反映；由于公司财务印鉴和行政印鉴合并，统一由行政人员保管，李敏利用行政人员疏于监督开具现金支票；伪造银行对账单。

要求：分析杰克公司内部控制中存在的缺陷，并有针对性地提出补救措施。

（2）A公司出纳员小李承担现金收付、银行结算及货币资金的日记账核算工作，同时兼任会计档案保管工作，保管签发支票所需的全部印章，有时还兼任固定资产卡片、收入明细账和总账的登记工作。

请问：出纳员小李的工作安排是否符合内部控制的要求？若不符合要求，请进行修正。

（3）嘉仪集团公司财务部门有4名会计人员。在日常的工作中，会计人员A认为会计是"打打算盘数数钞，写写数字填填表"的琐碎工作，因此，他在工作中消极懒惰，不主动学习并更新自己的专业知识，也不对公司的管理活动提供任何合理化建议；会计人员B则认为会计是为公司服务的，对前来办理会计业务的人员，遵循"官大办得快，官小办得慢，无官拖着办"的原则。

2024年，公司因技术改造，需要向银行贷款1 000万元。公司董事长指令会计人员C和D，将提供给银行的财务报表进行技术处理。C坚决反对编制虚假财务报告，董事长于是命令人事部将C调离了会计工作岗位。D虽然不愿意，但担心自己被辞退，还是编制了一份虚假的财务报告，使公司获得银行贷款。

要求：判断董事长及会计人员A、B、C、D的做法是否正确，并说明理由。

（4）××××年3月15日，据央视曝光，尽管某肉制品生产集团公司宣称"18道检验、18个放心"，但按照该公司的规定，18道检验并不包括"瘦肉精"检测，尿检等检测程序也形同虚设。此前，××××等地添加"瘦肉精"养殖的有毒猪被顺利卖到该集团公司旗下公司。该公司市场部负责产品质量投诉及媒体宣传的工作人员向记者回应说，原料在入场前都会经过官方检验，央视所曝光的"瘦肉精"事件，公司正在进行调查核实。受此影响，15日下午，该集团公司旗下上市公司××出现股票跌停，并宣布停牌。17日晚，该集团公司发表声明：要求涉事子公司召回在市场上流通的产品，并在政府有关部门的监管下进行处理。作为国内规模较大的肉制品公司，该事件令其声誉大受影响。

要求：请结合该案例，试分析内部控制对公司的重要性，并阐释内部控制的现实意义。

（5）四川宏明电子有限公司信息部门负责信息收集、传递及信息化建设，该信息部门制定的有关信息资源管理制度，明确了各部门信息收集和传递的职责及权限，确定了商业秘密的范围，以加强信息管理。其内部控制主要涉及以下方面。

① 财务报告、经营分析、业务表现等信息的收集、传递。
② 行政管理和人力资源政策等信息的收集、传递。
③ 保密信息与沟通，包括确定保密信息的等级。
④ 审计信息的收集、传递。
⑤ 雇员提供的信息。
⑥ 报告信息。
⑦ 专业信息及从客户、供应商、经营伙伴、投资者处所获得的信息。
⑧ 管理层与董事会及职能部门间的沟通。
⑨ 与客户、供应商、律师、股东、监管者、外部审计的沟通。
⑩ 明确审计、内部控制、财务等部门在反舞弊机制建设中的作用。

要求：① 内部控制的内容包括哪些？请进行解释。

② 该案例中体现了内部控制的哪些内容？在内部控制内容中，该案例中的内部控制内容的地位和作用是什么？

归纳总结

我国目前的企业类型较为庞杂，按组织形式可以划分为个人独资企业、合伙企业和公司。不同企业注册的流程基本是一致的，企业准备好相关资料，并完善名称、地址、注册资本等相关信息，然后到市场监督管理局进行核名，核名之后，向市场监督管理局预约交件、提交材料。通过以后，企业到市场监督管理局办理营业执照，到公安机关指定机构刻制公章及相关人员个人名章，之后到银行开立账户、购买支票等结算票据，再到税务机关办理涉税信息采集，同时将财务、会计制度或财务、会计处理办法备案并领购发票等，至此完成整个企业创设的全部流程。

不同组织形式、不同经营性质、不同地区注册的企业所享受的税收优惠政策是不同的。在其他条件相同的情况下，投资人可以到低税区注册企业，低税区是指征收率较低或可以享受减、免、退税等税收优惠的地区、行业或企业。高新技术企业、小微企业、农业企业、外贸业企业享有税收优惠，在开发区、自贸试验区、西部地区等区域注册的企业也享有减、免税等待遇。我国现行税制体系是以流转税和所得税并重、其他税类为辅助税种的复税制体系。企业注册完成以后，在开展生产经营活动的过程中，会产生各种各样的纳税义务，主要以流转税中的增值税及所得税中的企业所得税、个人所得税为主。

为了全面、系统地反映企业开展的生产经营活动，企业需要设立会计机构进行核算。会计以货币为主要计量单位，运用专门的方法核算和监督企业的经济活动，通过财务报表等文件为投资者、债权人、政府部门等利益相关者提供对决策有用的会计信息。

会计作为一项经济管理活动，与企业内部控制的建立与实施结合起来，能有效提高企业经营效率，促使企业实现发展战略。

模块二

企业经营与会计核算

导读

会计核算的对象是资金运动。在市场经济下，资金运动是一个复杂的过程。因此，会计核算的范围有多大，为谁核算，会计核算的前提是什么，会计核算的基础是什么，用什么方法进行核算等是会计人员需要解决的问题。

制造业企业是产品的生产单位。财务部作为一个为企业内、外部提供信息的职能部门，对企业经营过程进行核算，必然有助于整个过程的完善。

学习目标

知识目标

- 熟悉会计核算工作的基本流程，会运用借贷记账法进行企业日常经济业务处理。
- 掌握会计凭证的填制方法、会计账簿的登记方法和财务报表的编制方法。

能力目标

- 能根据企业经营活动和管理要求建立企业账簿体系。
- 能正确识别会计要素项目，理解会计等式及其对相关会计核算方法所起的作用。

素养目标

- 坚持诚信为本，守住底线。
- 具备规范意识，养成严谨细致的工作作风。
- 爱岗敬业，守法奉公，具备良好的职业操守。

任务一　会计核算基础认知

任务导入

张欣完成了公司的组建及各项登记事宜，开始办理销售代理业务。按照税法的相关规定，为了有效开展公司的经营管理活动，他聘请了会计系毕业的校友王明开设的代理记账公司负责公司的日常会计处理及报税业务。王明决定亲自对接张欣公司委托给其的全部业务，那么王明该如何进行会计处理呢?

一、会计对象认知

会计对象，是指会计核算与监督的内容。从公司成立、开展生产经营活动到公司的终结，资金无处不在，会计会核算和监督公司资金运动的全过程，包括资金的投入、资金的循环与周转及资金的退出等环节，这就是会计对象。

1. 资金的投入

创立公司时，由所有者（即公司的股东）根据《公司法》注入资本金；在自有资金不足时，生产经营期间内公司可向银行或其他债权人借入资金。

因此，公司生产经营所需资金主要来自上述两个渠道，其中所有者注入的资金可供公司长期使用，而向债权人借入的资金则需按照约定的期限和利率还本付息。

资金进入公司，会直接使公司资金总量增加。

2. 资金的循环与周转

对生产型公司而言，资金进入公司后，一部分资金被用来购建厂房、租入土地、购买机器设备等，形成生产经营的物质基础；另一部分资金在生产经营条件具备后被用于正常的生产经营活动。公司的生产经营过程一般如下：用现金或银行存款购买原材料，领用材料后，用原材料生产产品，将产品卖出，收回现金或银行存款。现金和银行存款属于货币资金。从货币资金到货币资金，是一个资金循环与周转的过程，资金在这个循环与周转的过程中不断增值。

生产型公司营运阶段资金的循环与周转过程如图 2-1 所示。

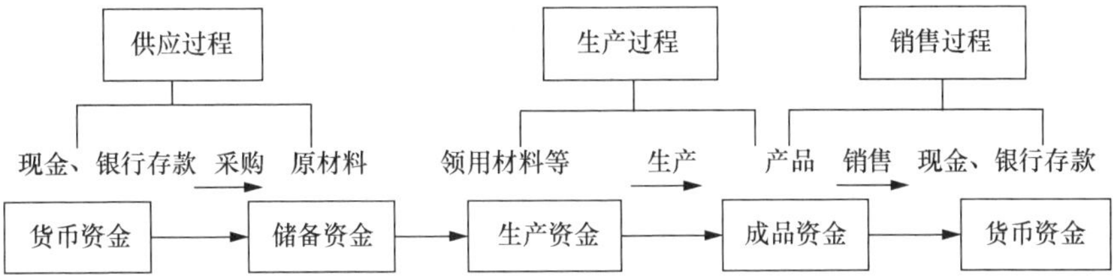

图 2–1 生产型公司营运阶段资金的循环与周转过程

资金在公司内部循环与周转，如果公司实现盈利，则会引起公司资金总量的增加；如果公司亏损，则会导致公司资金总量的减少；如果公司保本，则不会引起公司资金总量的增减变化。

3. 资金的退出

在一个公司里，资金的退出主要有 4 种形式：一是按税法规定将公司所得的一部分上缴给国家，二是偿还银行借款，三是归还所欠货款，四是向股东支付股利。

资金退出公司，会直接导致公司资金总量的减少。

公司资金的运动过程如图 2-2 所示。

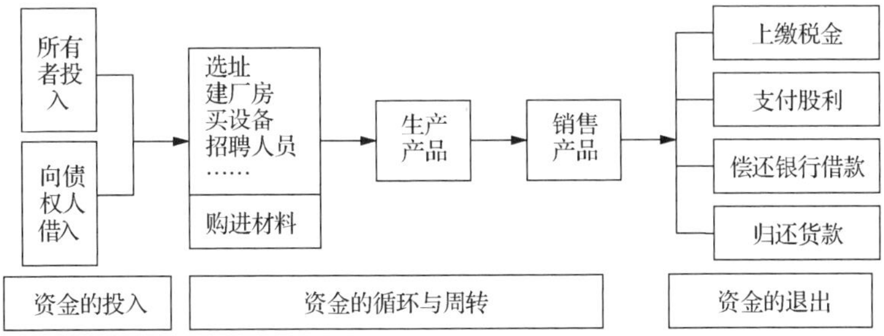

图 2–2 公司资金的运动过程

二、会计要素认知

资金是一个比较宽泛的概念，为了准确地反映公司资金的逐渐变化及动态，需进一步细化资金，直至细化到具体的项目。因此，抽象的会计对象即转化为具体的会计要素。会计要素又称为财务报告要素，是指会计核算与监督的具体对象，是对会计核算内容的基本分类，也是财务报告的具体内容。一般将会计记录的对象细化为六大会计要素，即资产、负债、所有者权益、收入、费用和利润。

微课视频

会计对象

1. 资产

资产是指过去的交易或者事项形成的，由企业拥有或者控制的，预期会给企业带来经济利益的资源，包括各种财产、债权和其他权利。这个定义指出了资产所具备的 3 个基本特征。

（1）资产是由过去的交易或者事项形成的。也就是说，资产必须是现时资产，而不是预期的资产，是由于过去已经发生的交易或者事项产生的结果。至于未来交易或事项及未发生的交易或者事项可能产生的结果，不属于现在的资产，不得作为资产确认。

（2）资产是由企业拥有或者控制的。一般来说，要将一项资源作为企业的资产予以确认，企业要拥有其所有权，只有这样才可以按照自己的意愿使用或处置。对一些特殊方式形成的资产，企业虽然不拥有其所有权，但能够实际控制，也应将其作为企业的资产予以确认，如融资租入的固定资产。

（3）资产预期会给企业带来经济利益。也就是说，资产是有望给企业带来现金流入的经济资源。资产必须具有交换价值和使用价值，可以计量，即可以用货币计量。

按其流动性，即资产变换为现金的能力，资产可被分为流动资产和非流动资产。

流动资产是指可以在一年或者超过一年的一个正常营业周期内变现、出售或耗用的资产，或者主要为交易目的而持有的资产，包括库存现金、银行存款、交易性金融资产、应收票据、应收账款、预付账款及存货等。

非流动资产也称长期资产，是指流动资产以外的资产，包括以公允价值计量且变动计入其他综合收益的金融资产、以摊余成本计量的金融资产、长期股权投资、固定资产、无形资产和其他非流动资产等。

2. 负债

负债是指过去的交易或者事项形成的、预期会导致经济利益流出企业的现时义务。负债具有以下基本特征。

（1）负债是企业的现时义务。负债作为企业承担的一种义务，是由企业过去的交易或事项形成的、现已承担的义务。例如，银行借款是因为企业接受了银行的贷款而形成的，如果企业没有接受贷款，就不会发生银行借款这项负债。

（2）负债的清偿预期会导致经济利益流出企业。无论负债以何种形式出现，作为一种现时义务，最终的履行预期均会导致经济利益流出企业，具体表现为交付资产、提供劳务、将一部分股权转让给债权人等。对此，企业不能回避。

负债按偿还时间的长短可以分为流动负债和非流动负债。

流动负债是指预计在一年（含一年）或者超过一年的一个正常营业周期内偿还的债务，包括短期借款、应付票据、应付账款、预收账款、应付职工薪酬、应交税费、应付利息、应付股利、其他应付款和一年内到期的非流动负债等。

非流动负债是指预计偿还期在一年以上或者超过一年的一个正常营业周期以上的债务，包括长期借款、应付债券、长期应付款等。

3. 所有者权益

所有者权益是指将企业资产扣除负债后由所有者享有的剩余权益，是投资人对企业净资产的所有权。所有者权益是企业的主要资金来源，它等于全部资产减去全部负债后的净额。

所有者出资所形成的资产可供企业长期使用，其出资额在企业依法登记后，在企业经营期间内不得抽回。同时，所有者投资形成的资产是企业清偿债务的物质保证，即企业的资产必须在保证企业所有债务得以清偿后，才能发放给投资者。它在数量上等于企业的全部资产减去全部负债后的余额。此外，所有者以其出资额参与企业的经营管理和企业利润的分配，也以其出资额承担企业的经营风险。

企业所有者所拥有的权益最初以投入企业资产的形式取得，形成投入资本。随着企业生产经营活动的开展，投入资本产生增值，增值部分形成盈余公积和未分配利润。这部分资金归所有者所有，与投入资本共同构成企业的所有者权益，具体包括实收资本、资本公积、其他综合收益、盈余公积和未分配利润等。

资本公积是投入资本超过注册资本或股本部分的金额，即资本溢价或者股本溢价。

其他综合收益是由企业在非日常活动中产生，不应计入当期损益，而应直接计入所有者权益的利得或损失形成的。

直接计入所有者权益的利得是指由企业非日常活动形成的、会导致所有者权益增加的、与所有者投入资本无关的经济利益的流入。

直接计入所有者权益的损失是指由企业非日常活动形成的、会导致所有者权益减少的、与向所有者分配利润无关的经济利益的流出。它是企业除费用或分配给所有者之外的一些边缘性或偶发性的支出。

盈余公积和未分配利润都是企业从逐年获得的净利润中形成的企业内部尚未使用或尚未分配的利润，统称留存收益。

4. 收入

收入是指企业在日常活动中形成的、会导致所有者权益增加的、与所有者投入资本无关的经济利益的总流入。对某一会计主体来说，收入表现为一定期间现金的流入、其他资产的增加或负债的清偿。不是所有的现金流入都是企业的收入，有些现金流入并不是企业销售商品、提供劳务及提供他人使用本企业的资产所引起的，如股东投资、企业借款而带来的现金流入等。

收入有广义和狭义之分。广义的收入涵盖企业所有的经营和非经营活动的所得，包括主营业务收入、其他业务收入、投资收益、营业外收入等；而狭义的收入指企业在经常性的、主体性的经营业务中取得的收入，包括主营业务收入、其他业务收入、投资收益等，不包括营业外收入。会计上的收入通常是指狭义的收入。

5. 费用

费用是指企业在日常活动中发生的、会导致所有者权益减少的、与向所有者分配利润无关的经济利益的总流出。它是企业在获得收入过程中的必要支出。费用是相对于收入而言的，没有费用就没有收入。因此，费用必须按照一定的期间与收入相配比。例如，一定期间销售商品获得的主营业务收入必须与当期销售商品的主营业务成本相配比。

费用也有广义和狭义之分。广义的费用包括各种费用和损失，如主营业务成本、其他业务成本、税金及附加、管理费用、销售费用、财务费用、投资损失、资产减值损失、所得税费用、营业外支出等；而狭义的费用只包括为获取营业收入提供商品或劳务而发生的耗费，即只有与提供商品或劳务相联系的耗费才算费用，不包括营业外支出。

微课视频

会计要素

6. 利润

利润是指企业在一定会计期间取得的经营成果，是收入与费用配比相抵后的差额。收入大于费用，其净额为盈利；收入小于费用，其净额为损失。

利润是评价企业管理层业绩的指标之一，也是投资者等财务报告使用者进行决策时的重要参考依据。

以上六大会计要素相互影响、密切联系，全面、综合地反映了企业的经济活动。

三、理解会计等式

会计等式也称会计平衡公式。任何一个企业要进行生产经营活动，就必须有一定的资金投入。这些投入的资金有其存在形态和来源渠道。从存在形态看，资金表现为一定数量的经济资源即资产，如库存现金、银行存款、原材料、应收账款、固定资产等。资金的来源渠道主要有两个：一是投资者的投入，二是举债借入。由于企业资金是由债权人和企业所有者投入的，所以，债权人和所有者对企业的资产有要求权，会计上将这种要求权称为权益。

资产和权益是同一事物的两个方面，两者相互依存、相互统一。没有资产就没有权益，没有权益也就没有资产。资产反映了企业拥有哪些经济资源，权益说明了是谁提供这些资产、谁享有这些资产的要求权。因而，资产和权益在客观上存在必然相等的关系。有一定数额的资产，必然有一定数额的权益；反之，有一定数额的权益，也必然有一定数额的资产。企业的资产总额与权益总额必然相等，从任何一个时点看，两者都必然保持数量上的平衡关系。资产与权益的这种平衡关系，可以用如下公式表示。

资产=权益 ①

在会计核算中，投资人拥有的权益为所有者权益；贷款人和其他债权人拥有的权益为负债，又称债权人权益。因此，式①可以表示为如下形式。

资产=债权人权益+所有者权益 ②

或

资产=负债+所有者权益 ③

在会计核算中，反映资产、负债、所有者权益这3个要素之间数量关系的等式，为会计基本等式。

会计基本等式反映了会计基本要素之间的数量关系，是设置账户、进行复式记账和编制资产负债表等的理论依据。

企业资金的运动过程，是企业的资产、负债、所有者权益发生增减变化的过程，也是企业取得收入、发生费用和获取利润的过程，收入、费用、利润这3个会计要素的数量关系如下。

收入−费用=利润 ④

这一等式表现了企业在一定会计期间内经营成果与相应期间的收入和费用的关系。

以上介绍的两个会计等式，前者概括了经营资金的静态表现，后者概括了经营资金的动态表现。在企业某个会计期间内，会计要素之间的恒等关系如下。

资产=负债+所有者权益

原资产+新增资产=负债+所有者权益+（收入−费用） ⑤

收入是取得利润的基础，是利润的增加因素，费用是利润的减少因素，而利润是企业所有者权益增加的一种来源。因此，收入将使所有者权益增加，而费用将使所有者权益减少。企业取得的收入是用商品交换中所得的资产来衡量的，通常是以取得货币资金或应收账款等资产的形式来表现的；费用是企业在赚取收入的过程中发生的耗费，通常是以耗费的资产来衡量的。收入与费用的差额，一方面表现为新增资产，作为资产的加项；另一方面表现为新增所有者权益，作为所有者权益的加项。如果将原资产与新增资产综合起来，则会计等式可写成下列等式。

资产=负债+所有者权益+（收入−费用） ⑥

或

资产=负债+所有者权益+利润　⑦

这一综合关系式是式③与式④的结合，它反映了各个会计要素之间的相互关系。

在会计期间终了时，收入、费用按规定结转后，会计等式又恢复为基本形式，即

资产=负债+所有者权益　③

习惯上，一般把式③称为静态的会计等式，把式⑥与式⑦称为动态的会计等式，把式③又称为会计基本等式。

微课视频

会计等式

【学中做 2.1】如何理解会计等式？

A 公司投资开办广告制作服务部，2024 年 1 月 1 日该服务部的资产、负债、所有者权益各项目期初余额如下：A 公司投资 15 000 元，现金 176 元，银行存款 8 800 元，应收甲单位货款 2 000 元，库存商品 4 500 元，向银行借入短期借款 5 000 元，应付乙单位货款 900 元，各种办公用品 624 元，各种家具、用具共计 4 800 元。

A 公司 3 月发生下列经济业务。

（1）代服务部归还到期借款 5 000 元，作为增加投资。

（2）取得营业收入 8 500 元，存入银行。

（3）用银行存款偿还应付乙单位货款 900 元。

（4）赊购保险箱一个，价值 1 000 元。

（5）用现金购入办公用品 140 元。

（6）收到甲单位前欠账款 1 500 元，存入银行。

要求：（1）列出期初会计等式。

（2）分析经济业务的发生对会计等式的影响，并加计金额，列出期末会计等式。

知识链接

会计核算的基本前提与原则

四、设置会计科目

将会计对象分为六大要素，每一个要素都包括许多内容，如资产包括库存现金、银行存款、应收账款、原材料等，负债包括短期借款、应付账款等。因此，要将企业的资金运动记录清楚，还需要根据会计对象的具体内容按其不同特点和经济管理的要求进行科学分类，确定分类核算的项目名称，规定其核算内容，即会计科目。

1. 会计科目的概念

会计科目是对会计对象具体内容的科学分类，是按照会计要素的内容进一步分类核算的项目。每一个会计科目都有名称，反映特定的经济内容。例如，企业的货币资金是一种资产，按照其用途及收付方式的不同，可以将其划分为 3 个类别：库存现金、银行存款和其他货币资金，相应地可设置 3 个会计科目。其中“库存现金”科目核算存放在企业内部供企业日常零星开支所用的货币资金的收付与结存情况，“银行存款”科目核算存放在银行的货币资金的存入、支取与结存情况，“其他货币资金”科目核算存放在银行、具有特定用途的货币资金的收支与结存情况。

在会计核算的各种方法中，会计科目的设置具有重要地位，它决定了账户的开设、报表结构的设计，是一种基本的会计核算方法。在我国，通常由财政部统一规定会计科目的名称、编号和内容，然后由企业根据自身的经营特点和管理需要选择并确定本企业的会计科目。

2. 会计科目的分类

为了在会计核算中正确地掌握和运用会计科目，需要对会计科目进行科学的分类。会计科目常用的分类标准有两个：一是按反映的经济内容分类，二是按提供会计信息的详细程度分类。

（1）按反映的经济内容分类。

会计科目按反映的经济内容不同，可分为资产类、负债类、共同类、所有者权益类、成本类和损益类科目。这种分类有助于了解和掌握各会计科目核算的内容及会计科目的性质，正确运用各会计科目提供的信息资料。

① 资产类科目，用以反映资产要素的内容，如“库存现金”“银行存款”等科目。

② 负债类科目，用以反映负债要素的内容，如“短期借款”“应付票据”等科目。

③ 共同类科目，多为金融、保险、投资、基金等公司使用，具有资产和负债双重属性，如“衍生工具”“套期工具”等科目。

④ 所有者权益类科目，用以反映所有者权益要素的内容，如“实收资本（或股本）”“资本公积”等科目。

⑤ 成本类科目，用以反映产品生产或劳务提供过程中发生的各种直接费用和间接费用，如“生产成本”“制造费用”等科目。

⑥ 损益类科目，用以反映生产经营过程中的收益及费用，计算确定损益等，如“主营业务收入”“销售费用”等科目。

执行企业会计准则和小企业会计准则的企业的主要会计科目名称分别如表2-1和表2-2所示。

表2-1　　企业主要会计科目表（执行企业会计准则）

序号	编号	名称	序号	编号	名称
		一、资产类			
1	1001	库存现金	18	1471	存货跌价准备
2	1002	银行存款	19	1501	债权投资
3	1012	其他货币资金	20	1502	债权投资减值准备
4	1101	交易性金融资产	21	1503	其他债权投资
5	1121	应收票据	22	1504	其他权益工具投资
6	1122	应收账款	23	1511	长期股权投资
7	1123	预付账款	24	1512	长期股权投资减值准备
8	1131	应收股利	25	1601	固定资产
9	1132	应收利息	26	1602	累计折旧
10	1221	其他应收款	27	1603	固定资产减值准备
11	1231	坏账准备	28	1604	在建工程
12	1401	材料采购	29	1605	工程物资
13	1402	在途物资	30	1606	固定资产清理
14	1403	原材料	31	1701	无形资产
15	1405	库存商品	32	1702	累计摊销
16	1408	委托加工物资	33	1801	长期待摊费用
17	1407	商品进销差价	34	1901	待处理财产损溢
		二、负债类			
35	2001	短期借款	42	2232	应付股利
36	2201	应付票据	43	2241	其他应付款
37	2202	应付账款	44	2401	递延收益
38	2203	预收账款	45	2501	长期借款
39	2211	应付职工薪酬	46	2502	应付债券
40	2221	应交税费	47	2701	长期应付款
41	2231	应付利息			

（续表）

序号	编号	名称	序号	编号	名称
三、共同类（略）					
四、所有者权益类					
48	4001	实收资本（或股本）	51	4101	盈余公积
49	4002	资本公积	52	4103	本年利润
50	4003	其他综合收益	53	4104	利润分配
五、成本类					
54	5001	生产成本	58	5401	工程施工
55	5101	制造费用	59	5402	工程结算
56	5201	劳务成本	60	5403	机械作业
57	5301	研发支出			
六、损益类					
61	6001	主营业务收入	69	6601	销售费用
62	6051	其他业务收入	70	6602	管理费用
63	6111	投资收益	71	6603	财务费用
64	6117	其他收益	72	6701	资产减值损失
65	6301	营业外收入	73	6115	资产处置损益
66	6401	主营业务成本	74	6711	营业外支出
67	6402	其他业务成本	75	6801	所得税费用
68	6403	税金及附加	76	6901	以前年度损益调整

表 2-2　　企业主要会计科目表（执行小企业会计准则）

序号	编号	名称	序号	编号	名称
一、资产类					
1	1001	库存现金	16	1407	商品进销差价
2	1002	银行存款	17	1408	委托加工物资
3	1012	其他货币资金	18	1411	周转材料
4	1101	短期投资	19	1521	投资性房地产
5	1121	应收票据	20	1531	长期应收款
6	1122	应收账款	21	1601	固定资产
7	1123	预付账款	22	1602	累计折旧
8	1131	应收股利	23	1604	在建工程
9	1132	应收利息	24	1605	工程物资
10	1221	其他应收款	25	1606	固定资产清理
11	1401	材料采购	26	1701	无形资产
12	1402	在途物资	27	1702	累计摊销
13	1403	原材料	28	1801	长期待摊费用
14	1404	材料成本差异	29	1901	待处理财产损溢
15	1405	库存商品			

（续表）

序号	编号	名称	序号	编号	名称
二、负债类					
30	2001	短期借款	36	2231	应付利息
31	2201	应付票据	37	2232	应付利润
32	2202	应付账款	38	2241	其他应付款
33	2203	预收账款	39	2401	递延收益
34	2211	应付职工薪酬	40	2501	长期借款
35	2221	应交税费	41	2701	长期应付款
三、所有者权益类					
42	3001	实收资本	45	3103	本年利润
43	3002	资本公积	46	3104	利润分配
44	3101	盈余公积			
四、成本类					
47	4001	生产成本	50	4401	工程施工
48	4101	制造费用	51	4403	机械作业
49	4301	研发支出			
五、损益类					
52	5001	主营业务收入	58	5403	税金及附加
53	5051	其他业务收入	59	5601	销售费用
54	5111	投资收益	60	5602	管理费用
55	5301	营业外收入	61	5603	财务费用
56	5401	主营业务成本	62	5711	营业外支出
57	5402	其他业务成本	63	5801	所得税费用

（2）按提供会计信息的详细程度分类。

会计科目按提供会计信息的详细程度不同，可以分为总分类科目和明细分类科目。

① 总分类科目又称总账科目或一级科目，它是对会计对象的具体内容进行总括分类，提供总括信息的会计科目。例如，“应收账款”科目反映了企业在销售商品、提供劳务等业务活动中应收各单位款项的总体情况。

总分类科目原则上由国家统一的会计制度进行规定。

总分类科目是对外提供会计信息的基础。为保证会计核算的口径一致，使会计信息具备可比性，便于会计信息使用者进行决策，企业在设置总分类科目时应遵循国家统一会计制度的规定，不得随意更改。即使企业根据需要增设、删减或合并会计科目，也不能影响对外提供的会计信息的内容和口径。

② 明细分类科目又称明细科目或二级科目，它是对总分类科目的进一步分类，提供更详细、更具体的会计信息的会计科目。例如，在“应收账款”总分类科目下按具体应收单位设置明细科目，具体反映应收单位的货款，从而对“应收账款”总分类科目做详细说明。明细分类科目的设置，除会计制度另有规定外，可以根据企业的实际需要，由各单位自行规定设置。

明细分类科目可以分设多级，即在总分类科目下分别设置二级科目（子目）、三级科目（细目）以至更多的级次。例如，在“原材料”总分类科目下可以按材料类别设置二级科目，再在二级科目下按材料品种、规格设置三级科目。

总分类科目概括反映会计对象的具体内容，而明细分类科目详细反映会计对象的具体内容；总分类科目对明细分类科目具有控制作用，明细分类科目对总分类科目进行补充和说明。

AI 问一问

打开并登录豆包工具，在输入文本框中输入“不同行业（如制造业、零售业、服务业）的会计科目设置有何差异？”，对 AI 工具生成的答案进行判断与评价。

五、设置会计账户

1. 账户的概念

会计账户（简称账户）是根据会计科目开设的，具有一定的格式和结构，用来记录和反映经济业务内容的一种工具。设置和登记账户，有利于分类、连续地记录和反映各项经济业务，以及由此引起的有关会计要素的增减变动及结果。

2. 会计科目与账户的关系

会计科目与账户是两个既相互区别又相互联系的概念，它们用来分门别类地反映会计对象的具体内容。二者的关系如下。

（1）联系。会计科目与账户都是对会计要素的具体内容进行的科学分类，二者口径一致、性质相同。会计科目的名称是账户的名称，也是设置账户的依据，没有会计科目，账户便失去了设置的依据；账户是会计科目的具体应用，没有账户，就无法发挥会计科目的作用。

（2）区别。会计科目只是经济业务分类核算的项目或标志，只说明一定经济业务的内容，而账户则是具体记录经济业务增减变动及其结果的一种核算手段，具有特定的格式和结构。例如，“银行存款”科目是一个企业流动资产科目，它的核算内容是企业存在银行里的资金的增减变动和结存情况。如果按照“银行存款”科目设置了一个账户，就可以将属于其核算内容范围的经济业务登记在“银行存款”账户上。因此，账户具有一定的格式和结构，会计科目仅仅是账户的名称，没有结构。

3. 会计账户的结构

（1）账户的格式设计。作为会计核算对象的会计要素，随着经济业务的发生，在数量上发生增减变动，并形成一定的变动结果。因此，用来分类记录经济业务的账户必须确定结构：增加的金额记在哪里，减少的金额记在哪里，增减变动后的结果记在哪里。

由此，账户的格式设计一般应包括以下内容：①账户名称，即会计科目；②日期和摘要，即经济业务发生的时间和内容；③凭证号数，即账户记录的来源和依据；④增加、减少的金额和余额。账户格式如表 2-3 所示。

表 2–3 账户格式

年		凭证号数		摘要	增加额	减少额	余额
月	日	种类	号数				

（2）账户的基本结构。为了简洁地表达经济内容的增加和减少，在会计教学中通常使用简化的“T”形账户（也称“丁”字账户）来说明账户的基本结构，如图 2-3 所示。

左方	账户名称（会计科目）	右方

图 2-3 账户的基本结构

账户的基本结构分为左右两方，其功能是记载经济内容的增加和减少。在一定的记账方法下，账户的左右两方是按相反方向记录增加额和减少额的。也就是说，如果规定在左方记录增加额，就应该在右方记录减少额；反之，如果在右方记录增加额，就应该在左方记录减少额。

哪一方记录增加额，哪一方记录减少额，取决于各账户所反映的经济内容和所选用的记账方法。账户的余额一般与记录的增加额在同一方向。

（3）账户平衡公式。账户左右两方记录的主要内容是期初余额、本期增加额、本期减少额及期末余额4个金额要素。本期增加额和本期减少额是指在一定的会计期间内（月、季、半年或年），账户左右两方分别登记的增加金额合计数和本期减少金额合计数，又称本期增加发生额和本期减少发生额。本期增加发生额和本期减少发生额相抵后的差额，即为本期的期末余额。如果将本期的期末余额转入下一期，就是下一期的期初余额。

上述4项金额要素的关系可以用下列公式表示。

期末余额=期初余额+本期增加发生额-本期减少发生额

例如，某企业在某一期间内的“库存商品”账户的记录，如图2-4所示。

左方		库存商品	右方
期初余额	30 000		
本期增加发生额	50 000	本期减少发生额	60 000
……		……	
期末余额	20 000		

图 2-4 “库存商品”账户

（4）账户的分类。账户是根据会计科目开设的，因此，账户的分类标志和分类内容与会计科目的分类标志和分类内容相同。也就是说，按照反映的经济内容不同，账户分为资产类账户、负债类账户、共同类账户、所有者权益类账户、成本类账户和损益类账户；按照提供会计信息的详细程度不同，账户分为总分类账户和明细分类账户。

六、复式记账法与借贷记账法

复式记账法是指对每一项经济业务发生时所引起的会计要素数量的增减变动，以相等的金额同时在两个或两个以上相联系的账户中进行全面登记的一种记账方法。其实质是通过两个或两个以上相互对应的账户反映一项经济业务。例如，企业用银行存款支付广告费10 000元，在复式记账法下，一方面要在银行存款账户中登记减少数10 000元，另一方面要在有关费用账户中登记增加数10 000元。基于此，复式记账法可以全面、系统地反映企业经济业务的来龙去脉，将账户之间的内在联系有机地联结起来。

借贷记账法是以“借”“贷”为记账符号记录经济业务的一种复式记账法。

1. 借贷记账法的记账符号

记账符号是一种标记，代表经济业务数量增减变动的方向。借贷记账法是以“借”“贷”为记账符号的。其中，“借”表示账户的左边，“贷”表示账户的右边。

2. 借贷记账法的账户结构

账户结构是指在账户中如何记录经济业务，即明确账户的借方和贷方各登记什么内容，余额的方向及表示的含义。

在借贷记账法下，账户的基本结构：左方为借方，右方为贷方。账户的一般格式可用“T”形账户表示，如图 2-5 所示。

借方	账户名称（会计科目）	贷方

图 2-5　“T”形账户的结构

由于会计核算内容已经划分为会计要素，并按会计要素的进一步分类设置了会计科目和账户，因此借贷记账法在登记经济业务数据时，按经济业务所属的会计要素及其发生的增减金额分别确定其在账户中的记录方向。

账户结构的设定遵循会计等式的内在规律。资产的增加额记入借方，减少额记入贷方；负债和所有者权益的增加额记入贷方，减少额记入借方。按此种记录方法登记，既保证了借方等于贷方，也保证了会计等式的平衡。

收入和费用要素的变动会导致利润要素的变动，利润在未分配前属于所有者权益，因此利润要素的增减变动金额记录的方向与所有者权益相同。而收入使所有者权益增加，其增加额记入贷方，减少额记入借方；费用使所有者权益减少，其增加额记入借方，减少额记入贷方。

下面具体说明各类账户的结构。

（1）资产类账户的结构。在资产类账户中，借方登记增加额，贷方登记减少额。资产类账户若有期末（期初）余额，其期末（期初）余额一般在借方，表示期末（期初）资产的实有数。资产类账户的结构如图 2-6 所示。

借方		资产类账户名称	贷方
期初余额	×××		
本期增加发生额	×××	本期减少发生额	×××
期末余额	×××		

图 2-6　资产类账户的结构

资产类账户的期末余额可根据下列公式计算。

期末余额（借方）=期初余额（借方）+本期借方发生额-本期贷方发生额

（2）负债类账户和所有者权益类账户的结构。在负债类账户和所有者权益类账户中，贷方登记增加额，借方登记减少额。负债类账户和所有者权益类账户若有期末（期初）余额，其期末（期初）余额一般在贷方，表示负债和所有者权益的期末（期初）实有数。负债类账户和所有者权益类账户的结构如图 2-7 所示。

借方		负债类账户和所有者权益类账户名称	贷方
		期初余额	×××
本期减少发生额	×××	本期增加发生额	×××
		期末余额	×××

图 2-7　负债类账户和所有者权益类账户的结构

负债类账户和所有者权益类账户的期末余额可根据下列公式计算。

期末余额（贷方）=期初余额（贷方）+本期贷方发生额-本期借方发生额

（3）收入类账户和成本费用类账户的结构。由于收入类账户的结构与所有者权益类账户的结构基本一致，因而，收入类账户的贷方登记收入的增加额，借方登记收入的减少额或转销额。企业的各项收入是使利润增加的主要因素，因此期末时收入的增加额减去收入的减少额的差额，应转入“本年利润”账户的贷方，同时记入有关收入类账户的借方，结转后收入类账户无余额。收入类账户的结构如图2-8所示。

借方	收入类账户名称	贷方
本期减少额或转销额 ×××		本期增加额 ×××

图2-8　收入类账户的结构

由于成本费用类账户的结构与资产类账户的结构基本一致，因而，成本费用类账户的借方登记其增加额，贷方登记其减少额或转销额。企业发生的各种费用和支出是导致利润减少的因素，因此期末时应将影响利润的有关费用支出类的增加额减去其减少额后的差额，转入“本年利润”账户的借方，同时登记在有关成本费用类账户的贷方。除反映成本的账户外，期末结转后成本费用类账户一般无余额。成本类账户若有余额，则表示期末资产的余额。成本费用类账户的结构如图2-9所示。

借方	成本费用类账户名称	贷方
本期增加额 ×××		本期减少额或转销额 ×××

图2-9　成本费用类账户的结构

根据以上对各类账户结构的说明，账户借方和贷方所记录的经济内容可归纳为图2-10所示的内容。

借方	账户名称	贷方
资产的增加		资产的减少
负债的减少		负债的增加
所有者权益的减少		所有者权益的增加
收入的减少或转销		收入的增加
成本费用的增加		成本费用的减少或转销
利润的减少		利润的增加

图2-10　各类账户结构汇总

账户结构表明，不同类型的账户，“借”“贷”两方各自代表的经济内容不同。

“借”字表示：资产的增加，负债及所有者权益的减少，收入的减少或转销，成本费用支出的增加。

“贷”字表示：资产的减少，负债及所有者权益的增加，收入的增加，成本费用支出的减少或转销。

微课视频

会计科目与会计账户

3. 借贷记账法的记账规则

按照复式记账法的原理，任何经济业务都要以相等的金额，在两个或两个以上相互联系的账户中进行记录。借贷记账法的记账规则，是指运用借贷记账法在账户上记录经济业务引起的会计要素增减变化的规律。那么，如何记录经济业务呢？借贷记账法对发生的每一笔经济业务，首先，要确定其所涉及的账户并判定性质；其次，要分析所发生的经济业务使各账户的金额是增加还是减少了；最后，根据账户的基本结构确定其金额应记入所涉及账户的方向。

由于收入类账户、利润类账户与所有者权益类账户的性质相同，而成本费用是资产的转化形式，成本费用类账户与资产类账户的性质相同，因此，在划分经济业务的性质时，往往将收入类、利润类归入所有者权益，将成本费用类归入资产。这样，无论经济业务如何复杂，均可概括为以下几种类型：①资产与权益同时增加；②资产与权益同时减少；③资产内部有增有减；④权益内部有增有减。

【做中学 2.1】2024 年 9 月 3 日，丁香公司收到投资者张鸣投入的资本金 500 000 元，存入银行。

【分析与处理】

这项经济业务的发生，使丁香公司资产和所有者权益两个要素的相关项目同时增加。其中，资产要素项目涉及“银行存款”账户，所有者权益要素项目涉及“实收资本”账户；资产的增加，应记在“银行存款”账户的借方，所有者权益的增加，应记在“实收资本”账户的贷方。运用借贷记账法将这项经济业务记入相关账户，如图 2-11 所示。

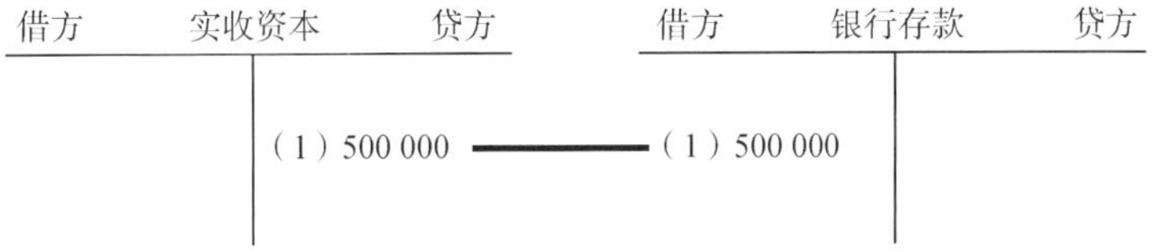

图 2–11　借贷记账法的运用（一）

【做中学 2.2】2024 年 9 月 10 日，丁香公司以银行存款 100 000 元归还银行短期借款。

【分析与处理】

这项经济业务的发生，使丁香公司资产和负债两个要素的相关项目同时减少。其中，资产要素项目涉及“银行存款”账户，负债要素项目涉及“短期借款”账户；资产的减少，应记在“银行存款”账户的贷方，负债的减少，应记在“短期借款”账户的借方。运用借贷记账法将这项经济业务记入相关账户，如图 2-12 所示。

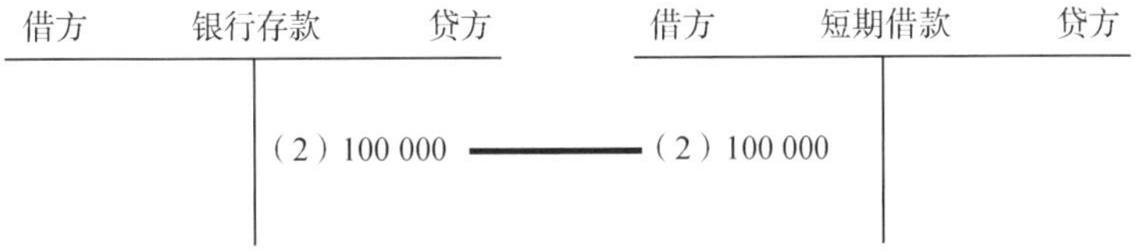

图 2–12　借贷记账法的运用（二）

【做中学 2.3】2024 年 9 月 13 日，丁香公司购进一批原材料，金额为 20 000 元（假设不考虑相关税费），以银行存款支付。

【分析与处理】

这项经济业务的发生，使丁香公司资产要素内部两个项目有增有减。其中，资产要素内部两个项目涉及“银行存款”和“原材料”两个账户；资产的增加，应记在“原材料”账户的借方，资产的减少，应记在“银行存款”账户的贷方。运用借贷记账法将这项经济业务记入相关账户，如图 2-13 所示。

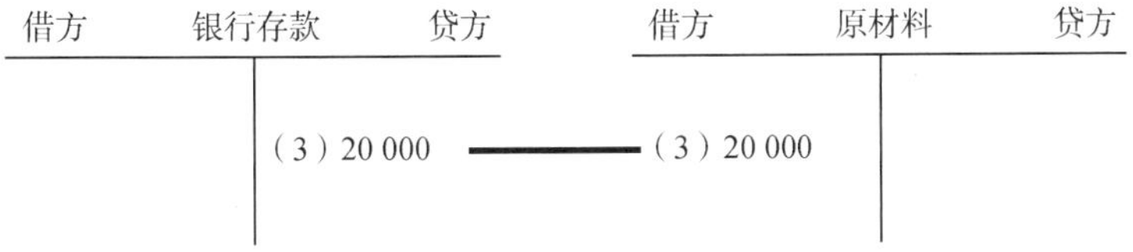

图 2–13　借贷记账法的运用（三）

【做中学 2.4】 2024 年 9 月 20 日，丁香公司向银行借入短期借款 150 000 元用于偿还前欠乙企业的货款。

【分析与处理】

这项经济业务的发生，使丁香公司负债要素内部两个项目有增有减。其中，负债要素内部两个项目涉及“短期借款”和“应付账款”两个账户；负债的增加，应记在“短期借款”账户的贷方，负债的减少，应记在“应付账款”账户的借方。运用借贷记账法将这项经济业务记入相关账户，如图 2-14 所示。

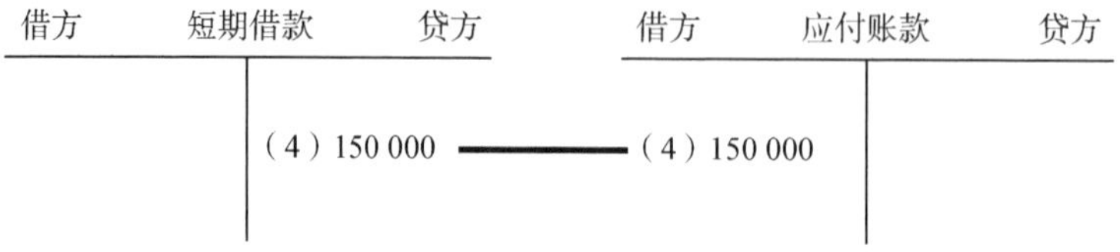

图 2-14　借贷记账法的运用（四）

综合以上四大类型的经济业务，在借贷记账法下，每笔经济业务都是在记入某一个账户借方的同时必然要记入另一个账户的贷方，而且记入借方与记入贷方的金额是相等的，这就形成了借贷记账法的记账规则。可以将记账规则概括为“有借必有贷，借贷必相等”。

借贷记账法的记账规则如图 2-15 所示。

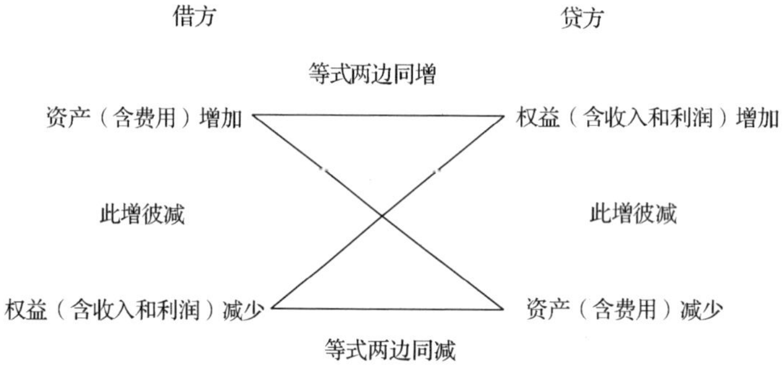

图 2-15　借贷记账法的记账规则

4. 借贷记账法的试算平衡

为了保证一定时期内发生的经济业务在账户记录中的正确性，需要在期末对账户记录进行试算平衡。借贷记账法的试算平衡，是指根据会计等式的平衡原理，按照记账规则的要求，通过汇总计算和比较，以检查账户记录的正确性和完整性。在借贷记账法下，试算平衡可分为发生额试算平衡和余额试算平衡。

微课视频

借贷记账法

（1）发生额试算平衡的公式如下。

全部账户本期借方发生额合计=全部账户本期贷方发生额合计

（2）余额试算平衡的公式如下。

全部账户期末借方余额合计=全部账户期末贷方余额合计

试算平衡工作一般是在月末结出各个账户的本月发生额和月末余额后，通过编制总分类账户发生额试算平衡表和总分类账户余额试算平衡表进行的。

假设丁香公司 2024 年 9 月 1 日各账户的期初余额如表 2-4 所示。

表 2-4　　总分类账户期初余额表

2024 年 9 月 1 日　　单位：元

账户名称	余额	
	借方	贷方
银行存款	530 000	
原材料	70 000	
实收资本		350 000
短期借款		100 000
应付账款		150 000

现将做中学 2.1 至做中学 2.4 中的经济业务记入有关总分类账户，并结出各账户本期发生额和期末余额，如图 2-16 至图 2-20 所示。

银行存款

借方	贷方
期初余额 530 000	
（1）500 000	（2）100 000
	（3） 20 000
本期发生额合计 500 000	本期发生额合计 120 000
期末余额 910 000	

图 2-16　“银行存款”账户记录

原材料

借方	贷方
期初余额 70 000	
（3）20 000	
本期发生额合计 20 000	
期末余额 90 000	

图 2-17　“原材料”账户记录

实收资本

借方	贷方
	期初余额 350 000
	（1）500 000
	本期发生额合计 500 000
	期末余额 850 000

图 2-18　“实收资本”账户记录

短期借款

借方	贷方
	期初余额 100 000
（2）100 000	（4）150 000
本期发生额合计 100 000	本期发生额合计 150 000
	期末余额 150 000

图 2-19　“短期借款”账户记录

应付账款

借方	贷方
	期初余额 150 000
（4）150 000	
本期发生额合计 150 000	期末余额 0

图 2-20　“应付账款”账户记录

根据上述账户记录，分别编制总分类账户发生额试算平衡表和总分类账户余额试算平衡表，分别如表 2-5 和表 2-6 所示。

表 2-5　　　　　　　　　　总分类账户发生额试算平衡表

2024 年 9 月 30 日　　　　　　　　　　单位：元

账户名称	本期发生额	
	借方	贷方
银行存款	500 000	120 000
原材料	20 000	
短期借款	100 000	150 000
应付账款	150 000	
实收资本		500 000
合计	770 000	770 000

表 2-6　　　　　　　　　　总分类账户余额试算平衡表

2024 年 9 月 30 日　　　　　　　　　　单位：元

账户名称	余额	
	借方	贷方
银行存款	910 000	
原材料	90 000	
短期借款		150 000
应付账款		0
实收资本		850 000
合计	1 000 000	1 000 000

运用试算平衡检查账户的记录是否正确时，需要注意的是：首先，必须保证所有账户的余额均已记入试算平衡表；其次，如果试算平衡表借贷不平衡，表明账户的记录和计算有错误，需认真检查，直到实现平衡。即使借贷平衡，也不能肯定记账没有错误，如重复登记、漏登、登错账户、登错方向、借方和贷方发生额中偶然一多一少并相互抵销等，这些错误并不影响借贷双方的平衡。

5. 账户对应关系和会计分录

（1）账户对应关系。运用借贷记账法等复式记账法处理经济业务，一笔业务所涉及的多个账户之间必然存在某种相互依存的对应关系，这种关系就称为账户对应关系。它是按照“有借必有贷，借贷必相等”的记账规则登记经济业务所形成的账户之间的应借、应贷关系。具有应借、应贷关系的账户互称对应账户。例如，从银行提取现金 10 000 元，就要在“库存现金”账户的借方和“银行存款”账户的贷方加以记录，此时这两个账户就形成了对应关系，“库存现金”账户和“银行存款”账户互为对应账户。可以利用对应关系和对应账户进行会计检查。

（2）会计分录。账户对应关系反映了每项经济业务的内容，以及由此引起的资金运动的来龙去脉，因而在采用借贷记账法登记某些经济业务时，应通过编制会计分录确定其所涉及的账户及其对应关系。

会计分录简称分录，是分别对每笔经济业务列示其应记入账户的名称、应借应贷的方向及其金额的一种记录。在我国会计实务中，编制会计分录是通过填制记账凭证体现的。会计分录包括 3 个要素：会计科目（账户名称）、记账符号和发生金额。

知识链接

会计分录的类型

例如，从开户银行提取现金 10 000 元备用，这笔业务应编制的会计分录如下。

借：库存现金　　　　　　　　　　10 000

　　贷：银行存款　　　　　　　　　　10 000

需要指出的是，为了保持账户对应关系的清楚明白，一般不宜把不同经济业务合并在一起，编制多借多贷的会计分录。但在某些特殊情况下为了反映经济业务的全貌，也可以编制多借多贷的会计分录。

编写会计分录时应遵循以下基本规则。

① 先借后贷。

② 借贷要分行写，并且文字和金额要错开一个字节或数个字节。

③ 在有多借或多贷的情况下，要求借方或贷方账户的文字和金额数字必须对齐。

【学中做 2.2】 讨论下列会计分录所记录的经济业务是否存在。

借：固定资产　　　　　　　　　　100 000

　　贷：银行存款　　　　　　　　　　100 000

借：库存商品　　　　　　　　　　10 000

　　贷：应收账款　　　　　　　　　　10 000

6. 总分类账户和明细分类账户的平行登记

账户按其提供信息的详细程度不同，可以分为总分类账户和明细分类账户。总分类账户提供的是总括、综合的信息，一般只提供货币信息资料；明细分类账户是对会计要素各项目增减变化的详细反映，对某一具体方面提供货币、实物量信息资料。总分类账户对明细分类账户具有统驭控制作用，明细分类账户对总分类账户具有补充说明作用。

因此，根据管理要求，在采用借贷记账法记录经济业务时，需进行总分类账户和明细分类账户的平行登记。

平行登记是指对发生的每一笔经济业务，都要根据相同的会计凭证，一方面记入总分类账户，另一方面记入总分类账户所属的明细分类账户的一种记账方法。

平行登记的要点可归纳如下。

① 依据相同。对发生的经济业务，都要以相同的会计凭证为依据，既登记有关总分类账户，又登记所属明细分类账户。

② 方向相同。将经济业务记入总分类账户和明细分类账户，记账方向必须相同，即总分类账户记入借方，明细分类账户也应记入借方；总分类账户记入贷方，明细分类账户也应记入贷方。

③ 期间相同。对每项经济业务在记入总分类账户和明细分类账户的过程中，可以有先有后，但必须在同一会计期间（如同一个月）内全部登记入账。

④ 金额相等。记入总分类账户的金额，必须与记入所属明细分类账户的金额之和相等。

通过平行登记，总分类账户与明细分类账户之间在登记金额上就形成了以下关系。

总分类账户期初余额=所属各明细分类账户期初余额之和

总分类账户借方发生额=所属各明细分类账户借方发生额之和

总分类账户贷方发生额=所属各明细分类账户贷方发生额之和

总分类账户期末余额=所属各明细分类账户期末余额之和

期末，可依据平行登记的账户结果检查总分类账户和明细分类账户的记录是否正确。

任务实施

在本任务的“任务导入”中，王明亲自对接爱伦体育服装公司的会计核算，他应该按照以下步骤完成该公司的会计制度的设计、会计核算办法的确定等基础工作。

素质教育案例 5

立信精神

（1）王明应在全面了解爱伦体育服装公司基本情况的基础上，确定该公司会计核算应采用的会计准则或会计制度。

爱伦体育服装公司属于一人有限责任公司，被主管税务机关认定为小规模纳税人。因此，王明应遵循小企业会计准则组织该公司的会计核算工作。

（2）王明应分析爱伦体育服装公司开展的业务类型，确定该公司采用的重要会计政策。

① 遵循会计核算的基本前提条件及会计期间、记账方法、会计计量属性等基本会计核算规定。

② 确定资产（应收款项、存货、固定资产等）、收入、费用、负债等会计要素各项目的确认与计量方法。

（3）确定爱伦体育服装公司核算的会计科目表，建立账簿体系，组织日常核算。

爱伦体育服装公司所从事的业务是某品牌体育服装的代理销售，属于小型商贸流通企业，主要开展的是零售业务，除库存现金、银行存款、应收账款等通用性会计科目外，所涉及的商品流通企业独有的会计科目有库存商品、商品进销差价等。

（4）与主管税务机关对接，确定报税、纳税等相关事宜。

任务训练

1. 单项选择题

（1）在复式记账法下，对发生的经济业务要以相等的金额同时在（　　）相互联系的账户中登记。

A. 一个　　B. 两个　　C. 两个或两个以上　　D. 以上都可以

（2）下列经济业务的发生不会使会计等式两边总额发生变化的是（　　）。

A. 收到购货单位前欠货款并存入银行　　B. 取得借款并存入银行

C. 收到投资者投入的固定资产　　D. 以银行存款支付欠供应单位的货款

（3）（　　）是具有一定的格式和结构，用于分类反映会计要素增减变动情况及其结果的载体。

A. 账户　　B. 会计科目　　C. 账簿　　D. 财务报表

（4）损益类账户在期末结转后一般（　　）。

A. 有借方余额　　B. 有贷方余额　　C. 没有余额　　D. 余额在增加一方

（5）下列属于资产科目的是（　　）。

A. 短期投资　　B. 预收账款　　C. 资本公积　　D. 应交税费

（6）将现金 3 500 元交存银行，会使企业的资产总额（　　）。

A. 增加 3 500 元　　B. 减少 3 500 元　　C. 不变　　D. 减少 1 750 元

（7）下列项目中，（　　）类账户与负债类账户结构相同。

A. 所有者权益　　B. 费用　　C. 资产　　D. 成本

（8）会计科目按其提供信息的详细程度不同，分为（　　）。

A. 一级科目和三级科目　　B. 二级科目和明细科目

C. 总账科目和明细科目　　D. 二级科目和三级科目

（9）（　　）是复式记账的理论基础，也是编制资产负债表的理论依据。

A. 会计科目　　B. 账户

C. 资产=负债+所有者权益　　D. 收入-费用=利润

（10）下列会计账户中，如月末有余额，一般在贷方的是（　　）账户。

A. “银行存款”　B. “长期借款”　C. “材料采购”　D. “应收利息”

2. 多项选择题

（1）企业的会计要素包括（　　）。

A. 资产　B. 负债　C. 所有者权益

D. 收入　E. 费用　F. 利润

（2）所有者权益包括的内容有（　　）。

A. 投入资本　B. 资本公积　C. 盈余公积　D. 未分配利润

（3）会计等式是（　　）。

A. 设置账户的理论依据　B. 成本计算的理论依据

C. 编制财务报表的理论依据　D. 复式记账的理论基础

（4）下列会计要素中，反映企业一定时点财务状况的会计要素有（　　）。

A. 资产　B. 负债　C. 所有者权益　D. 收入

E. 费用　F. 利润

（5）账户的基本结构一般应包括（　　）。

A. 账户名称　B. 日期与摘要

C. 凭证种类和号数　D. 增加、减少的金额和余额

（6）借贷记账法下的“贷”字表示（　　）。

A. 负债的增加　B. 费用的增加　C. 收入的增加　D. 所有者权益的增加

（7）会计分录包括（　　）等要素。

A. 记账方法　B. 记账符号　C. 账户名称　D. 发生金额

（8）下列关于会计要素变动的表述，正确的有（　　）。

A. 资产增加，费用增加　B. 费用增加，负债减少

C. 费用增加，负债增加　D. 费用增加，资产减少

（9）根据核算的经济内容，账户分为（　　）。

A. 资产类账户　B. 负债类账户　C. 共同类账户　D. 成本类账户

E. 所有者权益类账户　F. 损益类账户

（10）通过平行登记，总分类账户与明细分类账户之间在登记金额上就形成了（　　）。

A. 总分类账户期初余额=所属各明细分类账户期初余额之和

B. 总分类账户借方发生额=所属各明细分类账户借方发生额之和

C. 总分类账户贷方发生额=所属各明细分类账户贷方发生额之和

D. 总分类账户期末余额=所属各明细分类账户期末余额之和

3. 判断题

（1）会计要素是对财务会计对象的基本分类，是根据交易或者事项的经济特征确定的。（　　）

（2）资产类账户的余额，一般在借方；权益类账户的余额，一般在贷方。（　　）

（3）企业接受某单位投入的一批材料物资，计价10万元，该项经济业务会引起收入增加、权益增加。（　　）

（4）借贷记账法中的“借”“贷”分别表示增加和减少。（　　）

（5）会计分录按照涉及账户的多少，可分为一借一贷、一借多贷、一贷多借，但一般不允许

多借多贷。（ ）

（6）借贷记账法中的记账规则是“有借必有贷，借贷必相等”。（ ）

（7）“期末余额=期初余额+本期增加发生额-本期减少发生额”公式适用于任何性质的结账计算。（ ）

（8）会计等式不是恒等的，它会随着经济业务或会计事项的发生而发生变化，平衡关系会被打破。（ ）

（9）总分类科目对明细分类科目起着补充说明和统驭控制的作用。（ ）

（10）通过试算平衡，如果借贷方金额相等，就说明记账完全正确。（ ）

4. 简答题

（1）什么是会计对象与会计要素？二者有何关联？

（2）什么是会计科目与会计账户？二者有何区别与联系？

（3）简述总分类账户与明细分类账户平行登记的规则。

（4）简述复式记账法的基本原理。

（5）如何理解借贷记账法的记账规则？

5. 实训题

（1）练习会计要素和会计等式的应用。

王芸 2024 年 3 月 1 日开了一家广告文印公司。下面是该广告文印公司的业务描述。

① 开办初期，该广告文印公司的财产包括两台计算机、两台打印机、一台多功能复印扫描机，共计 50 000 元；必需的耗材如纸张等，共计 8 000 元；现金 2 000 元。上述财产全部是王芸一人的资金投入。

② 在经营了一个星期以后，王芸发现依靠现有设备无法完成客户提出的高难度的制图要求，因此需添置一台高配置的计算机，并安装正版的制图软件。而该套设备硬、软件的市场价格约为 15 000 元。因手中现金不足，她向设备供应商赊购该设备。

③ 3 月月底，王芸惊喜地发现公司经营的第一个月，营业收入为 10 000 元，费用共计 6 000 元。

要求：① 计算该公司 3 月 1 日的资产数额、权益数额，并列出相应的会计等式。

② 计算该公司 3 月的利润数额，并列出会计等式。

③ 计算该公司 3 月 31 日的资产、负债及所有者权益数额，并列出相应的会计等式。

④ 结合该公司的经营活动，如何理解“资产=负债+所有者权益”会计等式不会随公司经济业务的变化而变化这一规律？

（2）练习会计要素的区分。

表 2-7 中列示了某企业发生的经济业务或会计事项。

表 2-7 某企业发生的经济业务或会计事项

经济业务或会计事项	资产科目	权益科目
向银行借入 3 个月期限的借款		
国家给企业的投资		
企业出纳保管的现金		
建造的厂房		
购置的机器设备		
研发的专利技术		
企业存入银行的资金		

（续表）

经济业务或会计事项	资产科目	权益科目
企业应向职工发放的薪酬		
运输货物的车辆		
预付给厂商的购货定金		
存放在仓库以备生产用的材料		
完工入库以备出售的产品		
尚未收回的货款		
尚未支付的货款		

要求：根据表 2-7 中的经济业务或会计事项描述判断各项目的会计要素归属，并将具体要素填列在表 2-7 中对应位置。

（3）练习账户结构的运用。

鼎泰公司 2024 年 6 月 30 日有关账户的余额和本期发生额情况如表 2-8 所示。

表 2-8　　鼎泰公司 2024 年 6 月 30 日部分账户余额、发生额简表　　单位：元

账户名称	期初余额		本期借方发生额	本期贷方发生额	期末余额	
	借方	贷方			借方	贷方
银行存款	300 000		500 000	600 000		
应收账款	300 000			400 000	200 000	
原材料	500 000		200 000	300 000		
短期借款		200 000		100 000		300 000
应付账款			100 000	180 000		350 000
主营业务收入			200 000	200 000		
管理费用			10 000	10 000		
实收资本		900 000		100 000		1 000 000
本年利润		50 000	500 000		20 000	

要求：根据表 2-8 所示的数据，计算各账户的余额或发生额，并填入相应的空格内。

（4）练习借贷记账法的实际应用。

新鸿公司 2024 年 8 月发生下列经济业务。

① 8 月 1 日，收到甲企业投入的资本金 50 000 元，存入银行。

② 8 月 2 日，收到乙企业投入的一台机器设备，价值 30 000 元（暂不考虑增值税）。

③ 8 月 2 日，购入 A 材料 1 500 千克，单价 3 元（暂不考虑增值税），价款已开出，用支票支付。

④ 8 月 3 日，生产产品领用 A 材料 1 000 千克，单价 3 元；B 材料 3 000 千克，单价 2 元。

⑤ 8 月 5 日，以银行存款归还前欠光明工厂材料款 5 000 元。

⑥ 8 月 10 日，从银行取得 3 年期借款 100 000 元，存入银行。

⑦ 8 月 15 日，采购员张良出差预借差旅费 2 000 元，以现金支付。

⑧ 8 月 20 日，销售一批产品，计 6 000 元（暂不考虑增值税），价款已存入银行。

⑨ 8 月 23 日，以现金支付办公用品费用 800 元（暂不考虑增值税）。

⑩ 8 月 26 日，将多余现金 1 500 元存入银行。

要求：根据以上资料，编制会计分录。

任务二 企业财税实务应用

任务导入

川河有限责任公司是一家大中型机械设备加工制造企业，遵循企业会计准则，为增值税一般纳税人。2024年1月1日，该企业注册成立，当月开始筹建，并于3月正式开展生产经营活动。2024年度，对该企业从筹建到正式投产经营所发生的一系列经济业务和会计事项，该企业的总账会计该如何运用借贷记账法进行核算呢？

本任务的实施过程结合知识点一并介绍。

任务实施

川河有限责任公司2024年度从企业筹建到营运阶段的会计处理如下。

一、企业筹建阶段财税实务应用

企业的筹建期是指从企业被批准筹建之日起至开始生产、经营之日的期间。这一期间发生的业务要按照相关的规定进行会计处理和税务处理。企业在筹建期间发生的费用，部分可以计入开办费用，部分则不可计入。不可计入开办费用的支出包括取得各项资产所发生的费用等，如购建固定资产和无形资产所支付的费用。

企业在筹建期间发生的采购支出，若取得增值税专用发票，其进项税额允许抵扣；若取得普通发票，其进项税额不能抵扣，只能列入开办费用。本任务主要介绍企业在筹建期间所发生的开办费用及相关的账务处理。

1. 开办费用的范围

开办费用是指企业筹建期间的费用支出，包括筹建期间人员的工资、办公费、培训费、差旅费、印刷费、注册登记费，以及不计入固定资产和无形资产成本的汇兑损益与利息支出。

① 筹建人员的薪酬费用，包括筹建人员的职工薪酬、职工福利、住房公积金等。

② 筹借资本的费用，如筹资所发生的手续费及相关的利息，如果不能计入固定资产、无形资产的成本则全部计入开办费用。

③ 企业筹建期间资产的折旧、摊销、报废和毁损。

④ 其他费用，包括筹建期间发生的办公费、差旅费、广告费、招待费等支出。

⑤ 企业登记、公证的费用，包括工商登记费、验资费、评估费、税务登记费、公证费等。

2. 开办费用的账务处理

根据企业会计准则的相关规定，发生的开办费用直接记入“管理费用”账户。在实际发生时，开办费用借记“管理费用”账户，贷记“库存现金”或“银行存款”账户。

【做中学2.5】川河有限责任公司尚处于筹建期间，2024年1月发生办公费用600元，以现金支付。

【分析与处理】

川河有限责任公司在筹建期间发生办公费用，属于开办费用，费用增加，应在“管理费用”账户借方登记，同时以现金支付，库存现金减少，应在“库存现金”账户贷方登记。编制的会计分录如下。

借：管理费用——开办费用　　600

　　贷：库存现金　　600

【做中学 2.6】川河有限责任公司尚处于筹建期间，2024 年 1 月发生评估费用 3 000 元，以存款支付。

【分析与处理】

川河有限责任公司在筹建期间发生评估费用，属于开办费用，费用增加，应在“管理费用”账户借方登记，同时以存款支付，银行存款减少，应在“银行存款”账户贷方登记。编制的会计分录如下。

借：管理费用——开办费用　　3 000

　　贷：银行存款　　3 000

知识链接

开办费用的税务处理

开办费用在税务上有两种处理方式：一种是在开始经营之日的当年一次性扣除；另一种是参照长期待摊费用的处理，在不少于 3 年内分摊，分期扣除。

二、企业营运阶段财税实务应用

企业在筹建成功后，即可进入营运阶段。以生产制造企业为例，在营运阶段，企业开展的主要生产经营活动是筹集资金，然后采购原材料，生产出合格的产品，销售出去，满足各方需要，赚取利润，实现企业的经营目标；同时按法律规定，向国家缴纳税金，向投资者分配利润。下面详细介绍企业在营运阶段所发生的主要业务的财税处理。

企业筹集资金的来源主要有两个方面：一是投资者投入的资金，最终形成所有者权益；二是向债权人借入的资金，最终形成负债。以上两种渠道筹集的资金有本质上的区别，账务处理也有所不同。

1. 资金筹集业务的核算——投资者投入资金的业务处理

（1）所有者权益的构成。

企业从投资者处筹集的资金是所有者权益的重要组成部分。企业的所有者权益主要包括所有者投入的资本，直接计入所有者权益的利得、损失及留存收益等。其中，所有者投入的资本包括实收资本和资本公积。所有者在进行投资时，投入的资本形式有两种：货币资金和非货币资金。

（2）账户设置。

实收资本是指投资者按照企业章程或合同、协议约定，实际投入企业的资本及按照有关规定由资本公积和盈余公积转为资本的资金。实收资本是企业开展生产经营活动的资金，也是维持企业正常经营活动的基本条件。

注册资本和实收资本是两个不同的概念。注册资本是企业的法定资本；实收资本是企业已经收缴入账的股份，只有足额收缴入账后，实收资本才会等于注册资本。

①“实收资本”账户。实收资本是指投资者按照企业章程或者合同、协议的约定，实际投入企业的资本（股份有限公司称为股本）及按照有关规定由资本公积和盈余公积转为资本的资金，是所有者权益的主要组成部分。

为了核算企业实际收到投资者投入的资本，应设置“实收资本”账户，该账户属于所有者权益类账户。其贷方登记企业实际收到投资者投入的资本；借方登记按法定程序报经批准减少的注册资本；期末余额在贷方，表明企业实际拥有的资本数额。具体核算时，企业应当按照投资者设置明细账户，进行明细分类核算。该账户的结构及核算内容如图 2-21 所示。

借方	实收资本 贷方
	期初余额
登记：经批准减少的注册资本	登记：实际收到所有者投入的资本
	期末余额：实际拥有的资本总额

图 2-21 “实收资本”账户的结构及核算内容

②“资本公积”账户。资本公积是指投资者投入企业中，超过法定资本数额的那部分金额，是所有者权益的重要组成部分。

“资本公积”账户属于所有者权益类账户，用来核算企业收到的投资者的出资总额超过其在注册资本或股本中所占份额的部分。该账户的借方登记资本公积的减少额；贷方登记资本公积的增加额；期末余额在贷方，反映企业期末资本公积的结余数。该账户可以按照资本公积来源的不同，分别设置“资本（股本）溢价”“其他资本公积”明细账户。该账户的结构及核算内容如图 2-22 所示。

借方	资本公积 贷方
	期初余额
登记：转增资本等减少额	登记：投资者投资时产生的溢价
	期末余额：实际拥有的资本公积

图 2-22 “资本公积”账户的结构及核算内容

③“银行存款”账户。银行存款是企业存在银行的货币资金。为了加强对银行存款收支的管理，企业应设置“银行存款”账户。该账户属于资产类账户，借方登记企业取得并存入银行相应增加的资金；贷方登记企业通过银行支付相应减少的资金；期末余额在借方，反映企业实有银行存款。该账户的结构及核算内容如图 2-23 所示。

借方 银行存款	贷方
期初余额	
登记：收到的银行存款	登记：支付的银行存款
期末余额：实有银行存款	

图 2-23 “银行存款”账户的结构及核算内容

（3）账务处理。

① 接受货币性资产投资的账务处理。企业收到投资者以货币资金投入的资本，以实际收到的资金借记“银行存款”账户，按照合同约定投资者在注册资本或股本中所占份额的部分，贷记“实收资本（股本）”账户，对于实际收到的金额超过实收资本（股本）的部分，记入“资本公积——资本溢价（股本溢价）”账户。

【做中学 2.7】川河有限责任公司 2024 年 1 月接受甲投资者投资 5 000 000 元，其中 4 500 000 元作为实收资本，另外 500 000 元作为资本公积，款项存入银行。

【分析与处理】

川河有限责任公司将收到的投资款存入银行，银行存款增加 5 000 000 元，应在“银行存款”账户借方登记；同时，实收资本是 4 500 000 元，应记入“实收资本”账户的贷方，超出的 500 000 元应在“资本公积”账户贷方登记。编制的会计分录如下。

借：银行存款　　5 000 000
　贷：实收资本——甲投资者　　4 500 000
　　　资本公积——资本溢价　　500 000

② 接受非货币性资产投资的账务处理。企业收到投资者以固定资产、无形资产等方式投入的资本，应当按照投资合同和协议约定的价值确认非货币性资产的价值，借记“固定资产”“无形资产”等账户，按应当享有的份额贷记“实收资本（股本）”账户，两者之间的差额记入“资本公积——资本溢价（股本溢价）”账户。

【做中学 2.8】川河有限责任公司 2024 年 1 月接受乙投资者提供的一台不需要安装的设备，该资产的公允价值为 1 000 000 元，增值税为 130 000 元。

【分析与处理】

川河有限责任公司接受设备投资，首先应明确，该设备属于固定资产。这项业务一方面使公司的固定资产增加了 1 000 000 元，收到设备投资时，还涉及进项税额 130 000 元；另一方面使公司的所有者对公司的投资增加了 1 130 000 元。固定资产的增加属于资产的增加，应记入“固定资产”账户的借方，进项税额记入“应交税费”账户的借方；所有者对公司的投资属于所有者权益的增加，应记入“实收资本”账户的贷方。

借：固定资产　　1 000 000
　　应交税费——应交增值税（进项税额）　　130 000
　　贷：实收资本——乙投资者　　1 130 000

2. 资金筹集业务的核算——从债权人处筹集资金的业务处理

企业从债权人那里筹集到的资金形成企业的负债，即债权人权益。

（1）债权人权益的构成。

债权人权益主要包括短期借款、长期借款及结算形成的负债。本部分主要介绍前两种。

短期借款是指企业为了满足其生产经营对资金的临时性需要，而向银行或其他金融机构等借入的偿还期限在一年（含一年）以内的各种借款；长期借款是指企业向银行或其他金融机构等借入的偿还期限在一年以上的各种借款。这里只介绍取得短期借款的账务处理。

微课视频

一般纳税人增值税核算明细账户使用说明

（2）账户设置。

①“短期借款”账户。

企业应及时、如实地反映款项的借入、利息的结算和本息的偿还情况，对此应设置“短期借款”账户。该账户属于负债类账户，贷方登记短期借款本金的增加额；借方登记短期借款本金的减少额；期末余额在贷方，反映企业尚未归还的短期借款。该账户可以按照债权人的名称设置明细账户，进行明细分类核算。该账户的结构及核算内容如图 2-24 所示。

知识链接

投资者投入非货币性资产的税务处理问题

借方　　短期借款	贷方
	期初余额
登记：归还的短期借款本金	登记：取得的短期借款本金
	期末余额：尚未归还的短期借款

图 2-24 “短期借款”账户的结构及核算内容

②“长期借款”账户。长期借款一般用于固定资产的购建、改扩建工程、大修理工程、对外投资及满足长期经营的需要。

企业应设置“长期借款”账户来核算企业长期借款的增减变动及结余情况。该账户属于负债类账户，贷方登记长期借款本金的增加额；借方登记长期借款本金的减少额；期末余额在贷方，表示尚未偿还的长期借款。该账户应当按照贷款单位设置明细账户，进行明细分类核算。该账户的结构及核算内容如图 2-25 所示。

借方　　　　长期借款	贷方
登记：偿还的长期借款本金	期初余额 登记：取得的长期借款本金
	期末余额：尚未归还的长期借款

图 2–25 “长期借款”账户的结构及核算内容

③“财务费用”账户。向银行或其他金融机构借款是需要支付利息的，短期借款的利息属于筹资费用，按照权责发生制原则的要求，应设置“财务费用”账户，将利息确认为当期损益。

“财务费用”账户属于损益类账户，用来核算企业为筹集生产经营所需资金等而发生的各种筹资费用，包括利息支出（减利息收入）、佣金、汇兑损失（减汇兑收益）及相关的手续费。其借方登记应计入当期损益的利息费用等筹资费用，贷方登记转出的数额。期末结转后，该账户无余额。该账户的结构及核算内容如图 2-26 所示。

借方　　　　财务费用	贷方
登记：利息支出手续费、汇兑损失等	登记：发生的应冲减财务费用的利息收入、汇兑收益等；期末结转至“本年利润”账户的财务费用

图 2–26 “财务费用”账户的结构及核算内容

④“应付利息”账户。按权责发生制原则的要求，企业每个月应当计算银行借款的利息，但在实际工作中，银行借款的利息一般是按季支付的，所以企业应按月预提季末支付的银行借款利息，为此，应设置“应付利息”账户。该账户属于负债类账户，用来核算企业按照合同约定计算出来的应当支付给银行但未支付的利息。该账户贷方登记企业预提的利息额；借方登记实际支付的利息额；期末余额在贷方，反映应付未付利息的结余额。该账户可以按照存款人或债权人进行明细核算。该账户的结构及核算内容如图 2-27 所示。

借方　　　　应付利息	贷方
登记：已支付的利息	期初余额 登记：计提的应付未付利息
	期末余额：尚未支付的利息

图 2–27 “应付利息”账户的结构及核算内容

（3）账务处理。

企业取得短期借款时，借记“银行存款”账户，贷记“短期借款”账户；期末计算借款利息时，借记“财务费用”账户，贷记“银行存款”或“应付利息”账户；偿还本金时，借记“短期借款”账户，贷记“银行存款”账户。

知识链接

权责发生制与收付实现制

【做中学 2.9】川河有限责任公司于 2024 年 4 月 1 日向银行借入 3 个月的借款 100 000 元，年利率为 6%，存入银行。

【分析与处理】

这项业务的发生，一方面使川河有限责任公司的银行存款增加了 100 000 元，另一方面使公司的短期借款也增加了。银行存款的增加属于资产的增加，应记入“银行存款”账户的借方；短期借款的增加是负债的增加，应记入“短期借款”账户的贷方。编制的会计分录如下。

借：银行存款　　　　100 000

　　贷：短期借款　　　　100 000

【做中学 2.10】根据【做中学 2.9】计算川河有限责任公司 4 月的利息，利息于 5 月 15 日支付。

【分析与处理】

该公司 4 月应负担的利息为 500（100 000×6%÷12）元，利息属于企业财务费用，却不在本月支付，按照权责发生制的要求则形成了企业的负债，属于应付利息。财务费用的增加属于费用的增加，应记入“财务费用”账户的借方；应付利息的增加属于负债的增加，应记入“应付利息”账户的贷方。编制的会计分录如下。

借：财务费用　　500

　　贷：应付利息　　500

支付应付利息这项业务，一方面使公司的银行存款减少了 500 元，另一方面使负债得以清偿，应付利息也减少了。银行存款的减少属于资产的减少，应记入“银行存款”账户的贷方；应付利息的减少属于负债的减少，应记入“应付利息”账户的借方。

5 月 15 日支付利息时，应编制如下会计分录。

借：应付利息　　500

　　贷：银行存款　　500

【做中学 2.11】根据【做中学 2.9】，2024 年 7 月 1 日，川河有限责任公司偿还短期借款本金。

【分析与处理】

该项业务一方面使银行存款减少了 100 000 元，另一方面使短期借款得以偿还，也减少了 100 000 元。银行存款的减少属于资产的减少，应记入“银行存款”账户的贷方；短期借款的减少属于负债的减少，应记入“短期借款”账户的借方。编制的会计分录如下。

借：短期借款　　100 000

　　贷：银行存款　　100 000

3. 资产购建的业务处理——固定资产业务的账务处理

资金筹集到位后，随着企业生产经营活动的开展，资金进入循环和周转过程，而这一过程又分为不同的阶段，资金在不同阶段的表现形式是不同的，所以各阶段的账务处理也有所不同。通常情况下，将企业的经营过程分为供应过程、生产过程和销售过程。

但企业在开展日常经营活动之前，还应完成资产的购建业务，如建造厂房、购置机器设备等，为生产经营活动奠定物质基础，由此也才能顺利进入供应过程这一阶段。

（1）固定资产的定义。

企业要加工生产产品，必须具有办公楼、厂房、机器设备等资产，这类资产是为生产产品、提供劳务、出租或经营管理而持有的，使用寿命超过一个会计年度的有形资产，会计上称为固定资产。其主要包括房屋及建筑物、机器、机械、运输设备等。

由于固定资产使用期限较长，单位价值较高，所以，企业应按照会计准则的要求加强对固定资产的管理与核算。

（2）固定资产入账价值的确定。

根据《企业会计准则第 4 号——固定资产》的规定，固定资产应当按照成本进行初始计量。固定资产的成本是指企业购建的某项固定资产达到预定可使用状态前所发生的一切合理、必要的支出。企业获得固定资产的渠道不同，其成本的构成内容也不同，主要包括两种渠道：外购和自行建造。

外购固定资产的成本包括购买价款，相关税费（关税、消费税），以及使固定资产达到预定可使用状态前所发生的归属于该项资产的运输费、装卸费、安装费和专业人员服务费等。其中采购人员的差旅费不计入成本，而记入“管理费用”账户。

自行建造固定资产，以建造该固定资产并使其达到预定可使用状态前所发生的全部支出作为入账价值。

提示

自行建造固定资产价值入账时间的确定

企业会计准则将自行建造固定资产价值入账的时间点从“达到竣工决算”更改为“达到预定可使用状态”，原因是在使用“竣工决算”这个时间点时，很多企业其实已经完成了房屋建筑物的建设，但迟迟不进行竣工决算，因为这样该固定资产就不需要计提折旧，从而达到降低费用、提高利润的目的。将时间点进行更改之后可避免这一现象。

【做中学 2.12】川河有限责任公司 2024 年 5 月购入一台生产用设备，取得的增值税专用发票上注明的设备价款为 40 000 元，增值税税额为 5 200 元，支付运输费 500 元、保险费 400 元（未取得增值税专用发票），款项以银行存款支付。川河有限责任公司属于增值税一般纳税人，该设备不需要安装。

【分析与处理】

该设备不需要安装，即说明购买后就能达到预定可使用状态，那么在购买过程中发生的费用 40 900（40 000+500+400）元形成固定资产的成本，增值税 5 200 元应作为进项税额记入“应交税费”账户的借方，同时会导致银行存款减少 46 100 元。固定资产的增加属于资产的增加，应记入“固定资产”账户的借方；进项税额的增加属于负债的减少，应记入“应交税费”账户的借方；银行存款的减少属于资产的减少，应记入“银行存款”账户的贷方。编制的会计分录如下。

借：固定资产	40 900	
应交税费——应交增值税（进项税额）	5 200	
贷：银行存款		46 100

（3）固定资产折旧。

固定资产在使用过程中，一方面会因磨损而减值，另一方面会因技术进步而贬值。通常情况下，将前者称为有形损耗，将后者称为无形损耗。固定资产的价值会随着损耗的发生而减少，这种因损耗而减少的价值称为折旧。同时，企业通过计提折旧的方式将固定资产因损耗而减少的价值转移到产品成本或期间费用中。

知识链接

固定资产的折旧方法

（4）账户设置。

①“固定资产”账户。为了加强对固定资产的核算，企业应设置“固定资产”账户。该账户属于资产类账户，用来核算企业固定资产的原价。其借方登记企业增加的固定资产原价；贷方登记企业减少的固定资产原价；期末余额在借方，反映企业期末实际拥有固定资产的原价。同时，企业应按固定资产的类别、使用部门等设置明细账户，进行明细分类核算。该账户的结构及核算内容如图 2-28 所示。

借方　　　　固定资产	贷方
期初余额	
登记：企业增加的固定资产原价	登记：企业减少的固定资产原价
期末余额：实际拥有的固定资产原价	

图 2-28 “固定资产”账户的结构及核算内容

②“累计折旧”账户。为反映固定资产因损耗而减少的价值，企业应设置“累计折旧”账户。该账户属于资产类账户，用来核算和监督固定资产已计提折旧的累计情况。其贷方登记按月计提的固定资产折旧额；借方登记因减少固定资产而减少的累计折旧额；期末余额在贷方，反映累计已提取的折旧额。同时，“累计折旧”是一个特殊的资产类账户，它是“固定资产”账户的备抵调整账户，累计折旧越多，固定资产净值就越少，因此，该账户的记账规则与一般的资产类账户的记账规则相反，即贷增借减。“累计折旧”账户的结构及核算内容如图 2-29 所示。

累计折旧

借方	贷方
	期初余额
登记：因减少固定资产而减少的累计已计提折旧额（减少额）	登记：当月计提的固定资产折旧额（增加额）
	期末余额：累计已提取的折旧额

图 2–29 “累计折旧”账户的结构及核算内容

③“在建工程”账户。“在建工程”账户属于资产类账户，用于核算企业在购买、安装过程中发生的成本或者新建及更新改造固定资产过程中发生的成本支出，固定资产安装或建造完毕投入使用时，将“在建工程”转入“固定资产”。“在建工程”账户的结构及核算内容如图 2-30 所示。

在建工程

借方	贷方
期初余额	
登记：企业各项在建工程的实际支出	登记：工程达到预定可使用状态时转出的成本等
期末余额：反映企业期末尚未达到预定可使用状态的在建工程的成本	

图 2–30 “在建工程”账户的结构及核算内容

④“工程物资”账户。“工程物资”账户属于资产类账户，用于核算企业为在建工程准备的各种物资的成本，包括工程用材料、尚未安装的设备及为生产准备的工器具等。“工程物资”账户的结构及核算内容如图 2-31 所示。

工程物资

借方	贷方
期初余额	
登记：企业购入工程物资的成本	登记：领用工程物资的成本
期末余额：反映企业期末为在建工程准备的各种物资的成本	

图 2–31 “工程物资”账户的结构及核算内容

⑤“固定资产清理”账户。企业在生产经营过程中，可能将不适用或不需用的固定资产对外出售转让，或因磨损、技术进步等报废固定资产，或因遭受自然灾害等对毁损的固定资产进行处理。这些事项统称为固定资产处置。处于处置状态的固定资产不再用于生产产品、提供劳务、出租或经营管理，因此，也就不再符合固定资产的定义，应予以终止确认。在进行会计核算时，企业应按规定程序办理有关手续，结转固定资产的账面价值，计算有关的清理收入、费用和残料价值等。为此，企业需要设置“固定资产清理”账户。

“固定资产清理”账户属于资产类账户，用来核算企业因出售、报废、毁损、对外投资、非货币性资产交换及债务重组等原因转出的固定资产的价值，以及在清理过程中发生的费用。其借方登记转出的固定资产净值、清理过程中应支付的相关税费及其他费用；贷方登记固定资产清理过程中收回的出售价款、残料价值、变价收入及取得的赔款等；期末余额既可能在借方，也可能在贷方，借方余额反映企业尚未清理完毕的固定资产清理净损失，贷方余额反映企业尚未清理完毕的固定资产清理净收益。该账户应按被清理的固定资产项目设置明细账户，进行明细分类核算。“固定资产清理”账户的结构及核算内容如图 2-32 所示。

借方	固定资产清理 贷方
登记：转出的固定资产净值、支付的相关税费和其他费用	登记：收回的出售价款、残料价值和变价收入，取得的保险公司或个人的赔款
期末余额：尚未清理完毕的净损失	期末余额：尚未清理完毕的净收益

图 2–32 “固定资产清理”账户的结构及核算内容

（5）账务处理。

① 固定资产购置的账务处理。

企业购入的固定资产按照是否可以立即投入使用，分为不需要安装的固定资产和需要安装的固定资产，两者的账务处理有所不同。

a. 购入不需要安装的固定资产。企业购入不需要安装的固定资产，是指企业购置的固定资产不需要安装，可直接达到预定可使用状态。企业应按照购入固定资产的成本，借记“固定资产”账户；按照增值税专用发票上所列示的进项税额，借记“应交税费——应交增值税（进项税额）”账户；按实际支付的价款，贷记“银行存款”账户。

【做中学 2.13】川河有限责任公司 2024 年 5 月购入一台不需要安装的设备，取得的增值税专用发票上注明的设备买价为 20 000 元，增值税税额为 2 600 元，另支付保险费 100 元、包装费 200 元，相关款项以银行存款支付。

【分析与处理】

该设备不需要安装，说明购买后即可达到预定可使用状态，那么在购买过程中发生的费用 20 300（20 000+100+200）元形成固定资产的成本，增值税 2 600 元应作为进项税额记入“应交税费”账户的借方，同时会导致银行存款减少 22 900 元。固定资产的增加属于资产的增加，应记入“固定资产”账户的借方；进项税额的增加属于负债的减少，应记入“应交税费”账户的借方；银行存款的减少属于资产的减少，应记入“银行存款”账户的贷方。

固定资产的入账价值=20 000+100+200=20 300（元）

编制的会计分录如下。

借：固定资产　　20 300

　　应交税费——应交增值税（进项税额）　　2 600

　　贷：银行存款　　22 900

b. 购入需要安装的固定资产。企业购入需要经过安装才能交付使用的固定资产，则购入固定资产时实际支付的买价、运输费、装卸费、专业人员服务费和其他相关税费等均应先通过“在建工程”账户核算，待安装完毕达到预定可使用状态时，再由“在建工程”账户转入“固定资产”账户。企业购入固定资产时，按实际支付的买价、运输费、装卸费和其他相关税费等，借记“在建工程”账户；按照增值税专用发票上所列示的进项税额，借记“应交税费——应交增值税（进项税额）”账户；按实际支付的价款，贷记“银行存款”账户。安装过程中支付的安装费，借记“在建工程”账户；按照增值税专用发票上所列示的进项税额，借记“应交税费——应交增值税（进项税额）”账户，按实际支付的款项总额，贷记“银行存款”账户。安装完毕达到预定可使用状态时，按其实际成本，借记“固定资产”账户，贷记“在建工程”账户。

【做中学 2.14】川河有限责任公司 2024 年 5 月购入一台需要安装的设备，取得的增值税专用发票上注明的买价为 40 000 元，增值税税额为 5 200 元；设备抵达公司后进行安装，取得的增值税专用发票上注明的安装费为 2 000 元，增值税税额为 180 元，相关款项均以银行存款支付。

【分析与处理】

该设备购入后需要安装，则说明购入时尚未达到预定可使用状态，故不能记入“固定资产”账户，应记入“在建工程”账户的借方；进项税额的增加属于负债的减少，应记入“应交税费”账户的借方；同时银行存款减少 45 200（40 000+5 200）元，应记入“银行存款”账户的贷方。编制的会计分录如下。

借：在建工程	40 000	
应交税费——应交增值税（进项税额）	5 200	
贷：银行存款		45 200

支付安装费时，一方面，增加在建工程的成本 2 000 元；另一方面，安装服务业的增值税税率为 9%，故在支付安装费的同时，还需支付 180（2 000×9%）元的进项税额，并导致银行存款减少 2 180 元。在建工程的增加属于资产的增加，应记入“在建工程”账户的借方；进项税额的增加属于负债的减少，应记入“应交税费”账户的借方；银行存款的减少属于资产的减少，应记入“银行存款”账户的贷方。

支付安装费的会计分录如下。

借：在建工程	2 000	
应交税费——应交增值税（进项税额）	180	
贷：银行存款		2 180

安装完毕后，设备达到预定可使用状态，一方面使达到预定可使用状态的固定资产增加 42 000 元（40 000 元属于设备款，2 000 元的安装费属于固定资产达到预定可使用状态之前发生的费用，故应计入固定资产的成本），另一方面导致需安装的设备减少。固定资产的增加属于资产的增加，应记入“固定资产”账户的借方；需安装设备的减少属于资产的减少，应记入“在建工程”账户的贷方。

知识链接

购建固定资产的税务处理问题

安装完毕后设备达到预定可使用状态的会计分录如下。

借：固定资产	42 000	
贷：在建工程		42 000

② 固定资产计提折旧的账务处理。

在实际工作中，企业计提折旧是通过编制固定资产折旧表来进行的，应当根据当月计算出的折旧额及固定资产的用途计入相关成本或者当期损益。一般情况下，企业管理部门使用的固定资产计提的折旧费，应记入“管理费用”账户；生产部门使用的固定资产计提的折旧费，应记入“制造费用”账户；销售机构使用的固定资产计提的折旧费，应记入“销售费用”账户；经营性出租的固定资产计提的折旧费，应记入“其他业务成本”账户；未使用的固定资产计提的折旧费，应记入“管理费用”账户。具体的计算公式如下。

当月固定资产应计提折旧额总额=上月固定资产计提的折旧额+
上月增加的固定资产应计提的月折旧额−
上月减少的固定资产应计提的月折旧额

【做中学 2.15】川河有限责任公司于 2024 年 8 月月末计提固定资产折旧 124 000 元。其中，生产车间计提折旧额 60 000 元，管理部门计提折旧额 61 000 元，经营性出租计提折旧额 3 000 元。

【分析与处理】

该业务一方面使计提的折旧增加，另一方面根据资产的用途将折旧计入相关的成本或损益，从而导致成本或损益增加。累计折旧虽属于资产类账户，但属于备抵调整账户，故增减方向与“固定资产”账户刚好相反，即贷方表示增加，累计折旧的增加应记入“累计折旧”账户的贷方；同时，应根据用途将增加的相应成本费用记入相关账户的借方。

借：制造费用	60 000	
管理费用	61 000	
其他业务成本	3 000	
贷：累计折旧		124 000

③ 固定资产处置的账务处理。

企业在处置固定资产时，首先将固定资产转入清理，按清理时固定资产的账面价值，记入“固定资产清理”账户的借方；按已经计提的折旧和减值准备，借记“累计折旧”“固定资产减值准备”账户；按固定资产的原价，贷记“固定资产”账户；同时，在清理过程中所发生的清理费，也记入“固定资产清理”账户的借方，贷记“银行存款”等账户；处置时出售的价款残料、变价收入、保险及过失人赔偿等收入记入“固定资产清理”账户的贷方；按照销售额计算出售时应当缴纳的增值税，借记“固定资产清理”账户，贷记“应交税费——应交增值税（销项税额）”账户；借贷方之间的差额即为固定资产处置的净损益，分别转入“资产处置损益”“营业外收入”“营业外支出”等账户。

【做中学2.16】川河有限责任公司2024年9月出售一台设备，账面原价300 000元，已计提折旧114 000元，出售时发生清理费用20 000元，出售价格248 600元，销售有形动产的增值税税率为13%。

【分析与处理】

要处置该设备，首先将账面价值186 000（300 000−114 000）元转入“固定资产清理”账户的借方，同时将计提的折旧额转走，故将原记入“累计折旧”账户贷方的折旧额转入借方，同时由于该设备已经开始处置，则原固定资产减少，固定资产的减少属于资产的减少，应记入“固定资产”账户的贷方。

① 将固定资产账面价值转入“固定资产清理”账户的会计分录如下。

借：固定资产清理	186 000	
累计折旧	114 000	
贷：固定资产		300 000

② 支付清理费用。支付清理费用会导致清理费用增加，同时银行存款减少。发生清理费用应记入“固定资产清理”账户的借方，银行存款的减少属于资产的减少，应记入“银行存款”账户的贷方。

借：固定资产清理	20 000	
贷：银行存款		20 000

③ 收到出售价款。该业务会导致企业银行存款增加，销售有形动产的增值税税率是13%，故还要缴纳28 600【248 600÷（1+13%）×13%】元的销项税额，处置设备完成，固定资产的清理结束。银行存款的增加属于资产的增加，应记入“银行存款”账户的借方；销项税额的增加属于负债的增加，应记入“应交税费”账户的贷方；固定资产清理的减少属于资产的减少，应记入“固定资产清理”账户的贷方。

借：银行存款	248 600	
贷：固定资产清理		220 000【248 600÷（1+13%）】
应交税费——应交增值税（销项税额）		28 600

④ 结转损益的会计分录如下。

借：固定资产清理　　14 000

　　贷：资产处置损益——处置非流动资产损益　　14 000

4. 供应过程的业务处理

企业要进行正常的生产经营活动，就必须具备原材料。原材料是制造业生产产品不可或缺的要素。企业主要通过从外单位采购获得原材料。

（1）外购材料的成本构成。

根据《企业会计准则第 1 号——存货》的规定，存货应当按照成本进行初始计量。存货成本包括采购成本、加工成本和其他成本。其中，存货的采购成本是指从采购到入库前所发生的全部支出，主要包括购买价款、相关税费、运输费、保险费及其他可归属于成本的支出。

知识链接

销售自己使用过的固定资产的税务处理问题

① 购买价款，是指购货发票上注明的货款金额。

② 采购过程中发生的运杂费，包括运输费、包装费、装卸费、保险费、仓储费等，但不包括按照规定可以抵扣的增值税。

③ 材料在运输途中发生的合理损耗。

④ 材料入库之前发生的整理挑选费，包括整理挑选中发生的人工费和必要的损耗。

⑤ 按规定应当计入材料采购成本的各种税金，如关税等。

其中，采购人员的差旅费不应计入材料的采购成本，而应记入“管理费用”账户。

按照会计准则的规定，企业的原材料可以按照实际成本法和计划成本法进行核算，具体采用哪一种方法由企业根据具体的情况自行决定，本书只介绍采用实际成本法进行核算的账务处理。

【学中做 2.3】澄明公司向兴达公司购进一批主要材料 A 材料，取得的增值税专用发票上注明原材料价款为 25 000 元，增值税税额为 3 250 元。捷达物流承运该批材料，取得的增值税专用发票上注明运费为 1 000 元，增值税税额为 90 元。试计算澄明公司购进的 A 材料的实际成本。

（2）账户设置。

① “在途物资”账户。该账户属于资产类账户，用来核算企业采用实际成本法进行物资采购时的买价和各种采购费用，主要核算货款已付但尚未验收入库的在途物资的成本。该账户的借方登记采购成本；贷方登记已验收入库的材料、商品等物资应当结转的采购成本；期末余额在借方，反映企业期末尚未运达企业或者已运达企业但尚未验收入库的在途物资的采购成本。“在途物资”账户应当按照供货单位或购入材料的品种设置明细账户，进行明细分类核算。“在途物资”账户的结构及核算内容如图 2-33 所示。

借方　　　　在途物资	贷方
期初余额 登记：买价和采购费用	登记：结转入库材料的采购成本
期末余额：在途物资的采购成本	

图 2–33　“在途物资”账户的结构及核算内容

② “原材料”账户。该账户属于资产类账户，用于核算企业库存的各种材料的实际成本的增减变动及其结存情况。其借方登记已验收入库材料实际成本的增加；贷方登记发出材料时的实际成本，即库存材料实际成本的减少；期末余额在借方，表示库存材料实际成本的期末余额。“原材料”账户应当按照材料的种类或类别设置明细账户，进行明细分类核算。“原材料”账户的结构及核算内容如图 2-34 所示。

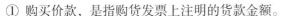

借方　原材料　贷方	
期初余额 登记：验收入库材料的成本	登记：发出材料的成本
期末余额：库存材料的实际成本	

图 2–34 “原材料”账户的结构及核算内容

③“应付账款”账户。该账户属于负债类账户，用来核算企业因购买原材料、商品及接受劳务等经营活动应支付的款项。其贷方登记应付款项的增加；借方登记应付款项的减少，即已经偿还的账款；期末余额一般在贷方，表示尚未偿还的应付账款的期末余额。该账户应按照供应单位的名称设置明细账户，进行明细分类核算。“应付账款”账户的结构及核算内容如图 2-35 所示。

借方　应付账款　贷方	
登记：已经偿还的应付账款	期初余额 登记：尚未支付的款项
	期末余额：尚未偿还的应付账款

图 2–35 “应付账款”账户的结构及核算内容

④“应付票据”账户。该账户属于负债类账户，用来核算企业采用商业汇票结算方式购买材料物资等而开出的商业汇票的增减变动情况及结余情况。其贷方登记企业尚未到期的商业汇票的票面金额；借方登记已经支付或者到期无力支付的商业汇票的票面金额；期末余额在贷方，反映企业尚未到期的商业汇票的票面金额。该账户应该按照债权人设置明细账户，进行明细分类核算。“应付票据”账户的结构及核算内容如图 2-36 所示。

借方　应付票据　贷方	
登记：已经支付或到期无力支付的商业汇票的票面金额	期初余额 登记：开出、承兑的商业汇票的票面金额
	期末余额：尚未到期的应付商业汇票款

图 2–36 “应付票据”账户的结构及核算内容

⑤“预付账款”账户。该账户属于资产类账户，用来核算企业按照合同规定向供货单位预付的购料款。如果企业预付款项不多，可以不设置该账户，将预付款项直接记入“应付账款”账户。该账户借方登记企业因购货等业务预付的款项；贷方登记企业收到货物后应支付的款项；期末余额在借方时，反映企业的预付款项；期末余额在贷方时，则反映企业尚需补付的款项。该账户应按照供应单位的名称设置明细账户，进行明细分类核算。“预付账款”账户的结构及核算内容如图 2-37 所示。

借方　预付账款　贷方	
登记：因购货等业务预付的款项	登记：收到货物后应支付的款项
期末余额：预付款项	期末余额：尚需补付的款项

图 2–37 “预付账款”账户的结构及核算内容

⑥“应交税费”账户。该账户属于负债类账户，用来核算企业按照税法规定应当缴纳的各种税费，包括增值税、消费税、所得税、资源税、城镇土地使用税、车船税、教育费附加等。其贷方登记应交而未交的税费；借方登记实际缴纳的各种税费；期末余额在贷方时，则表示未交的税费；期末余额在借方时，则表示多交的税费。该账户应当按照税（费）种设置明细账户，进行明

细分类核算。“应交税费”账户的结构及核算内容如图 2-38 所示。

借方	应交税费 贷方
登记：实际缴纳的税费	期初余额 登记：应交而未交的税费
期末余额：多交的税费	期末余额：未交的税费

图 2–38 “应交税费”账户的结构及核算内容

（3）账务处理。

① 发票、账单与材料同时到达。若发票、账单已到，材料验收入库，按照材料的采购成本借记“原材料”“应交税费——应交增值税（进项税额）”账户，贷记“银行存款”或“应付账款”账户。

【做中学 2.17】川河有限责任公司 2024 年 5 月 2 日购入一批 C 材料，增值税专用发票上记载的货款为 500 000 元，增值税税额为 65 000 元，另销售方代垫包装费 1 000 元，全部款项已用转账支票付讫，材料已验收入库。

【分析与处理】

该项业务一方面使公司的原材料成本增加 501 000（500 000+1 000）元，增值税进项税额增加 65 000 元，另一方面使银行存款减少 566 000 元。原材料的增加属于资产的增加，应记入“原材料”账户的借方；进项税额的增加属于负债的减少，应记入“应交税费”账户的借方；银行存款的减少属于资产的减少，应记入“银行存款”账户的贷方。编制的会计分录如下。

借：原材料——C 材料　　501 000
　　应交税费——应交增值税（进项税额）　　65 000
　　贷：银行存款　　566 000

② 发票、账单收到，但材料尚未抵达。该情况应按照采购成本借记“在途物资”“应交税费——应交增值税（进项税额）”账户，贷记“银行存款”或“应付账款”等账户；材料验收入库时，借记“原材料”账户，贷记“在途物资”账户。

【做中学 2.18】2024 年 5 月 4 日，川河有限责任公司采用支付银行存款的方式购入一批 F 材料，发票及账单已收到，增值税专用发票上记载的货款为 20 000 元，增值税税额为 2 600 元，支付保险费 1 000 元（未取得增值税专用发票），材料尚未到达。2024 年 5 月 20 日上述购入的 F 材料已收到，并验收入库。

【分析与处理】

2024 年 5 月 4 日购入时，材料尚未抵达企业，但发票、账单已到。该业务一方面使材料成本增加 21 000（20 000+1 000）元，进项税额增加 2 600 元，另一方面使银行存款减少 23 600 元。材料的增加属于资产的增加，但由于材料尚未抵达企业，故应记入“在途物资”账户的借方；进项税额的增加属于负债的减少，应记入“应交税费”账户的借方；银行存款的减少属于资产的减少，应记入“银行存款”账户的贷方。编制的会计分录如下。

借：在途物资——F 材料　　21 000
　　应交税费——应交增值税（进项税额）　　2 600
　　贷：银行存款　　23 600

2024 年 5 月 20 日材料到达并验收入库，该业务一方面使入库的材料增加 21 000 元，另一方面使处于运输途中的材料减少 21 000 元。入库材料的增加属于资产的增加，应记入“原材料”账户的借方；运输途中材料的减少属于资产的减少，应记入“在途物资”账户的贷方。编制的会计分录如下。

借：原材料——F 材料　　21 000
　　贷：在途物资——F 材料　　21 000

③ 材料抵达企业，但尚未收到发票、账单。月末仍未收到单据时，材料按暂估价值入账，借

记“原材料”账户，贷记“应付账款”账户，下月月初做相反的会计分录予以冲回。待单据到后，按照单货同时抵达的原则进行会计处理，即借记“原材料”“应交税费——应交增值税（进项税额）”账户，贷记“银行存款”账户。

【做中学 2.19】川河有限责任公司 2024 年 5 月 10 日采用委托收款结算方式购入一批 H 材料，材料已验收入库，月末发票、账单尚未收到，无法确定其实际成本，暂估价值为 30 000 元。

【分析与处理】

月末材料未到，但发票、账单已到，故应当进行账务处理；但由于未收到发票、账单，不清楚金额，因此按照估计的数字入账。待下月月初，再做一笔红字分录冲销这笔估计金额。若下月仍未收到发票、账单，则仍按估计金额入账，待再下月月初再做一笔相同的红字分录，直到收到发票、账单再按照购入原材料价值编制分录。

月末编制如下会计分录。

借：原材料——H 材料　　30 000

　　贷：应付账款——暂估应付账款　　30 000

下月月初用红字会计分录予以冲回，编制如下会计分录。

借：原材料——H 材料　　[30 000]

　　贷：应付账款——暂估应付账款　　[30 000]

若上述购入的 H 材料于次月收到发票、账单，增值税专用发票上记载的贷款为 31 000 元，增值税税额为 4 030 元，销售方代垫保险费 2 000 元，已用银行存款付讫。应编制如下会计分录。

借：原材料——H 材料　　33 000

　　应交税费——应交增值税（进项税额）　　4 030

　　贷：银行存款　　37 030

5. 生产过程的业务处理

知识链接

货物采购的税务处理问题

企业主要的经济活动是进行产品的生产，生产过程同时也是耗费的过程。企业在生产经营中发生的各种耗费是为了获得收入而预先垫支并需要得到补偿的资金。企业要生产产品就要发生耗费，部分费用最终会归集分配到产品的成本中，但是和成本也有一定的区别，成本是可以直接进行对象化的费用。

（1）生产费用的构成。

生产费用按照计入产品成本的方式不同，可以分为直接费用和间接费用。直接费用是指企业在生产产品和提供劳务过程中所消耗的直接材料和直接人工；间接费用是指企业为生产产品和提供劳务而发生的各项间接支出，如制造费用。

直接材料是指企业在生产产品和提供劳务过程中直接用于产品生产的各种材料等。

直接人工是指企业在生产产品和提供劳务过程中，直接从事产品生产的工人的工资、津贴、福利等。

制造费用是指企业为生产产品和提供劳务而发生的各项间接费用。

（2）材料发出成本的确定方法。

制造业通过供应过程采购的各种原材料在验收入库之后，就具有了生产产品的物质。当企业领用材料时，就产生了材料费用。企业应当根据领料凭证区分不同用途，按照确定的成本记入相应的账户。在实际成本法下，计算材料发出成本的方法一共有 4 种：先进先出法、月末一次加权平均法、移动加权平均法和个别计价法。

① 先进先出法。先进先出法是以“先入库的存货先发出”这一成本流转假设为前提的，即先发出的存货，按照先入库存货的单位成本进行计价，后发出的存货则按照后入库存货的成本进行计价，从而具体确定本期发出存货和结存存货成本。

【做中学 2.20】川河有限责任公司采用先进先出法计算发出材料的成本，A 材料的明细账如表 2-9 所示。

表 2–9　　原材料明细账（A 材料）

材料名称：A 材料

2024 年		摘要	购进			发出			结存		
月	日		数量/件	单价/（元/件）	金额/元	数量/件	单价/（元/件）	金额/元	数量/件	单价/（元/件）	金额/元
6	1	期初结存							100	60	6 000
6	6	购进	500	65	32 500				600		
6	9	发出				400			200		
6	10	购进	600	70	42 000				800		
6	15	发出				700			100		
6	18	购进	500	68	34 000				600		
6	20	发出				300			300		
6	30	期末结存	1 600		108 500	1 400			300		

【分析与处理】

6 月 9 日发出 A 材料成本=60×100+65×300=25 500（元）

6 月 15 日发出 A 材料成本=65×200+70×500=48 000（元）

6 月 20 日发出 A 材料成本=70×100+68×200=20 600（元）

月末结存 A 材料成本=68×300=20 400（元）

采用先进先出法进行存货计价，可以随时确定发出存货的成本，从而保证及时性；但该方法也有缺点，在物价上涨时会高估当期利润和存货价值，反之则会低估当期利润和存货价值。

② 月末一次加权平均法。月末一次加权平均法是指以材料的期初结存数量和本期收入数量为权数计算单位成本的一种方法。其计算公式如下。

存货单位成本=（月初库存存货成本+本月进货实际成本）÷（月初库存存货数量+本月进货数量之和）

本月发出存货成本=本月发出存货数量×存货单位成本

本月月末库存存货成本=本月月末库存存货数量×存货单位成本

【做中学 2.21】川河有限责任公司采用月末一次加权平均法计算发出存货成本和结存存货成本，B 材料的明细账如表 2-10 所示。

表 2–10　　原材料明细账（B 材料）

材料名称：B 材料

2024 年		摘要	购进			发出			结存		
月	日		数量/件	单价/（元/件）	金额/元	数量/件	单价/（元/件）	金额/元	数量/件	单价/（元/件）	金额/元
6	1	期初结存							200	40	8 000
6	6	购进	400	35	14 000				600		
6	9	发出				300			300		
6	10	购进	400	38	15 200				700		
6	15	发出				200			500		
6	30	期末结存	800		29 200	500			500		

【分析与处理】

B材料单位成本=（200×40+400×35+400×38）÷（200+400+400）=37.2（元）

6月发出B材料成本=500×37.2=18 600（元）

6月结存B材料成本=500×37.2=18 600（元）

月末一次加权平均法只在月末一次计算单位成本，并且结转发出存货的成本。由于平时不对发出存货进行计价，因而日常工作量较小，简便易行；但是由于其较集中在月末，所以平时无法提供发出存货成本和结存存货成本，不利于存货的管理。

③ 移动加权平均法。移动加权平均法是指平时每入库一批存货，就以原有存货数量和本批入库存货数量为权数，计算一个存货单位成本，据以对后发出存货进行计价的一种方法。其计算公式如下。

存货单位成本=（原有库存存货实际成本+本次进货实际成本）÷（原有库存存货数量+本次进货数量）

本次发出存货成本=本次发出存货数量×本次发货前存货单位成本

本月月末库存存货成本=本月月末库存存货数量×本月月末存货单位成本

移动加权平均法的优点在于能够随时掌握库存存货的成本及发出存货的成本，便于对存货进行管理，而且计算的成本也比较客观；但是由于每购进一次存货都要重新计算单位成本，因此工作量大，不适合存货收发比较频繁的企业。

【做中学2.22】川河有限责任公司采用移动加权平均法计算发出存货成本和结存存货成本，C材料的明细账如表2-11所示。

表2-11 原材料明细账（C材料）

材料名称：C材料

2021年		摘要	购进			发出			结存		
月	日		数量/件	单价/（元/件）	金额/元	数量/件	单价/（元/件）	金额/元	数量/件	单价/（元/件）	金额/元
9	1	期初结存							200	60	12 000
9	6	购进	500	66	33 000				700		
9	9	发出				400			300		
9	10	购进	600	70	42 000				900		
9	15	发出				800			100		
9	30	期末结存	1 100		75 000	1 200			100		

【分析与处理】

9月6日购进后的C材料单位成本=（12 000+33 000）÷（200+500）≈64.29（元）

9月9日发出C材料成本=400×64.29=25 716（元）

9月9日结存C材料成本=12 000+33 000−25 716=19 284（元）

9月10日购进后的C材料单位成本=（19 284+42 000）÷（300+600）≈68.09（元）

9月15日发出C材料成本=800×68.09=54 472（元）

9月15日结存C材料成本=19 284+42 000−54 472=6 812（元）

由于9月15日后未再购进C材料，故9月30日结存C材料成本即为9月15日发出C材料后的结存成本，即6 812元。

④ 个别计价法。个别计价法又称个别认定法，是指本期发出存货和期末结存存货的成本，完全按照存货所属购进批次或生产批次的实际成本进行确定的方法。个别计价法适用于不能够替代使用的存货及作为特定项目购入或制造的存货。

【学中做 2.4】某公司 2024 年 9 月甲材料明细账如表 2-12 所示。

表 2–12　原材料明细账（甲材料）

材料名称：甲材料

2024 年		摘要	购进			发出			结存		
月	日		数量/件	单价/（元/件）	金额/元	数量/件	单价/（元/件）	金额/元	数量/件	单价/（元/件）	金额/元
9	1	期初结存							400	20	8 000
9	5	购进	300	21	6 300				700		
9	10	发出				500			200		
9	15	购进	400	23	9 200				600		
9	25	发出				250			350		
9	29	购进	300	24	7 200				650		
9	30	期末结存	1 000		22 700	750			650		

试采用先进先出法和月末一次加权平均法计算甲材料本月的发出存货成本和结存存货成本。

（3）账户设置。

①“生产成本”账户。该账户属于成本类账户，用于核算企业进行生产所发生的各项生产费用。该账户的借方登记应当计入产品生产成本的各项费用，包括直接材料、直接人工和期末按照一定的方法分配计入产品生产成本的制造费用；贷方登记完工入库产品的生产成本；期末余额在借方，表示尚未完工产品（即在产品）的成本。该账户应当按照产品的种类设置明细账户，进行明细分类核算。“生产成本”账户的结构及核算内容如图 2-39 所示。

借方　　　生产成本	贷方
期初余额 登记：可以计入产品生产成本的费用，包括直接材料、直接人工和制造费用	登记：完工入库产品的生产成本
期末余额：月末在产品的成本	

图 2–39　“生产成本”账户的结构及核算内容

②“制造费用”账户。该账户属于成本类账户，用来归集与分配企业生产车间为组织和管理产品的生产活动而发生的各项间接的生产费用，包括生产车间所发生的机物料消耗、管理人员的工资、计提的折旧费、修理费、办公费、水电费、季节性停工损失等。该账户借方登记实际发生的各项制造费用；贷方登记期末按照一定方法转入“生产成本”账户的应当计入产品生产成本的制造费用；期末在结转后，一般无余额。该账户可按照不同的生产车间、部门设置明细分类账户，进行明细分类核算。“制造费用”账户的结构及核算内容如图 2-40 所示。

借方　　　制造费用	贷方
登记：发生的各项制造费用	登记：期末分配转入“生产成本”账户的制造费用

图 2–40　“制造费用”账户的结构及核算内容

③“库存商品”账户。该账户属于资产类账户，用来核算企业库存的各种商品的实际成本或计划成本，包括库存的外购商品、自制商品及发出展览的商品等，但不包括委托外单位加工的商品和已办妥销售手续尚未提货的库存商品。该账户借方登记验收入库商品的成本；贷方登记发出

的库存商品的成本；期末余额在借方，反映期末库存商品的实际成本或计划成本。“库存商品”账户的结构及核算内容如图 2-41 所示。

借方	库存商品 贷方
期初余额 登记：验收入库商品的成本	登记：发出商品的成本
期末余额：期末库存商品的成本	

图 2-41 “库存商品”账户的结构及核算内容

④“应付职工薪酬”账户。该账户属于负债类账户，用于核算企业根据规定应当支付给职工的各种薪酬，包括工资、奖金、津贴和补贴、职工福利、社会保险费、住房公积金、工会经费、职工教育经费等。该账户借方登记本月实际已经支付的职工薪酬总额；贷方登记本月应付未付的职工薪酬总额；期末余额在贷方，反映企业应付未付的职工薪酬。该账户可按照工资、职工福利、社会保险费、住房公积金、工会经费、职工教育经费等进行明细分类核算。“应付职工薪酬”账户的结构及核算内容如图 2-42 所示。

借方	应付职工薪酬 贷方
登记：已经支付的职工薪酬	期初余额 登记：本期应付未付的职工薪酬
	期末余额：应付未付的职工薪酬

图 2-42 “应付职工薪酬”账户的结构及核算内容

（4）账务处理。

① 材料费用的归集和分配。企业在进行材料费用的归集和分配时，应当根据领料凭证区分不同的车间、部门和用途，按照确定的结果将材料的成本分别借记“生产成本”“制造费用”“管理费用”等账户，贷记“原材料”账户。

对直接用于某种产品生产的材料费用，属于直接材料费用，应当计入该产品的生产成本；对由多种产品共同耗用的材料费用，应当由这些产品共同负担，同时选择合适的标准，在各种产品之间进行分配并计入有关的成本计算对象；对为提供生产条件而服务的间接消耗的各种材料费用，应当先通过“制造费用”账户进行归集，期末再同其他间接费用按照一定的方法和分配标准计入有关产品的成本中；对行政管理部门领用的材料费用，则应当记入“管理费用”账户。

【做中学 2.23】川河有限责任公司 2024 年 6 月发出材料情况如表 2-13 所示。

表 2-13 发出材料汇总表

2024 年 6 月 30 日

用途	A 材料		B 材料	
	数量/千克	金额/元	数量/千克	金额/元
生产甲产品领用	5 000	350 000	3 000	180 000
生产乙产品领用	6 000	420 000	4 000	240 000
小计	11 000	770 000	7 000	420 000
车间一般耗用	4 000	280 000	3 000	180 000
行政管理部门领用	2 000	140 000	5 000	300 000
合计	17 000	1 190 000	15 000	900 000

【分析与处理】该业务使企业的原材料减少，根据表 2-13，A 材料共减少 1 190 000 元，B 材

料共减少 900 000 元，同时根据用途，将领用的原材料分别计入相应的成本费用。原材料的减少属于资产的减少，应记入“原材料”账户的贷方；同时成本费用的增加，应记入相关账户的借方。编制的会计分录如下。

借：生产成本——甲产品　　530 000
　　　　　　——乙产品　　660 000
　　制造费用　　460 000
　　管理费用　　440 000
　　贷：原材料——A 材料　　1 190 000
　　　　　　　——B 材料　　900 000

② 人工费用的归集和分配。职工为企业提供劳务应当获得一定的回报，即企业应当向职工支付一定的薪酬。根据《企业会计准则第 9 号——职工薪酬》的规定，职工薪酬是指企业为获得职工提供的服务或解除劳动关系而给予的各种形式的报酬或补偿。职工薪酬包括短期薪酬、离职后福利、辞退福利和其他长期职工福利。企业提供给职工配偶、子女、受赡养人、已故员工遗属和其他受益人等的福利，也属于职工薪酬。

这里的职工是指与企业订立劳动合同的所有人员，含全职、兼职和临时职工，也包括虽未与企业订立劳动合同，但由企业正式任命的人员。未与企业订立劳动合同或未由企业正式任命但向企业所提供的服务与职工所提供的服务类似的人员也属于职工范畴，包括通过企业与劳务中介公司签订用工合同而向企业提供服务的人员。

a. 计提应付职工薪酬的账务处理。企业计算本月应付职工薪酬时，应根据工资结算汇总表或按月编制的职工薪酬分配表的内容，确认为负债，计入当期损益或相关的成本。

为生产产品和提供劳务而负担的职工薪酬，应当计入产品成本或劳务成本。其中，生产工人的职工薪酬，应当借记“生产成本”账户，贷记“应付职工薪酬”账户；生产车间管理人员的应付职工薪酬属于间接费用，应当借记“制造费用”账户，贷记“应付职工薪酬”账户。对同时生产多种产品的生产工人的应付职工薪酬，应当采用一定的分配标准，分别计入各自的产品成本。由在建工程、无形资产分摊的职工薪酬，应当计入固定资产或无形资产的成本。除此之外的应付职工薪酬应当计入当期损益。例如，公司的管理人员、董事会成员、监事会成员等相关的职工薪酬，应在发生时直接记入“管理费用”账户。企业专设的销售机构的销售人员的职工薪酬应记入“销售费用”账户。

【做中学 2.24】川河有限责任公司 2024 年 6 月的应付职工工资总额为 500 000 元。其中，生产甲产品工人工资 200 000 元，生产乙产品工人工资 100 000 元，车间管理人员工资 40 000 元，行政管理人员工资 100 000 元，销售人员工资 60 000 元。

【分析与处理】

该项业务的发生，按照权责发生制，公司的薪酬虽是次月发放，但本月仍形成公司的负债，故本月的应付职工薪酬增加；同时增加了相应的成本费用。其中，生产工人工资属于直接人工的增加，应记入“生产成本”账户的借方；车间管理人员工资属于制造费用的增加，应记入“制造费用”账户的借方；行政管理人员工资应记入“管理费用”账户的借方；销售人员工资应记入“销售费用”账户的借方。编制的会计分录如下。

借：生产成本——甲产品　　200 000
　　　　　　——乙产品　　100 000
　　制造费用　　40 000
　　管理费用　　100 000
　　销售费用　　60 000
　　贷：应付职工薪酬——工资　　500 000

b. 发放职工薪酬的账务处理。向职工支付工资、奖金、津贴、福利费等时，借记“应付职工薪酬——工资”账户，贷记“银行存款”“库存现金”“其他应收款”等账户；支付工会经费和职工教育经费用于工会活动和职工培训时，借记“应付职工薪酬——工会经费或职工教育经费”账户，贷记“银行存款”等账户；按照国家规定缴纳社会保险费和住房公积金时，借记“应付职工薪酬——社会保险费或住房公积金”等账户，贷记“银行存款”账户；从应付职工薪酬中扣除代垫的医疗费时，借记“应付职工薪酬”账户，贷记“其他应收款”账户。

【做中学 2.25】根据【做中学 2.24】，2024 年 7 月 2 日，川河有限责任公司用银行存款支付上月应付职工薪酬。

【分析与处理】

该业务一方面使公司的银行存款减少，另一方面使公司的负债减少。银行存款的减少属于资产的减少，应记入“银行存款”账户的贷方；应付职工薪酬的减少属于负债的减少，应记入“应付职工薪酬”账户的借方。编制的会计分录如下。

借：应付职工薪酬——工资	500 000	
贷：银行存款		500 000

③ 制造费用的归集和分配。企业发生制造费用时，应当借记“制造费用”账户，贷记“累计折旧”“银行存款”“应付职工薪酬”等账户；期末应当按照一定的分配方法将制造费用分别记入“生产成本”账户，借记“生产成本”等账户，贷记“制造费用”账户。

企业发生的各项制造费用应当按照其用途进行归集和分配，在生产车间只生产一种产品的情况下，可以直接计入该产品的成本；生产两种以上产品时，必须通过分配，才能将制造费用计入各个产品的成本。

【做中学 2.26】川河有限责任公司 2024 年 6 月发生制造费用 500 000 元，其中，为生产甲产品发生的工时为 6 000 小时，为生产乙产品发生的工时为 4 000 小时。

【分析与处理】

该项业务是对制造费用根据工时进行分配。一方面制造费用被分配，需要分配的制造费用就减少；另一方面，将制造费用按照一定的方法分别计入两种产品的成本中，则生产成本增加。制造费用的减少属于成本的减少，应记入“制造费用”账户的贷方；生产成本的增加属于成本的增加，应记入“生产成本”账户的借方。

制造费用的分配率=500 000÷（6 000+4 000）=50（元/小时）

甲产品分配的制造费用=6 000×50=300 000（元）

乙产品分配的制造费用=4 000×50=200 000（元）

编制的会计分录如下。

借：生产成本——甲产品	300 000	
——乙产品	200 000	
贷：制造费用		500 000

④ 完工产品生产成本的计算和结转。企业应当通过“生产成本”账户归集直接材料、直接人工和分配的制造费用，同时需要设置明细账来归集计入各类产品的生产费用。如果企业只生产一种产品，在计算成本时，只需要为该产品开设一本成本明细账；如果企业生产多种产品，则应当按照种类分别开设成本明细账。在生产过程中，如果能够分清生产费用属于哪种产品所消耗的，则应直接记入该产品的成本明细账；如果无法辨别，则应当通过相应的分配方法在各种产品的成本之间进行分配，然后记入各产品的成本明细账。

如果月末某种产品全部完工，则应当将其生产成本转入“库存商品”账户；如果月末某种产品未完工，则该产品生产成本的明细账所归集的费用总额就是在产品的总成本；如果月末某种产品一部分完工，另一部分未完工，则根据在产品成本明细账中的费用总额采取适量的方法在完工产品和未完工产品之间进行分配，从而计算出各自的成本。

【做中学 2.27】根据【做中学 2.23】至【做中学 2.26】，川河有限责任公司 2024 年 6 月结转成本，甲、乙产品全部完工。

【分析与处理】

该业务是计算完工产品的成本。一方面在产品减少，另一方面完工产品增加。在产品的减少属于成本的减少，应记入“生产成本”账户的贷方；完工产品的增加属于资产的增加，应记入“库存商品”账户的借方。

甲产品成本=530 000（直接材料）+200 000（直接人工）+300 000（分配的制造费用）

=1 030 000（元）

乙产品成本=660 000（直接材料）+100 000（直接人工）+200 000（分配的制造费用）

=960 000（元）

编制的会计分录如下。

借：库存商品——甲产品	1 030 000	
——乙产品	960 000	
贷：生产成本——甲产品		1 030 000
——乙产品		960 000

6. 销售过程的业务处理

销售过程是企业经营过程的最后一个阶段，该阶段的企业生产了可以对外销售的商品，形成了库存商品，将库存商品销售出去从而实现了销售收入。扣除企业在生产商品过程中所发生的各项成本，销售过程中发生的运输费、包装费、广告费等费用，以及按照国家规定应当缴纳的各项税金之后的差额，即为销售商品的经营成果（赚取的利润或亏损）。企业在销售过程中，除了销售商品等主要业务，还会发生一些其他业务，如销售原材料、出租包装物、出租固定资产等，从而形成主营业务收支和其他业务收支。

（1）主营业务收支的核算。

企业的主营业务范围包括销售商品、自制半成品及提供劳务等。主营业务核算的主要内容是确认主营业务收入和结转主营业务成本。本书主要介绍企业销售商品业务的核算内容，包括销售商品收入的确认和计量等内容。

① 销售商品收入的确认和计量。

根据《企业会计准则第 14 号——收入》的规定，当企业与客户之间的合同同时满足下列条件时，企业应当在客户取得相关商品控制权时确认收入。

a. 合同各方已批准该合同并承诺将履行各自义务。

b. 该合同明确了合同各方与所转让商品或提供劳务相关的权利和义务。

c. 该合同有明确的与所转让商品相关的支付条款。

d. 该合同具有商业实质，即履行该合同将改变企业未来现金流量的风险、时间分布或金额。

e. 企业因向客户转让商品而有权取得的对价很可能收回。

其中，取得相关商品控制权，是指客户能够主导该商品的使用并从中获得经济利益，也包括有能力阻止其他方主导该商品的使用并从中获得经济利益。取得商品控制权包括三个要素：一是客户必须拥有现时权利，能够主导该商品的使用并从中获得经济利益，如果客户只能在未来的某一期间主导该商品的使用并从中获益，则表明其尚未取得该商品的控制权；二是客户有能力主导该商品的使用，即客户在其活动中有权使用该商品，或者能够允许或阻止其他方使用该商品；三是客户能够获得商品的经济利益，商品的经济利益是指商品的潜在现金流量，既包括现金流入的增加，也包括现金流出的减少。客户可以通过使用、消耗、出售、处置、交换、抵押或持有等多种方式直接或间接获得商品的经济利益。

一般情况下，客户取得商品控制权的迹象主要表现如下。

a. 企业就该商品享有现时收款权利，即客户就该商品负有现时付款义务。例如，鸿宇公司与甲公司签订销售商品合同，约定甲公司对收到的商品有权定价，同时约定甲公司在商品到达并验收无误后应在15日内付款。在该合同的实施过程中，甲公司收到鸿宇公司开具的增值税专用发票并将商品验收入库后，能够自主确定商品的销售价格或商品的使用情况，此时鸿宇公司享有现时收款权利，甲公司负有现时付款义务。

b. 企业将该商品的法定所有权转移给客户，即客户已拥有该商品的法定所有权。例如，房地产企业向客户销售商品房，在客户付款后取得不动产权证书时，表明企业已将该商品房的法定所有权转移给客户。

c. 企业已将该商品实物转移给客户，即客户已占有该商品实物。例如，企业与客户签订交款提货合同，在企业销售商品并将商品送达客户指定地点，客户验收合格并付款后，表明企业已将该商品实物转移给客户，即客户已占有该商品实物。

d. 企业已将该商品所有权的主要风险和报酬转移给客户，即客户已取得该商品所有权的主要风险和报酬。例如，房地产企业向客户销售商品房办理产权转移手续后，该商品房价格下跌或上涨带来的损失或利益全部属于客户，表明客户已取得该商品房所有权的主要风险和报酬。

e. 客户已接受该商品。例如，企业向客户销售为其定制生产的产品质量检测专用设备，客户收到并验收合格后办理入库手续，表明客户已接受该商品。

f. 其他表明客户已取得商品控制权的迹象。

AI 问一问

打开并登录文心一言工具，在输入文本框中输入“数智时代下，如何确认虚拟商品（如游戏道具、会员服务）的销售收入？与传统商品有何不同？”，对AI工具生成的答案进行判断与评价。

② 账户设置。

a. “主营业务收入”账户。该账户属于损益类账户，用来核算企业销售商品、提供劳务等主营业务的收入。该账户的贷方登记企业实现的主营业务收入（主营业务收入的增加额）；借方登记期末转入“本年利润”账户的主营业务收入及发生销售退回或销售转让时应当冲减的本期主营业务收入；期末结转后该账户无余额。该账户应当按照业务的种类设置明细账户，进行明细分类核算。“主营业务收入”账户的结构及核算内容如图2-43所示。

借方	主营业务收入 贷方
登记：期末转入“本年利润”账户的数额、销售退回等冲减的收入	登记：实现的主营业务收入

图2-43 “主营业务收入”账户的结构及核算内容

b. “应收账款”账户。该账户属于资产类账户，用来核算企业因销售商品和提供劳务等，向购货单位或接受劳务单位收取款项的结算情况，代购货方垫付的各种款项也在该账户中核算。“应收账款”账户的借方登记由于销售商品及提供劳务等而发生的应收未收的款项（即应收账款的增加），包括应当收取的价款、税款和代垫款项等；贷方登记已经收回的应收账款（即应收账款的减少）；期末余额如在借方，表示企业尚未收回的应收账款；期末余额如在贷方，表示企业预收的款项。该账户应当按照不同的购货单位或接受劳务单位设置明细账户，进行明细分类核算。“应收账款”账户的结构及核算内容如图 2-44 所示。

借方　应收账款	贷方
期初余额 登记：因销售商品等产生的应收未收的款项	登记：已经收回的款项
期末余额：尚未收回的款项	期末余额：预收的款项

图 2–44　“应收账款”账户的结构及核算内容

c. “应收票据”账户。该账户属于资产类账户，用来核算企业销售商品或提供劳务而收到的由购货单位开出并承兑的商业汇票。该账户的借方登记企业收到的由购货单位开出并承兑的商业汇票（即应收票据的增加）；贷方登记到期收回的应收票据（即应收票据的减少）；期末余额在借方，反映企业持有的商业汇票的票面余额。该账户可以按照开出并承兑商业汇票的单位进行明细分类核算。“应收票据”账户的结构及核算内容如图 2-45 所示。

借方　应收票据	贷方
期初余额 登记：收到的应收票据	登记：到期收回的应收票据
期末余额：企业持有的商业汇票的票面余额	

图 2–45　“应收票据”账户的结构及核算内容

d. “主营业务成本”账户。该账户属于损益类账户，用来核算企业确认销售商品、提供劳务等主营业务的收入时应当结转的主营业务成本。该账户的借方登记本期因销售商品、提供劳务等日常活动而发生的实际成本；贷方登记期末转入“本年利润”账户的主营业务成本；经过结转之后，该账户没有余额。该账户应当按照主营业务的种类设置明细账户，进行明细分类核算。“主营业务成本”账户的结构及核算内容如图 2-46 所示。

借方　主营业务成本	贷方
登记：发生的主营业务成本	登记：期末转入“本年利润”账户的数额

图 2–46　“主营业务成本”账户的结构及核算内容

③ 账务处理。

企业销售商品或提供劳务实现的收入，应当按照实际收到或应收未收的金额，借记“银行存款”“应收账款”“应收票据”等账户；按确认的收入，贷记“主营业务收入”账户。

【做中学 2.28】川河有限责任公司 2024 年 9 月将一批产品销售给甲公司，按照合同约定，产品的售价为 1 000 000 元，增值税税额为 130 000 元，产品已经发出，货款已经收到，该产品的成本为 600 000 元。

【分析与处理】

该项经济业务的发生，一方面使企业银行存款增加 1 130 000 元；另一方面使企业销售收入增加 1 000 000 元、增值税销项税额增加 130 000 元。银行存款的增加属于资产的增加，应记入“银行存款”账户的借方；主营业务收入的增加是收入的增加，应记入“主营业务收入”账户的贷方；增值税销项税额的增加属于负债的增加，应记入“应交税费”账户的贷方。

同时，产品销售完成，企业的库存商品减少，企业的销售成本增加。库存商品的减少属于资产的减少，应记入“库存商品”账户的贷方；销售成本的增加属于费用的增加，应记入“主营业务成本”账户的借方。

确认收入的会计分录如下。

借：银行存款　　　　1 130 000

　　贷：主营业务收入　　　　1 000 000

　　　　应交税费——应交增值税（销项税额）　　　　130 000

同时，结转已销产品的成本，会计分录如下。

借：主营业务成本　　　　600 000

　　贷：库存商品　　　　600 000

【做中学 2.29】川河有限责任公司 2024 年 9 月将一批产品销售给乙公司，发票注明的货款为 200 000 元，增值税税额为 26 000 元，并替乙公司垫付运费 1 500 元，款项尚未收到，该产品成本为 170 000 元。

【分析与处理】

该项经济业务的发生，一方面使企业的应收款项增加 227 500 元；另一方面使企业销售收入增加200 000元、增值税销项税额增加26 000元，同时替乙公司垫付运费会导致银行存款减少1 500元。应收账款的增加属于资产的增加，应记入“应收账款”账户的借方；主营业务收入的增加属于收入的增加，应记入“主营业务收入”账户的贷方；增值税销项税额的增加属于负债的增加，应记入“应交税费”账户的贷方；银行存款的减少属于资产的减少，应记入“银行存款”账户的贷方。

同时，产品销售完成，企业的库存商品减少，企业的销售成本增加。库存商品的减少属于资产的减少，应记入“库存商品”账户的贷方；销售成本的增加属于费用的增加，应记入“主营业务成本”账户的借方。

确认收入的会计分录如下。

借：应收账款　　　　227 500

　　贷：主营业务收入　　　　200 000

　　　　应交税费——应交增值税（销项税额）　　　　26 000

　　　　银行存款　　　　1 500

同时，结转已销产品的成本，会计分录如下。

借：主营业务成本　　　　170 000

　　贷：库存商品　　　　170 000

（2）其他业务收支的核算。

企业除了发生销售商品、提供劳务等主要业务，还会发生一些非经常性的次要业务，如销售原材料、出租包装物、出租固定资产及无形资产等。对不同的企业而言，一个企业的主营业务可能是另一个企业的其他业务。例如，对生产花生油的企业而言，花生属于原材料，销售花生属于其他业务；而对生产花生的企业来说，花生属于库存商品，销售花生则属于主营业务。对其他业务收支的确认原则和计量方法与主营业务基本相同。

① 账户设置。

a. “其他业务收入”账户。该账户属于损益类账户，用来核算企业除主营业务之外的其他业务收入。该账户的贷方登记企业实现的其他业务收入；借方登记期末转入“本年利润”账户的其他业务收入；期末结转后该账户无余额。该账户应当按照业务的种类设置明细账户，进行明细分类核算。“其他业务收入”账户的结构及核算内容如图 2-47 所示。

借方 其他业务收入 贷方	
登记：期末转入“本年利润”账户的数额	登记：除主营业务外的其他业务收入

图 2-47 “其他业务收入”账户的结构及核算内容

b. “其他业务成本”账户。该账户属于损益类账户，用于核算企业除主营业务活动外的其他经营活动所发生的支出，包括销售材料的成本、出租固定资产的折旧额、出租无形资产的摊销额等。该账户的借方登记除主营业务成本外的其他业务所发生的成本；贷方登记期末转入“本年利润”账户的金额；期末无余额。本账户应当按照其他业务的种类设置明细账户，进行明细分类核算。“其他业务成本”账户的结构及核算内容如图 2-48 所示。

借方 其他业务成本 贷方	
登记：除主营业务外的其他业务所发生的成本	登记：期末转入“本年利润”账户的金额

图 2-48 “其他业务成本”账户的结构及核算内容

② 账务处理。

【做中学 2.30】 川河有限责任公司 2024 年 10 月将一批闲置的原材料出售，该批原材料的成本为 15 000 元，售价为 18 000 元，增值税税额为 2 340 元，款项已收到并存入银行。

【分析与处理】

该业务的发生一方面使企业的银行存款增加，另一方面使企业的其他业务收入增加，增值税销项税额增加。银行存款的增加属于资产的增加，应记入“银行存款”账户的借方；其他业务收入的增加属于收入的增加，应记入“其他业务收入”账户的贷方；增值税销项税额的增加属于负债的增加，应记入“应交税费”账户的贷方。

同时，企业库存原材料减少，销售成本增加。销售成本的增加属于费用的增加，应记入“其他业务成本”的借方；原材料的减少属于资产的减少，应记入“原材料”账户的贷方。编制的会计分录如下。

借：银行存款	20 340	
贷：其他业务收入		18 000
应交税费——应交增值税（销项税额）		2 340
借：其他业务成本	15 000	
贷：原材料		15 000

（3）税金及附加的核算。

税收是国家财政收入的主要来源，是保证国家机器正常运转的重要条件，依法纳税是企业和公民应尽的义务。企业向国家缴纳各种税费对企业来说就是一项支出。根据税费的性质，会计上对税费也有不同的处理：第一，将在流转环节支付的税费在价外核算，不计入所购货物和服务的成本（如一般纳税人计缴的增值税）；第二，将缴纳的税费作为特定对象的组成或资产购建成本（如进口货物缴纳的关税、海关手续费和消费税）；第三，将缴纳的税费与当期取得收入相匹配，作为当期的一项费用，如消费税、城市维护建设税、教育费附加、资源税、土地增值税等就是反映被企业作为当期费用进行核算的各类税费。

① 账户设置。

为了管理和反映作为当期费用的各项税费，企业应设置“税金及附加”账户。该账户属于损益类账户，用于核算企业经营过程中各项应税行为所负担的税费，包括消费税、城市维护建设税及教育费附加、资源税、房产税、城镇土地使用税、车船税、印花税、土地增值税等。该账户的借方登记期末按规定计算出的应缴纳的消费税、资源税、城市维护建设税、教育费附加、房产税、车船税等各项税费的金额，贷方登记冲减多计的各项税费金额和结转至“本年利润”账户的金额，即期末应将该账户的余额转入“本年利润”账户的借方，结转后该账户无余额。“税金及附加”账户的结构及核算内容如图 2-49 所示。

借方　　税金及附加	贷方
登记：期末计提应缴纳的消费税、资源税、城市维护建设税、教育费附加、房产税、车船税等	登记：冲减多计的各项税费金额和期末转入“本年利润”账户的金额

图 2-49 “税金及附加”账户的结构及核算内容

【学中做 2.5】试画出增值税一般纳税人涉及增值税业务时，需要设置的账户的结构和核算内容图，并说明增值税核算与消费税核算的主要区别。

② 账务处理。

【做中学 2.31】川河有限责任公司 2024 年 10 月月末计提应缴纳的消费税 12 000 元。

【分析与处理】

该项经济业务的发生，一方面使税金增加，税金的增加属于费用的增加，应记入“税金及附加”账户的借方；另一方面使负债增加，应记入“应交税费”账户的贷方。编制的会计分录如下。

借：税金及附加　　12 000
　　贷：应交税费——应交消费税　　12 000

7. 期间费用的业务处理

（1）期间费用的构成。

期间费用是指企业在日常活动中所发生的，不能直接归属于某个特定产品的成本，而应当直接计入当期损益的各种费用。期间费用包括管理费用、销售费用和财务费用。

知识链接

销售过程的税务处理问题

管理费用是指企业为组织和管理生产经营活动所发生的各种费用，包括企业在筹建期间内发生的开办费，董事会和行政管理部门在企业的经营管理中发生的应当由企业统一负担的企业经费，行政管理部门负担的工会经费、董事会会费、聘请中介机构费、咨询费（含顾问费）、诉讼费、业务招待费、技术转让费、研究费用、排污费及生产车间和行政管理部门发生的固定资产日常修理费用等。

销售费用是指企业在销售商品和材料、提供劳务的过程中发生的各种费用，包括保险费、包装费、展览费和广告费、商品维修费、运输费、装卸费，以及为销售本企业商品而专设的销售机构（含销售网点、售后服务网点等）的职工薪酬、业务费、折旧费等。企业发生的与专设销售机构相关的固定资产日常修理费用等支出也属于销售费用。

财务费用是指企业为筹集生产经营所需资金等而发生的筹资费用，包括利息支出（减利息收入）、汇兑损益及相关的手续费等。

（2）账户设置。

①“管理费用”账户。该账户属于损益类账户，用来核算企业为组织和管理生产经营活动所发生的各项费用。该账户的借方登记发生的各项管理费用；贷方登记期末转入“本年利润”账户的管理费用；期末无余额。该账户应当按照费用项目设置明细账户，进行明细分类核算。“管理费用”账户的结构及核算内容如图 2-50 所示。

管理费用

借方	贷方
登记：发生的管理费用	登记：期末转入“本年利润”账户的管理费用

图 2-50 “管理费用”账户的结构及核算内容

②“销售费用”账户。该账户属于损益类账户，用于核算企业在销售商品过程中发生的各项销售费用及其结转情况。该账户的借方登记发生的各项销售费用；贷方登记期末转入“本年利润”账户的销售费用；期末无余额。该账户应当按照费用项目设置明细账户，进行明细分类核算。“销售费用”账户的结构及核算内容如图 2-51 所示。

销售费用

借方	贷方
登记：发生的销售费用	登记：期末转入“本年利润”账户的销售费用

图 2-51 “销售费用”账户的结构及核算内容

③“财务费用”账户。该账户属于损益类账户，用于核算企业在筹集资金过程中发生的各项费用及其结转情况。该账户的借方登记发生的利息支出、金融机构手续费、汇兑损失及筹集资金过程中发生的其他费用；贷方登记取得的利息收入、汇兑收益和期末转入“本年利润”账户的财务费用；期末无余额。该账户应当按照费用项目设置明细账户，进行明细分类核算。“财务费用”账户的结构及核算内容如图 2-52 所示。

财务费用

借方	贷方
登记：销售商品过程中发生的各项销售费用	登记：期末转入“本年利润”账户的财务费用

图 2-52 “财务费用”账户的结构及核算内容

（3）账务处理。

① 管理费用的账务处理。企业的管理费用在实际发生时，应借记“管理费用”账户，贷记“库存现金”“银行存款”等账户。

【做中学 2.32】川河有限责任公司 2024 年 5 月用现金支付业务招待费 500 元。

【分析与处理】

该业务的发生，一方面使企业的现金减少，另一方面使企业的业务招待费增加。现金的减少属于资产的减少，应记入“库存现金”账户的贷方；业务招待费的增加属于费用的增加，应记入“管理费用”账户的借方。编制的会计分录如下。

借：管理费用　　500

　　贷：库存现金　　500

② 销售费用的账务处理。企业在销售商品过程中发生的包装费、展览费、广告费、运输费、装卸费等费用，借记“销售费用”账户，贷记“库存现金”“银行存款”等账户；企业发生的为销售本企业商品而专设的销售机构的职工薪酬等费用，借记“销售费用”账户，贷记“应付职工薪酬”等账户。

【做中学 2.33】川河有限责任公司 2024 年 6 月发生展览费 3 000 元（假设不考虑增值税等相关税费），用银行存款支付。

【分析与处理】

该业务的发生，一方面使企业的银行存款减少，另一方面使企业的展览费增加。银行存款的减少属于资产的减少，应记入“银行存款”账户的贷方；展览费的增加属于费用的增加，应记计入“销售费用”账户的借方。编制的会计分录如下。

借：销售费用　　3 000

　　贷：银行存款　　3 000

③ 财务费用的账务处理。财务费用的账务处理已在资金筹集业务核算部分进行了介绍，此处不再赘述。

8. 利润形成与分配的业务处理

（1）利润形成的业务处理。

① 利润的概念。

利润是指企业在一定会计期间的经营成果，包括收入减去各项费用后的净额和直接计入当期损益的利得及损失。利润由营业利润、利润总额和净利润3个层次构成。

a. 营业利润。营业利润是企业利润的主要来源，这一指标能够比较恰当地反映企业管理者的经营业绩。

营业利润=营业收入-营业成本-税金及附加-销售费用-管理费用-研发费用-财务费用+其他收益+投资收益（-投资损失）+公允价值变动收益（-公允价值变动损失）+信用减值损失（损失为负数）+资产减值损失（损失为负数）+资产处置收益（-资产处置损失）

其中：

营业收入=主营业务收入+其他业务收入

营业成本=主营业务成本+其他业务成本

b. 利润总额。

利润总额=营业利润+营业外收入-营业外支出

c. 净利润。

净利润=利润总额-所得税费用

【学中做2.6】甲企业本期的营业收入为1 000万元，营业成本为800万元，管理费用为20万元，销售费用为35万元，投资收益为45万元，营业外收入为15万元，营业外支出为10万元，所得税费用为32万元。假定不考虑其他因素。试计算甲企业本期的营业利润、利润总额和净利润。

② 账户设置。

a.“营业外收入”账户。该账户属于损益类账户，用来核算企业发生的营业利润以外的收益的实现和结转情况，包括非流动资产毁损报废利得、与企业日常活动无关的政府补助、资产盘盈利得、捐赠利得、债务重组利得等。其贷方登记营业外收入的实现（即营业外收入的增加）；借方登记期末转入“本年利润”账户的营业外收入金额；期末无余额。“营业外收入”账户的结构及核算内容如图2-53所示。

借方　　　　营业外收入	贷方
登记：期末转入“本年利润”账户的营业外收入金额	登记：取得的营业外收入金额

图2-53 “营业外收入”账户的结构及核算内容

b.“营业外支出”账户。该账户属于损益类账户，用来核算企业营业利润以外的各项支出的发生和结转情况，包括非流动资产毁损报废损失、债务重组损失、公益性捐赠支出、盘亏损失、非常损失等。其借方登记营业外支出的发生（即营业外支出的增加）；贷方登记期末转入“本年利润”账户的营业外支出金额；期末无余额。“营业外支出”账户的结构及核算内容如图 2-54 所示。

借方　　　　营业外支出	贷方
登记：发生的营业外支出金额	登记：期末转入“本年利润”账户的营业外支出金额

图 2–54 “营业外支出”账户的结构及核算内容

c.“本年利润”账户。按照企业会计准则和相关会计制度的要求，企业一般应当按月核算利润，核算通过“本年利润”账户进行，即在每个会计期末，将各损益类账户的金额全部转入“本年利润”账户，通过“本年利润”账户的借贷方结算出本年的损益金额。该账户的贷方登记企业期末转入的各项收入，包括主营业务收入、其他业务收入、其他收益、投资净收益、公允价值变动净收益、资产处置净收益、营业外收入等；借方登记会计期末转入的各项费用，包括主营业务成本、其他业务成本、税金及附加、管理费用、财务费用、销售费用、投资净损失、公允价值变动净损失、信用减值损失、资产减值损失、资产处置净损失、营业外支出和所得税费用等。该账户期末余额如在贷方，表示实现的累计净收益；期末余额如在借方，则表示累计发生的亏损。年末应将该账户的余额转入“利润分配”账户，如果余额在贷方，则应从借方转入；如果余额在借方，则应从贷方转入。经过结转之后，该账户期末没有余额。“本年利润”账户的结构及核算内容如图 2-55 所示。

借方　　　　本年利润	贷方
登记：期末转入的	登记：期末转入的
主营业务成本	主营业务收入
其他业务成本	其他业务收入
税金及附加	其他收益
管理费用	投资净收益
财务费用	公允价值变动净收益
销售费用	资产处置净收益
投资净损失	营业外收入
公允价值变动净损失	
信用减值损失	
资产减值损失	
资产处置净损失	
营业外支出	
所得税费用	
累计净损失	累计净收益

图 2–55 “本年利润”账户的结构及核算内容

d.“所得税费用”账户。该账户属于损益类账户，用来核算企业确认的应当从当期利润总额中扣除的所得税费用。该账户借方登记企业应当计入当期损益的所得税税额；贷方登记企业期末转入“本年利润”账户的所得税税额；期末无余额。“所得税费用”账户的结构及核算内容如图 2-56 所示。

借方	所得税费用 贷方
登记：企业发生的所得税费用	登记：期末转入“本年利润”账户的所得税税额

图 2-56 “所得税费用”账户的结构及核算内容

③ 账务处理。

【做中学 2.34】2024 年 10 月 23 日，川河有限责任公司收到兄弟企业捐赠的现金 100 000 元，款项已存入银行。

【分析与处理】

该项业务一方面使企业的银行存款增加，另一方面使企业收到的捐赠增加。银行存款的增加属于资产的增加，应记入“银行存款”账户的借方；收到的捐赠属于收益的增加，应记入“营业外收入”账户的贷方（因为收到的捐赠不属于企业的日常活动所得，故不能记入“主营业务收入”账户）。编制的会计分录如下。

借：银行存款 100 000

贷：营业外收入 100 000

【做中学 2.35】2024 年 11 月 5 日，川河有限责任公司通过政府有关部门向山区小学捐赠 50 000 元，以存款支付。

【分析与处理】

该业务一方面使企业的银行存款减少，另一方面使企业的支出增加。银行存款的减少属于企业资产的减少，应记入“银行存款”账户的贷方；支出的增加属于费用的增加，应记入“营业外支出”账户的借方。编制的会计分录如下。

借：营业外支出 50 000

贷：银行存款 50 000

【做中学 2.36】假设川河有限责任公司 2024 年度各损益类账户结转前余额如表 2-14 所示（假定该公司 2024 年度无纳税调整事项）。根据表 2-14 所示的各损益类账户的余额，编制会计分录。

表 2-14 损益类账户余额表

账户名称	余额/元	
	借方	贷方
主营业务收入		6 000 000
其他业务收入		700 000
投资收益		400 000
营业外收入		50 000
主营业务成本	4 000 000	
其他业务成本	500 000	
税金及附加	80 000	
管理费用	700 000	
营业外支出	250 000	

【分析与处理】

在结转各项收入时，该项经济业务一方面会使公司损益类账户所记录的收入减少，另一方面会使公司的利润增加。收入的减少应记入相关账户的借方；利润的增加属于所有者权益的增加，应记入“本年利润”账户的贷方。在结转各项费用时，该项经济业务一方面会使费用减少，另一方面会使公司的利润减少。费用的减少应记入相关账户的贷方，利润的减少属于所有者权益的减少，应记入“本年利润”账户的借方。

结转收入时，会计分录如下。

借：主营业务收入	6 000 000	
其他业务收入	700 000	
投资收益	400 000	
营业外收入	50 000	
贷：本年利润		7 150 000

结转费用时，会计分录如下。

借：本年利润	5 530 000	
贷：主营业务成本		4 000 000
其他业务成本		500 000
税金及附加		80 000
管理费用		700 000
营业外支出		250 000

计提所得税费用如下。

2024 年度川河有限责任公司利润总额=7 150 000−5 530 000=1 620 000（元）

应交所得税税额=1 620 000×25%=405 000（元）

计提所得税费用，会计分录如下。

借：所得税费用	405 000	
贷：应交税费——应交企业所得税		405 000

结转“所得税费用”账户，会计分录如下。

借：本年利润	405 000	
贷：所得税费用		405 000

（2）利润分配的业务处理。

利润分配是指企业根据国家有关规定和企业章程、投资者协议等，对企业当年的可供分配利润指定其用途和分配给投资者的行为。投资者将资金投入企业作为实收资本或股本，参与企业的生产经营活动，有权分享企业的税后利润。

① 利润分配的顺序。

根据国家相关法律法规的规定，企业当年实现的净利润，首先应当弥补以前年度尚未弥补的亏损，对剩余的部分应当按照下列顺序进行分配。

a. 提取法定盈余公积。法定盈余公积应当按照本年净利润的一定比例进行提取。根据《公司法》规定，公司制企业按照净利润的 10%提取法定盈余公积，累计金额超过注册资本 50%的，可以不再提取。

b. 提取任意盈余公积。任意盈余公积一般由股东会决议提取。

c. 投资者分配利润或股利。企业实现的净利润在扣除上述项目后，形成可供投资者分配的利润。

可供分配的利润=净利润−弥补以前年度亏损+年初未分配利润−法定盈余公积−任意盈余公积

② 账户设置。

a. “利润分配”账户。该账户属于所有者权益类账户，用于核算企业利润的分配和历年分配后的余额。该账户借方登记实际分配的利润额，包括提取的盈余公积和分配给投资者的利润，以及年末从“本年利润”账户全年转入的亏损；贷方登记用盈余公积弥补的亏损、其他转入金额及年末从“本年利润”账户转入的全年实现的净利润。期末余额如在借方，表示未弥补的亏损额；

如在贷方，表示未分配的利润额。“利润分配”账户下，一般应设置“提取法定盈余公积”“提取任意盈余公积”“应付股利”“未分配利润”等明细账户。期末应将“利润分配”账户下的其他明细账户的余额转入“未分配利润”明细账户，结转后，除“未分配利润”明细账户可能有余额外，其他明细账户均无余额。“利润分配”账户的结构及核算内容如图2-57所示。

借方	利润分配　　　　　　贷方
登记：已分配的利润额（提取的法定盈余公积、提取的任意盈余公积、应付股利等）	登记：用盈余公积弥补的亏损、其他转入金额，以及年末从“本年利润”账户转入的净利润
期末余额：累计未弥补亏损额	期初余额：累计未分配利润额

图2-57 “利润分配”账户的结构及核算内容

b.“盈余公积”账户。该账户属于所有者权益类账户，用来核算企业从税后净利润中提取的盈余公积，包括法定盈余公积、任意盈余公积的增减变动情况及结余情况。该账户贷方登记提取的盈余公积，借方登记实际使用的盈余公积（如盈余公积转增资本或弥补亏损）。期末余额在贷方，表示结余的盈余公积。该账户应当设置“法定盈余公积”“任意盈余公积”等明细账户。“盈余公积”账户的结构及核算内容如图2-58所示。

借方	盈余公积　　　　　　贷方
登记：盈余公积转增资本或弥补亏损	期初余额 登记：提取的法定盈余公积和提取的任意盈余公积
	期末余额：结余的盈余公积

图2-58 “盈余公积”账户的结构及核算内容

c.“应付股利”账户。该账户属于负债类账户，用来核算企业按照股东会或类似权力机构决议分配给投资者的股利。该账户贷方登记应付但未付给投资者的股利或利润（即应付股利的增加），借方登记实际支付给投资者的股利或利润（即应付股利的减少）。期末余额在贷方，表示尚未支付的股利或利润。但企业分配给投资者的股票股利不在本账户核算。“应付股利”账户的结构及核算内容如图2-59所示。

借方	应付股利　　　　　　贷方
登记：实际向投资者支付的股利或利润	期初余额 登记：应付未付的股利或利润
	期末余额：尚未支付的股利或利润

图2-59 “应付股利”账户的结构及核算内容

③ 账务处理。

a. 将净利润转入利润分配。会计期末，企业应当将当年实现的净利润转入“利润分配——未分配利润”账户，借记“本年利润”账户，贷记“利润分配——未分配利润”账户；如为亏损，则做相反的会计分录。

【做中学2.37】根据【做中学2.36】，结转川河有限责任公司净利润。

【分析与处理】

该业务的发生一方面使未分配利润增加，另一方面使记入“本年利润”账户的利润减少。未分配利润的增加属于所有者权益的增加，应记入“利润分配”账户的贷方；“本年利润”账户的利

润减少应记入该账户的借方。(若企业亏损，则做相反的会计分录)

川河有限责任公司净利润=1 620 000−405 000=1 215 000(元)

编制的会计分录如下。

借：本年利润　　1 215 000

　　贷：利润分配——未分配利润　　1 215 000

b. 提取盈余公积。企业提取盈余公积时，借记“利润分配——提取盈余公积金”“利润分配——提取任意盈余公积”账户；贷记“盈余公积——法定盈余公积”“盈余公积——任意盈余公积”账户。

【做中学 2.38】根据【做中学 2.36】和【做中学 2.37】，川河有限责任公司按照 10%计提法定盈余公积，按照 5%计提任意盈余公积。

【分析与处理】

提取盈余公积一方面使企业的盈余公积增加，另一方面使企业已经分配的利润增加。盈余公积的增加属于所有者权益的增加，应记入“盈余公积”账户的贷方；已经分配的利润的增加属于所有者权益的减少，应记入“利润分配”账户的借方。

川河有限责任公司计提的法定盈余公积=1 215 000×10%=121 500(元)

川河有限责任公司计提的任意盈余公积=1 215 000×5%=60 750(元)

编制的会计分录如下。

借：利润分配——提取法定盈余公积　　121 500

　　　　　　——提取任意盈余公积　　60 750

　　贷：盈余公积——法定盈余公积　　121 500

　　　　　　　　——任意盈余公积　　60 750

c. 向投资者分配利润或股利。企业根据股东会或类似权力机构决议审批的利润分配方案，按应支付的现金股利或利润借记“利润分配——应付股利”账户，贷记“应付股利”等账户。

【做中学 2.39】根据【做中学 2.36】至【做中学 2.38】，川河有限责任公司宣告发放现金股利 600 000 元。

【分析与处理】

该业务的发生使企业已经分配的利润增加，虽然现金股利已经决定分配给股东，但分配时并不支付，故形成企业的一项负债。已经分配的利润增加属于所有者权益的减少，应记入“利润分配”账户的借方；负债的增加应记入“应付股利”账户的贷方。支付现金股利一方面使企业的负债减少，另一方面使企业的银行存款减少。负债的减少应记入“应付股利”账户的借方；银行存款的减少属于资产的减少，应记入“银行存款”账户的贷方。

分配现金股利时，会计分录如下。

借：利润分配——应付现金股利　　600 000

　　贷：应付股利　　600 000

支付现金股利时，会计分录如下。

借：应付股利　　600 000

　　贷：银行存款　　600 000

d. 结转未分配利润。年度终了，企业应将“利润分配”账户所属的其他明细账户的余额转入“未分配利润”明细账户，借记“利润分配——未分配利润”等账户，贷记“利润分配——提取法定盈余公积”“利润分配——提取任意盈余公积”“利润分配——应付现金股利或利润”等账户。结转后，除“未分配利润”明细账户外，其他明细账户均无余额。“未分配利润”明细账户的贷方余额表示累计未分配的利润；借方余额则表示累计未弥补的亏损。

【做中学2.40】根据【做中学2.36】至【做中学2.39】，川河有限责任公司结转未分配利润。

【分析与处理】

该业务将“提取法定盈余公积”等明细账户的金额转入“未分配利润”明细账户。编制的会计分录如下。

借：利润分配——未分配利润　　782 250

　　贷：利润分配——提取法定盈余公积　　121 500

　　　　　　　——提取任意盈余公积　　60 750

　　　　　　　——应付现金股利　　600 000

三、企业终止阶段财税实务应用

企业的“寿命”是有限的，在经历了发展期、成长期、成熟期之后会进入衰退期，直至“寿命”终止。由于会计的四大基本假设之一是持续经营，因此企业进入终止阶段，就不符合持续经营的前提，账务处理就会有所不同。

1. 企业解散的定义

企业终止是指企业停止经营活动、清理财产、清偿债务、依法注销企业法人资格等一系列行为。

根据《公司法》的规定，企业解散的原因主要包括：①公司章程规定的营业期限届满或者公司章程规定的其他解散事由出现；②股东会决议解散；③因公司合并或者分立需要解散；④依法被吊销营业执照、责令关闭或者被撤销；⑤公司经营管理发生严重困难，继续存续会使股东利益受到重大损失，通过其他途径不能解决的，持有公司百分之十以上表决权的股东，可以请求人民法院解散公司。

2. 企业清算

企业清算是指企业解散时，为了终止现在的财产和其他法律关系，依照相应的法律程序，对企业的债权、债务关系进行清理、处分和分配，以了结其债权、债务关系，从而取消企业的法人资格。企业除了因合并或分立而解散，因其他原因引起的终止必须经过清算程序。企业的清算程序如下。

（1）登记债权。清算时应当对债权进行登记，在申报债权期间不得对债权人进行清偿。

（2）清理企业财产，制定清理方案。清算期间清算组应当对企业财产进行清理，编制资产负债表和财产清单，制定清算方案。如果发现财产不足以清偿债务的，应当依法向人民法院申请破产清算。

（3）清偿债务。企业财产在分别支付清算费用、职工工资、社会保险费、法定补偿金，缴纳所欠税款、清偿债务后，才可以将剩余资产分配给股东。有限责任公司按照股东的出资比例进行分配，股份有限公司则按照持股的比例进行分配。企业在清算期间不得展开与清算无关的任何经营活动。

（4）公告企业终止。企业清算结束后，应当编制清算报告，报股东会或者人民法院确认并报送企业登记机关申请注销企业登记，公告企业终止。

素质教育案例6

公司不能随意变更会计处理方法

任务训练

1. 单项选择题

（1）预付账款属于（　　）类账户。

A. 负债　　B. 所有者权益　　C. 损益　　D. 资产

（2）生产成本的构成要素不包括（　　）。

A. 直接材料　　B. 直接人工　　C. 制造费用　　D. 财务费用

（3）“其他业务成本”账户按其反映的经济内容，属于（　　）类账户。

A. 成本　　B. 资产　　C. 损益　　D. 所有者权益

（4）年末结转后，“利润分配”账户的贷方余额表示（　　）。

A. 利润分配总额　　B. 累计未弥补亏损额

C. 累计未分配利润额　　D. 实现的利润总额

（5）下列各项中，（　　）不属于企业资金循环和周转环节。

A. 供应过程　　B. 生产过程　　C. 销售过程　　D. 分配过程

（6）下列各项中，（　　）属于反映费用的账户。

A. 制造费用　　B. 长期待摊费用　　C. 销售费用　　D. 应交税费

（7）工业生产企业的“主营业务收入”主要指（　　）。

A. 出租包装物的租金收入　　B. 转让土地使用权的使用费收入

C. 销售商品的收入　　D. 接受捐赠的收入

（8）不通过“应交税费”账户核算的税种有（　　）。

A. 增值税　　B. 企业所得税　　C. 耕地占用税　　D. 消费税

（9）下列各项中，不属于期间费用的是（　　）。

A. 制造费用　　B. 管理费用　　C. 销售费用　　D. 财务费用

（10）按照《公司法》的有关规定，公司应当按照当年净利润（抵减年初累计亏损后）的（　　）提取法定盈余公积。

A. 10%　　B. 15%　　C. 5%　　D. 7%

2. 多项选择题

（1）接受投资者投入的生产用设备，会涉及的账户有（　　）。

A. 实收资本　　B. 资本公积　　C. 固定资产　　D. 盈余公积

（2）下列关于“本年利润”账户的说法，正确的有（　　）。

A. 借方为转入的各项费用　　B. 贷方为转入的各项收入

C. 贷方余额为实现的利润总额　　D. 借方余额表示亏损总额

（3）下列各项中，属于利润总额的构成要素的有（　　）。

A. 营业利润　　B. 营业外收入　　C. 营业外支出　　D. 所得税费用

（4）期末损益类账户结转时，下列账户中，与“本年利润”账户贷方对应的有（　　）。

A. 主营业务成本　　B. 营业外支出　　C. 其他业务收入　　D. 主营业务收入

（5）职工薪酬中的“职工”是指与企业订立劳动合同的所有人员，包含（　　）。

A. 董事会成员　　B. 兼职人员

C. 临时职工　　D. 劳务用工合同人员

（6）下列固定资产折旧方法中，期初需要考虑固定资产净残值的方法有（　　）。

A. 工作量法　　B. 年限平均法　　C. 双倍余额递减法　　D. 年数总和法

（7）某公司收到投资者投入的货币资金 10 万元，并将其存入银行，下列说法中正确的有（　　）。

A. 借记“银行存款”账户　　B. 贷记“实收资本”账户

C. 借记“本年利润”账户　　D. 贷记“固定资产”账户

（8）企业从银行借入的期限为 1 个月的借款到期，偿还该借款本息时所编制的会计分录可能涉及的账户有（　　）。

A. “管理费用”账户　　B. “财务费用”账户

C. “短期借款”账户　　D. “银行存款”账户

（9）材料采购成本包括（　　）。

A. 购买价款　　B. 运输费

C. 运输途中的合理损耗　　D. 入库后的挑选整理费用

（10）下列关于固定资产折旧的说法中，正确的有（　　）。

A. 闲置的固定资产照提折旧

B. 当月增加的固定资产当月不提折旧

C. 当月减少的固定资产当月仍提折旧

D. 闲置的固定资产不提折旧

3. 判断题

（1）企业发生的开办费用记入“营业外支出”账户。（　　）

（2）注册资本即为实收资本，两者的数额完全相等。（　　）

（3）材料采购成本包括采购员的差旅费。（　　）

（4）采购过程中支付的增值税应计入采购货物的成本。（　　）

（5）制造费用是企业在生产产品和提供劳务过程中发生的各项直接费用。（　　）

（6）在销售环节，存货的发出成本即为销售成本。（　　）

（7）所得税也是企业的一项费用。（　　）

（8）“累计折旧”账户的贷方登记折旧额的增加，借方登记折旧额的减少，因此，该账户属于负债类账户。（　　）

（9）直接用于某种产品生产的材料费用，要先通过“制造费用”账户进行归集，期末再同其他间接费用一起按照一定的标准分配计入有关产品成本。（　　）

（10）企业根据有关规定应付给职工的各种薪酬，包括工资、奖金、津贴和补贴、职工福利等，均应通过“应付职工薪酬”账户进行核算。（　　）

4. 简答题

（1）简述企业在筹建时资金的来源渠道和性质。

（2）简述材料采购成本的构成。如果同时购入多种材料，其发生的采购费用该如何分配到所购材料的成本中？

（3）简述存货发出的计价方法。

（4）简述“累计折旧”账户的用途及其结构。

（5）简述企业利润的形成过程及利润分配的程序、内容。

5. 实训题

（1）掌握企业筹建阶段的账务处理。

某企业 2024 年 5 月开始筹建，适用的增值税税率为 13%，贷款利息按月计提，当月发生以下业务：接受投资人以货币出资 1 000 000 元，已存入银行账户；向银行借入 5 年期借款 200 000 元，年利率为 6%，已存入银行账户；发生评估费用 5 000 元，以银行存款支付；月末计提当月借款利息。

要求：根据以上资料，编制会计分录。

（2）掌握企业供应过程的账务处理。

某企业为增值税一般纳税人，货物的增值税税率为 13%，运费的增值税税率为 9%，原材料采用实际成本核算。该企业于 2024 年 6 月发生的经济业务如下。

① 6 月 3 日，购入 1 000 吨 A 材料，货物增值税专用发票注明的价款为 2 000 000 元，增值税税额为 260 000 元，运费增值税专用发票注明的运费为 20 000 元，增值税税额为 1 800 元。材料已验收入库，以上款项均已通过银行转账方式支付。

② 6 月 12 日，以电汇方式购入 3 000 吨 A 材料，货物增值税专用发票注明的价款为 6 000 000 元，增值税税额为 780 000 元，材料尚未收到。

③ 6 月 20 日，购买一部需要安装的电梯，增值税专用发票注明的价款为 100 000 元，增值税税额为 13 000 元，以上款项均已通过银行转账方式支付，电梯尚未安装完成。

④ 6 月 25 日，收到 6 月 12 日购入的 3 000 吨 A 材料，并验收入库。

要求：根据以上资料，编制会计分录。

（3）掌握材料采购成本的计算方法。

甲公司为增值税一般纳税人，原材料的增值税税率为 13%，运费的增值税税率为 9%。该公司 2024 年 12 月发生的有关经济业务如下：购入 1 000 千克 A 材料，增值税专用发票上注明的价款为 300 000 元，增值税税额为 39 000 元；购入该种材料发生保险费 1 000 元（取得增值税普通发票），增值税专用发票注明运费 4 000 元，增值税税额为 360 元。运输过程中发生合理损耗 10 千克，入库前发生挑选整理费用 500 元，材料已验收入库，款项均已通过银行付清。

要求：计算采购 A 材料的总成本和单位成本。

（4）掌握存货发出的计价方法。

某企业采用先进先出法计算发出原材料的成本。2024 年 9 月 1 日，甲材料结存 200 千克，每千克实际成本为 300 元；9 月 7 日购入 350 千克甲材料，每千克实际成本为 310 元；9 月 21 日购入 400 千克甲材料，每千克实际成本为 290 元；9 月 28 日发出 500 千克甲材料。

要求：分别采用先进先出法和月末一次加权平均法计算该企业甲材料 2024 年 9 月的发出成本和期末结存成本。

（5）掌握企业生产过程的账务处理。

某企业 2024 年 8 月发生的经济业务如下。

① 仓库发出材料供制造产品和车间一般耗用，仓库根据有关领料凭证，编制当月材料发出汇总表，如表 2-15 所示。

表 2-15　材料发出汇总表　单位：元

项目	甲材料	乙材料	合计
制造产品耗用			
A 产品	25 000	4 500	29 500
B 产品	16 600	17 400	34 000
小计	41 600	21 900	63 500
车间一般耗用	1 800	1 300	3 100
合计	43 400	23 200	66 600

② 当月车间耗用水电费 2 500 元，以银行存款支付。

③ 当月分配工资，生产 A 产品工人工资 240 000 元，生产 B 产品工人工资 160 000 元，车间

管理人员工资 58 000 元。

④ 月末，分配当月制造费用（制造费用按生产工人工资比例分配）。

⑤ 当月投产的 A 产品全部完工。

要求：根据以上资料，编制会计分录。

（6）掌握固定资产折旧的计算方法。

某企业 2023 年 12 月 18 日购入一项固定资产，原价为 1 000 000 元，预计使用年限为 5 年，预计净残值率为 5%。

要求：采用年限平均法计算该资产 2024 年的折旧额。

（7）掌握企业销售过程的账务处理。

某企业为增值税一般纳税人，2024 年 6 月发生以下经济业务。

① 6 月 2 日，销售一批商品，开出的增值税专用发票上注明售价为 600 000 元，增值税税额为 78 000 元；商品已经发出，货款已存入银行账户，该批商品的成本为 420 000 元。

② 6 月 10 日，发生促销费用 2 000 元（取得增值税普通发票），以银行存款支付。

要求：根据以上资料，编制会计分录。

（8）掌握利润形成及利润分配的账务处理。

企业本期营业收入为 1 000 万元，营业成本为 800 万元，管理费用为 20 万元，销售费用为 35 万元，资产减值损失为 40 万元，投资收益为 45 万元，营业外收入为 15 万元，营业外支出为 10 万元，所得税税率为 25%（不考虑其他税费），按照净利润的 10%计提法定盈余公积，分配现金股利 50 万元。

要求：① 计算该企业的营业利润、利润总额和净利润；

② 编制结转利润和分配利润的会计分录。

（9）通过编制会计分录、登记“T”形账户及编制试算平衡表进一步掌握借贷记账法。

① 假定远大公司 2024 年 5 月有关账户的期初余额如表 2-16 所示。

表 2-16 远大公司 2024 年 5 月有关账户的期初余额 单位：元

资产		负债及所有者权益	
账户名称	借方余额	账户名称	贷方余额
库存现金	1 900	短期借款	100 000
银行存款	268 700	应付账款	105 300
应收账款	95 200	应付职工薪酬	19 700
原材料	67 000	应交税费	9 800
生产成本	172 000	长期借款	500 000
固定资产	930 000	实收资本	800 000
合计	1 534 800	合计	1 534 800

② 远大公司 2024 年 5 月发生下列经济业务。

a. 购进一批甲材料，取得增值税专用发票，发票上注明甲材料买价 50 000 元，增值税税额为 6 500 元，材料已验收入库，价税款以银行存款支付。

b. 向税务机关缴纳 4 月增值税等各项税费 9 800 元，以银行存款支付。

c. 从银行提取现金 20 000 元备用。

d. 收到惠明公司投入的一台新机器设备，取得惠明公司开具的增值税专用发票，发票上注明价款 160 000 元，增值税税额为 20 800 元，同时支付给承运的物流公司机器设备运杂费合计 2 180 元，取得的增值税专用发票上注明运费 2 000 元，增值税税额为 180 元。

e. 生产 A 产品领用甲材料一批，计 35 000 元。

f. 收到客户前欠销货款 33 900 元，存入银行。

g. 向银行借入一笔 3 个月期借款 300 000 元。

h. 2 年期借款 200 000 元已到期，以银行存款偿还本金。

i. 购入生产用机器设备一台，取得的增值税专用发票上注明价款 100 000 元，增值税税额为 13 000 元，款项暂欠。

j. 开出转账支票以支付电视台广告费，取得的增值税专用发票上注明广告费 20 000 元，增值税税额 1 200 元。

k. 销售 A 产品一批，开具的增值税专用发票上注明价款 600 000 元，增值税税额 78 000 元，款项尚未收到。

l. 本月结算应付生产工人工资 100 000 元。

③ 实训要求如下。

a. 根据上述经济业务，编制会计分录。

b. 开设“T”形账户登记期初余额、本期发生额，结出期末余额。

c. 编制总分类账户发生额及余额试算平衡表。

（10）熟练掌握借贷记账法的综合运用。

某企业 2024 年 10 月发生以下经济业务。

① 国家投入资金 100 000 元，存入银行。

② 购入 2 500 千克甲材料，取得增值税专用发票，发票上注明购买价为 50 000 元，增值税税额为 6 500 元。款项通过银行付讫，材料已验收入库（材料采购成本逐笔结转）。

③ 购入一台不需安装的设备，取得增值税专用发票，发票上注明买价为 100 000 元，增值税税额为 13 000 元，发生包装费 400 元、运杂费 60 元，全部款项以银行存款支付。

④ 仓库发出材料，其中生产甲产品耗料 30 000 元，车间一般耗料 6 000 元，厂部行政管理部门耗料 4 000 元。

⑤ 厂办人员周丰预借差旅费 1 000 元，以现金付讫。

⑥ 销售 200 件 A 产品，售价计 300 000 元，增值税税额为 39 000 元，款项收到并存入银行；同时结转其成本 120 000 元。

⑦ 以银行存款支付本月水电费 6 000 元，其中车间水电费 4 000 元，厂部行政管理部门水电费 2 000 元。

⑧ 周丰出差归来报销差旅费 800 元，退回余款。

⑨ 以银行存款支付产品展位展销费 10 000 元，增值税税额 600 元。

⑩ 收到购货单位交来的包装物押金 1 000 元，存入银行。

⑪ 企业取得罚款收入 20 000 元，存入银行；同时以现金 1 000 元支付延期提货的罚款。

⑫ 销售 100 千克乙材料，单价 20 元，计 2 000 元，增值税税额为 260 元，款项已存入银行，其采购成本为 1 600 元。

⑬ 计提本月应承担的短期借款利息 600 元。

⑭ 月末，结算本月应付的职工工资 50 000 元，其中生产工人工资 30 000 元，车间一般人员工资 6 000 元，厂部行政管理人员工资 14 000 元。

⑮ 月末，计提本月固定资产折旧，其中生产车间计提折旧5 200元，厂部行政管理部门计提折旧3 800元。

⑯ 计算本月应交的城市维护建设税1 200元、教育费附加600元。

⑰ 月末，将损益类账户余额结转到“本年利润”账户。

⑱ 计算并结转本月应交企业所得税，税率为25%；并同时结转本月实现的净利润到“利润分配”账户。

⑲ 按净利润的10%提取法定盈余公积。

⑳ 结转利润分配额。

要求：根据上述经济业务进行相关计算并编制会计分录（计算结果保留两位小数）。

任务三　会计核算方法认知

任务导入

红光机械有限责任公司于2017年成立，从事车床的生产与销售活动，为增值税一般纳税人，遵循企业会计准则，设立了独立的会计机构，会计主管为李华，会计人员包括赵玲、张珊、柳芳和王铭，分工如下：赵玲为出纳人员，张珊为记账人员，柳芳为稽核人员，王铭为制单人员。相关的会计人员应运用哪些会计核算方法，才能顺利完成该公司2024年12月发生的一系列经济业务和会计事项呢？

一、填制与审核会计凭证

1. 会计凭证概述

会计凭证是记录经济业务、明确经济责任并据以登记账簿的书面证明文件。

会计凭证的填制和审核，对如实反映经济业务的内容，有效监督经济业务的合理性与合法性，保证会计核算资料的真实性、可靠性与合理性，发挥会计在经济管理中的作用，具有重要意义。

会计凭证是多种多样的，可以按照不同的标准进行分类，如果按其用途和填制程序分类，可分为原始凭证和记账凭证两类。

2. 原始凭证

（1）原始凭证概述。

① 原始凭证的概念。

原始凭证，又称原始单据，是指在经济业务发生或完成时取得或填制的凭证，用以记录、证明经济业务的发生或完成情况，明确经办人的责任，是进行会计核算的原始资料。

② 原始凭证的种类。

原始凭证可以按照取得来源、格式、填制的手续和内容进行分类。

a. 原始凭证按照取得来源可分为自制原始凭证和外来原始凭证。如出差人员报销费用时填制的差旅费报销单、生产部门生产领用材料时填制的领料单、产品完工入库时仓库保管员填制的产成品入库单等均属于自制原始凭证。外来原始凭证是指在经济业务发生或完成时，从其他单位或个人处直接取得的原始凭证，如购买货物从供应商处取得的增值税专用发票、银行结算凭证回单、航空运输电子客票行程单等。

b. 原始凭证按照格式的不同可分为通用凭证和专用凭证。通用凭证是指由有关部门统一印制、在一定范围内使用的具有统一格式和使用方法的原始凭证。通用凭证的通用范围可以是某一地区、某一行业，也可以是全国。如国家税务总局指定企业印制的增值税专用发票在全国通用。专用凭证是指由企业自行印制、仅在企业内部使用的原始凭证。如企业内部的领料单、差旅费报销单、借款单、工资结算汇总表、制造费用分配表等。

c. 原始凭证按照填制的手续和内容可分为一次凭证、累计凭证和汇总凭证。一次凭证是指一次填制完成，只记录一笔经济业务且仅一次有效的原始凭证，如企业购进材料验收入库时填制的收料单，职工出差填制的借款单等。累计凭证是指在一定时期内多次记录发生的同类型经济业务且多次有效的原始凭证。累计凭证的填制手续是随经济业务的陆续发生分次进行的，这种单据在反映有关经济业务量变化的同时，更可以提高原始凭证的使用效率，简化财务核算手续，如制造企业使用的“限额领料单”就是典型的累计凭证。汇总凭证是指对一定时期内反映经济业务内容相同的若干张原始凭证，按照一定标准综合填制的原始凭证。汇总凭证只能汇总同类经济业务，可以简化记账凭证的填制工作。发料凭证汇总表、工资结算汇总表等均属于汇总凭证。

（2）原始凭证的基本内容。

为了满足不同部门的需要，原始凭证通常一式多联。同时，由于经济业务内容和经济管理要求不同，各种原始凭证的名称、格式和内容也是多种多样的。但无论哪一种原始凭证都必须详细反映有关经济业务的发生或完成情况，明确经办单位和经办人员的经济责任。因此，各种原始凭证都应具备以下共同的基本内容：①凭证的名称；②填制凭证的日期；③填制凭证单位名称或者填制人姓名；④经办人员的签名或盖章；⑤接受凭证单位名称；⑥经济业务内容；⑦数量、单价和金额。

（3）原始凭证的填制要求。

不同类型的经济业务，其取得或填制的原始凭证的格式是不相同的，其具体的填制方法和内容也不一致，但在任何一张原始凭证的填制过程中，应遵守下列基本要求。

① 真实可靠。在填制原始凭证时，不允许以任何手段弄虚作假、伪造或变造原始凭证，要以实际发生的经济业务为依据，真实、正确地填写。

② 内容完整。原始凭证中应该填写的项目要逐项填写，不可缺漏。若项目填写不全、单位公章模糊或有其他不符合规定之处，该原始凭证不得作为会计核算的原始书面证明。

③ 填制及时。在经济业务发生后，要及时地取得或填制原始凭证，据以编制记账凭证、登记账簿，保证会计信息的时效性。

④ 手续完备。填制原始凭证时，必须符合手续完备的要求，经济业务的有关部门和人员要认真审核，签名盖章。

⑤ 书写规范。原始凭证要用蓝色或黑色墨水书写，字迹清楚、规范，填写支票时必须使用碳素墨水，需要套写的凭证，必须一次套写清楚，合计的小写金额数字前应加注币值符号，如“¥”“$”等。大写金额数字有分的，后面不加“整”字，其余一律在末尾加“整”字。大写金额数字前还应加注币值单位，注明“人民币”“美元”等字样，币值单位与金额数字之间，以及金额数字之间不得留有空隙。

各种凭证不得随意涂改、刮擦、挖补，若填写错误，应采用规定的方法予以更正。对重要的原始凭证，如支票及各种结算凭证，一律不得涂改。对预先印有编号的各种凭证，在填写错误后，要加盖“作废”戳记，并单独保管。

阿拉伯数字应一个一个地写，不得连笔写。阿拉伯金额数字前面应写人民币符号“¥”。人民币符号“¥”与阿拉伯数字之间不得留有空白。凡阿拉伯数字前写有人民币符号“¥”的，数字后面不再写“元”字。所有以元为单位的阿拉伯数字，除表示单价情况外，一律填写到角分，无角分的，角位和分位可写“0 0”，或符号“— —”；有角无分的，分位应写“0”，不得用符号“——”代替。

汉字大写金额数字，一律用正楷字或行书字书写，如零、壹、贰、叁、肆、伍、陆、柒、捌、玖、拾、佰、仟、万、亿、元、角、分、零、整等易于辨认、不易涂改的字样。不得用 0、一、二（两）、三、四、五、六、七、八、九、十等字样代替，不得任意自选简化字。

（4）原始凭证的审核。

为了如实反映经济业务的发生和完成情况，充分发挥会计的监督职能，保证会计信息的真实性、合法性、合理性、完整性、准确性和及时性，会计人员必须对原始凭证进行严格审核。审核的内容主要包括以下几个方面。

① 审核原始凭证的真实性。审核原始凭证的填制日期、所记录经济业务的内容和数据等是否符合实际情况，即原始凭证所记载的经济业务的数量和金额、业务的有关经办单位和人员、业务发生的时间地点等经济信息必须是真实的。

② 审核原始凭证的合法性。审核原始凭证所反映的经济业务是否符合国家的政策、法律、制度的规定，有无违反国家财经法规等违法乱纪行为，对于违法乱纪行为应当及时予以揭露和制止。

③ 审核原始凭证的合理性。审核经济业务的发生是否在计划和预算内，是否符合费用开支标准，是否符合厉行节约。

④ 审核原始凭证的完整性。审核原始凭证各项基本要素是否齐全，手续是否完备，是否存在漏项等情况，日期是否完整，数字是否清晰，文字是否工整，有关人员的签章是否齐全，凭证联次是否正确等。对于记载不准确、不完整的原始凭证应当予以退回。

⑤ 审核原始凭证的准确性。审核原始凭证各要素的填写是否正确，特别是涉及数量、单价、金额、合计数的计算和填写是否正确，大小写金额是否一致等。凭证中有书写错误的，应当采用正确的方法更正，不得采用涂改、刮擦、挖补等不正确的方法。

⑥ 审核原始凭证的及时性。审核原始凭证的填制日期，要保证原始凭证是在经济业务发生或完成时及时填制的，审核时要注意审核凭证的填制日期，尤其是支票、银行汇票、银行本票等时效性较强的原始凭证，更要仔细查验其签发日期。

AI 问一问

打开并登录自己常用的 AI 工具，在输入文本框中输入“会计人员审核出不真实、不合法的原始凭证，该怎么处理呢？”，对 AI 工具生成的答案进行判断与评价。

3. 记账凭证

（1）记账凭证概述。

① 记账凭证的概念。

记账凭证是会计人员根据审核无误的原始凭证或原始凭证汇总表编制的，根据经济业务内容，确定账户名称、记账方向和金额，作为登记账簿依据的一种会计凭证。

② 记账凭证的种类。

记账凭证可按不同的标准进行分类，按照用途可分为专用记账凭证和通用记账凭证；按照填列方式可分为单式记账凭证和复式记账凭证。

a. 专用记账凭证。

专用记账凭证是指分类反映经济业务的记账凭证，按其反映的经济业务内容，可分为收款凭证、付款凭证和转账凭证三种。规模较大、业务量较多的企业一般采用专用记账凭证。

收款凭证（见图 2-60），是指用于记录现金和银行存款收款业务的记账凭证。收款凭证分为库存现金收款凭证和银行存款收款凭证。

收 款 凭 证

借方科目：银行存款　　　　2024 年 2 月 15 日　　　　银收字第 003 号

摘要	贷方科目		记账	金额									
	总账科目	明细科目		千	百	十	万	千	百	十	元	角	分
收到投资款	实收资本	宋宁	√		1	0	0	0	0	0	0	0	0
合　计				¥	1	0	0	0	0	0	0	0	0

附件 2 张

财务主管：李凡　记账：黄秋　出纳：赵实　审核：李平　制单：刘玉

图 2–60　收款凭证

付款凭证（见图 2-61），是指用于记录现金和银行存款付款业务的记账凭证。付款凭证分为库存现金付款凭证和银行存款付款凭证。

付 款 凭 证

付　字号 1　号

贷方科目：库存现金　　　　2024 年 2 月 20 日

摘要	对方科目		借或贷	金额										记账
	总账科目	明细科目		千	百	十	万	千	百	十	元	角	分	
孙瑶报销办公用品	管理费用	办公费	借					2	0	0	0	0	0	√
合　计							¥	2	0	0	0	0	0	

附单据 1 张

会计主管：　记账：　出纳：　复核：　制单：王平　受款人：

图 2–61　付款凭证

转账凭证（见图 2-62），是指用于记录不涉及现金和银行存款业务的记账凭证。转账凭证是会计人员根据审核无误的转账业务原始凭证填制的记账凭证，是登记有关总账和明细账等账簿的依据。

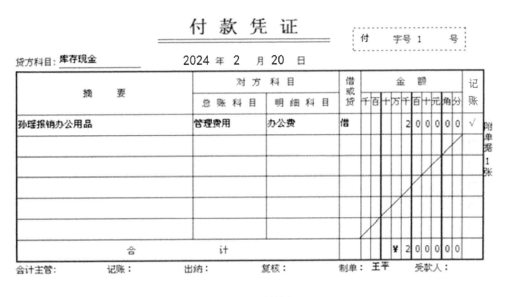

转 账 凭 证

2025年3月31日　　　　转字第14号

摘 要	总账科目	明细科目	记账	借方金额	贷方金额
结转成本	本年利润		√	189 000	
费用	主营业务成本				119 200
	其他业务成本				11 000
	管理费用				25 800
	财务费用				1 000
	销售费用				30 000
	营业外支出				2 000
合 计				¥189 000	¥189 000

附件1张

财务主管：张三　　复核：顾四　　记账：李明　　制单：李明

图2-62　转账凭证

b. 通用记账凭证。

通用记账凭证（见图2-63），是指用来反映所有经济业务的记账凭证，为各类经济业务所共同使用，其格式与转账凭证基本相同。通用记账凭证不再区分收款凭证、付款凭证和转账凭证，而是以一种格式记录全部经济业务。通用记账凭证一般在业务量少、凭证不多的企业中应用。

记账凭证

2024-05-04　　　　凭证号 记-001-1/1

摘要	科目	借方	贷方
进口材料	14030101 原材料-主要材料-短油醇酸树脂	29 546.00	
进口材料	22210101 应交税费-应交增值税-进项税额	3 840.98	
进口材料	100201 银行存款-中国工商银行北京分行		33 386.98
合计：	（人民币）叁万叁仟叁佰捌拾陆元玖角捌分	33 386.98	33 386.98

附件3张

记账：　　审核：　　制单：陈依一

图2-63　通用记账凭证

c. 单式记账凭证。

单式记账凭证，是指只填列经济业务所涉及的一个会计科目及其金额的记账凭证。对于经济业务所涉及的每个会计科目，分别填制记账凭证，借方会计科目应填列在借项记账凭证，贷方会计科目应填列在贷项记账凭证。

单式记账凭证反映的科目单一，便于分工记账和按会计科目进行汇总；但一张凭证不能反映每一项经济业务的全貌，填制记账凭证的工作量也比较大，且出现差错不易查找。

d. 复式记账凭证。

复式记账凭证，是将每一笔经济业务所涉及的全部科目及其发生额都填列在同一张记账凭证中反映的一种凭证。上述收款凭证、付款凭证和转账凭证的格式都是复式记账凭证的格式。

复式记账凭证具有账户对应关系清楚，便于了解经济业务的全貌，可以减少记账凭证的数量，减轻登记账簿工作的优点，同时，也便于查账。但复式记账凭证不便于汇总计算每一个会计科目的发生额。

（2）记账凭证的基本内容。

记账凭证是登记账簿的依据，因其反映经济业务的内容不同、企业规模大小及其对会计核算繁简程度的要求不同，其内容有所差异，但都应当具备以下基本内容：填制凭证的日期；凭证编号；经济业务摘要；会计科目；金额；所附原始凭证张数；填制凭证人员、稽核人员、记账人员、会计机构负责人、会计主管人员签名或者盖章。

（3）记账凭证的填制要求。

记账凭证填制正确与否，直接影响整个会计信息系统最终提供信息的质量。与原始凭证的填制相同，记账凭证也有记录真实、内容完整、手续齐全、填制及时等要求。

① 记账凭证各项内容必须完整，包括填制凭证的日期、凭证编制、摘要、会计科目、金额、经办人员签章等内容。

② 记账凭证的书写应当清晰、规范。摘要是对经济业务的简要说明，也是登记账簿的重要依据，填写时既要简要，又要确切。

③ 除结账和更正错账可以不附原始凭证外，其他记账凭证必须附原始凭证。记账凭证上应注明所附原始凭证的张数，以便查核。根据同一张原始凭证填制数张记账凭证时，可以将原始凭证附在一张主要的记账凭证后面，并在未附原始凭证的记账凭证上注明“附件××张，见第××号记账凭证”。如果原始凭证需要另行保管时，则应在附件栏目内加以注明。

④ 记账凭证可以根据每一张原始凭证填制，也可以根据若干张同类原始凭证汇总填制，还可以根据原始凭证汇总表填制；但不得将不同内容和类别的原始凭证汇总填制在一张记账凭证上。

⑤ 记账凭证应连续编号。凭证应由主管该项业务的会计人员，按业务发生的先后顺序并按不同种类的记账凭证采用“字号编号法”连续编号：采用通用记账凭证时，应将所有的记账凭证不分业务内容顺序编号，如记字第 1 号、记字第 2 号等；如采用专用记账凭证时，则应按照收款业务、付款业务、转账业务分别按三个序列顺序编号，如收字第 1 号、收字第 2 号，付字第 1 号、付字第 2 号，转字第 1 号，转字第 2 号等；如果收款凭证和付款凭证进一步分为库存现金收、付款凭证和银行存款收、付款凭证，则所有凭证分别按五个序列顺序编号，如现收字第 1 号、银收字第 1 号、现付字第 1 号、银付字第 1 号、现转字第 1 号等。如果一笔经济业务需要填制两张以上（含两张）转账凭证，可以采用“分数编号法”编号。如一笔经济业务需要编制两张转账凭证，凭证的顺序号为 20 号时，可编转字 $20\frac{1}{2}$号，转字 $20\frac{1}{2}$号，前面的整数表示业务顺序，分子表示两张转账凭证中的第一张和第二张。

⑥ 填制记账凭证时若发生错误，应当重新填制。已经登记入账的记账凭证，在当年内发现填写错误时，可以用红字填写一张与原内容相同的记账凭证，在摘要栏注明“注销某月某日某号凭证”字样，同时再用蓝字重新填制一张正确的记账凭证，注明“订正某月某日某号凭证”字样。

如果会计科目没有错误，只是金额错误，也可以将正确数字与错误数字之间的差额，另编写一张调整记账凭证，调增金额用蓝字，调减金额用红字。发现以前年度记账凭证有错误的，应当用蓝字填制一张更正的记账凭证。

⑦ 记账凭证填制完成后，如有空行，应当自金额栏最后一笔金额数字下的空行处至合计数上的空行处划线注销。

（4）记账凭证的审核。

为了保证会计信息的质量，在记账之前应由有关稽核人员对记账凭证进行严格审核，审核主要包括以下内容。

① 内容是否真实。审核记账凭证所记录的经济业务与所附原始凭证所反映的经济业务是否相符。

② 项目是否齐全。审核记账凭证的日期、凭证编号、摘要、会计科目、金额、签章等手续是否齐全。

③ 科目是否正确。审核记账凭证的应借、应贷会计科目是否正确，账户对应关系是否清楚，所使用的会计科目及其核算内容是否符合会计准则和制度的规定。

④ 金额是否正确。审核记账凭证上记录的金额是否与原始凭证一致，借贷方的金额填写是否有误。

⑤ 书写是否规范。审核记账凭证中记录的各种经济信息是否工整、清晰。

⑥ 手续是否完备。审核记账凭证上的有关签章是否齐全，对于收、付款业务，还要审核出纳人员是否在原始凭证上加盖收讫或者付讫的戳记。

二、设置与登记会计账簿

按照《中华人民共和国税收征收管理法实施细则》的规定，从事生产、经营的纳税人应当自领取营业执照或者发生纳税义务之日起15日内，按照国家有关规定设置账簿；同时，按照《会计法》的规定，各企业、行政事业单位必须依法设置会计账簿，并保证其真实、完整。由此可见，建账是会计核算工作的首要环节。

1. 会计账簿概述

微课视频 会计账簿的分类

（1）账簿的概念。

账簿是由具有一定格式的账页组成的簿籍，是以会计凭证为依据，连续、系统、全面、综合地记录与反映经济业务引起的各项资产、权益增减变动情况和结果的财务会计信息资料。

（2）账簿的分类。

会计核算中使用的账簿，其种类和结构是多种多样的，记录和反映的内容也不完全一样。为了便于人们了解、掌握和使用各种账簿，需要对账簿进行分类。

① 按用途分类。账簿按照用途可以划分为序时账簿、分类账簿和备查账簿3种。

a. 序时账簿。序时账簿也称为日记账簿，是指按照经济业务发生或完成的时间先后顺序，逐日逐笔登记的账簿，包括现金日记账和银行存款日记账。日记账作为经济业务的原始序时记录，便于用于随时查阅经济业务的发生或完成情况。

b. 分类账簿。分类账簿是用来分类记录单位全部经济业务发生情况及其结果的账簿，分为总分类账簿（简称总账）和明细分类账簿（简称明细账）。其中，总账是根据统一规定的总账科目设置的，用来记录全部经济业务总括情况的账簿；明细账是根据明细科目或企业管理的实际需要设置的，用来分类、连续地记录某一类经济业务的详细情况的账簿。

c. 备查账簿。备查账簿是对某些不能在日记账簿或分类账簿中记录的事项，便于查询考证而做辅助性登记的账簿，也称为辅助账。

企事业单位在办理完工商、税务等登记手续后应设置适应其经济业务和管理需要的总账、明细账、日记账及其他辅助性账簿体系。

② 按外表形式分类。账簿按外表形式可以划分为订本式账簿、活页式账簿和卡片式账簿。各种形式的账簿比较如表 2-17 所示。

表 2–17　　账簿按外表形式分类

类别	说明	优点	缺点
订本式账簿	启用时已固定装订成册	可以避免账页散失，防止随意抽换账页，确保会计档案的真实性和完整性	不能增减账页，容易导致预留账页不够或过多
活页式账簿	启用前将所需的零散账页按一定顺序装订	可以随时增减账页	容易散失或被抽换
卡片式账簿	由具有专门格式的卡片组成的账簿。一般放在卡片箱（或卡片夹）内	紧随实物存放，便于及时记录	容易散失或被抽换

通常情况下，企业设置的总账、日记账因其重要性，应选用订本式账簿；而债权债务及其他明细账则应选用活页式账簿；固定资产明细账应选用卡片式账簿。

③ 按账页格式分类。账簿按照所使用的账页格式可以划分为三栏式账簿、数量金额式账簿和多栏式账簿。

各种账簿的账页格式如表 2-18～表 2-20 所示。

表 2–18　　三栏式账簿

××明细账

二级科目：　　三级科目：　　总第____页分第___页

年		凭证编号	摘要	对方科目	借方										贷方										借或贷	余额									
月	日				千	百	十	万	千	百	十	元	角	分	千	百	十	万	千	百	十	元	角	分		千	百	十	万	千	百	十	元	角	分

表 2–19　　数量金额式账簿

××明细账

货号：　　品名：　　计量单位：　　总第____页分第___页

年		记账凭证		摘要	借方											贷方											余额										
					数量	单价	金额									数量	单价	金额									数量	单价	金额								
月	日	字	号				百	十	万	千	百	十	元	角	分			百	十	万	千	百	十	元	角	分			百	十	万	千	百	十	元	角	分

表 2-20　　多栏式账簿

××明细账

年		凭证号数	摘要																																				
月	日			百	十	万	千	百	十	元	角	分	百	十	万	千	百	十	元	角	分	百	十	万	千	百	十	元	角	分	百	十	万	千	百	十	元	角	分

通常情况下，三栏式账簿适用于只需要进行金额核算的账户，如总账和债权债务等往来明细账。

2. 设置账簿

（1）账簿的启用规则。账簿是各单位的重要经济档案，为了保证账簿记录资料的真实性、合法性和完整性，明确记账责任，在启用账簿时，应首先填写设计在各类账簿扉页中的账簿启用及经管人员一览表；其次，填写账户目录（科目索引），包括每个账户的编号、名称和页次。

账簿启用及经管人员一览表如表 2-21 所示。

表 2-21　　账簿启用及经管人员一览表

单位名称：　账簿名称（单位公章）：

账簿编号：　账簿册数：

账簿页数：　启用日期：

会计主管（签章）：　记账人员（签章）：

移交日期			移交人		接管日期			接管人		会计主管	
年	月	日	姓名	盖章	年	月	日	姓名	盖章	姓名	盖章

账户目录（科目索引）如表 2-22 所示。

表 2-22　　账户目录（科目索引）

编号	科目	起讫页码	编号	科目	起讫页码

（2）启用新账。启用新账，俗称“开账”，是指会计人员在填写账簿扉页后，在账页内确定相关账户的登记位置。一般主要在以下情形下启用新账。

第一种情形：按规定从事生产、经营的纳税人应当自领取营业执照或者发生纳税义务之日起 15 日内设置账簿，在新账簿账页内，按所需使用的账户名称开设相应账户后，对发生的业务进行登记。

第二种情形：上一会计年度结束关闭旧账，下一会计年度开始启用新账。新会计年度开始时，单位一般应对总账、日记账和明细账账簿进行重新启用，开设相应的账户，将上一会计年度各账户的余额结转到下一会计年度对应的新账户中。启用新账示意表如表 2-23 所示。

表 2-23　　　　　　　　　　　　启用新账示意表

总分类账

会计科目名称 银行存款　　　　　　　　　　　　　　　总第＿＿页分第＿＿页

2024年		凭证编号	摘要	对方科目	借方										√	贷方										√	借或贷	余额									
月	日				千	百	十	万	千	百	十	元	角	分		千	百	十	万	千	百	十	元	角	分			千	百	十	万	千	百	十	元	角	分
		略	略																																		
12	31		本月合计					2	6	8	0	0	0	0					1	2	6	0	0	0	0		借				2	1	8	6	0	0	0
			本年累计				9	8	7	8	9	0	0	0				4	6	8	5	2	0	0	0		借				2	1	8	6	0	0	0
			结转下年																								借				2	1	8	6	0	0	0

总分类账

会计科目名称银行存款　　　　　　　　　　　　　　　总第＿＿页分第＿＿页

2025年		凭证编号	摘要	对方科目	借方										√	贷方										√	借或贷	余额									
月	日				千	百	十	万	千	百	十	元	角	分		千	百	十	万	千	百	十	元	角	分			千	百	十	万	千	百	十	元	角	分
1	1		上年结转																								借				2	1	8	6	0	0	0

企业建账后，日常会计核算围绕填制与审核会计凭证和登记账簿两个环节展开，月末还要编制财务报表。因此，填制与审核会计凭证是会计核算的专门方法之一，是最频繁、最基本的会计核算工作之一。

知识链接

印花税

3. 登记账簿

（1）登记账簿的规则。

登记账簿，可以将分散在会计凭证中的数据和资料进行归类，并逐步加工汇总成综合性的会计信息，为编制财务报表提供依据。为了保证账簿记录资料的质量，登记账簿时必须严格遵守以下规则。

① 必须根据审核无误的记账凭证及所附原始凭证登记账簿，以保证账簿记录与会计凭证内容相同。

② 应当将记账凭证日期、凭证号数、摘要、金额和其他有关资料逐项对应登入相应账户。每笔经济业务登记入账后，应逐项复核无误并在记账凭证上签名或盖章，注明已登账的符号“√”，表示已经登记入账，避免重登或漏登。

③ 账簿应保持清晰、整洁，文字、数字应书写端正、规范。书写时，不占满格，紧靠本行底线，一般为格距的 1/2。

④ 除按规定可用红字记账外，登记账簿必须使用蓝黑或者碳素墨水笔，不得使用铅笔或圆珠笔（银行的复写账簿除外）。

微课视频

错账更正

⑤ 应按账户页次逐页逐行登记，不能跳行、隔页。如不慎发生跳行、隔页，应将空行或空页注销。如出现空行，应在该行用红笔画一条通栏红线，或注明“此行空白”，并由记账人员在该行签名或盖章；如出现空页，应在该页用红笔画对角斜线，或注明“此页空白”，并由记账人员在该页签名或盖章。

⑥ 如果账簿记录发生错误，不得采用涂改、刮擦、挖补或用褪色药水消除笔迹等方式更正，更不能将本页撕毁重新抄写，必须按照规定的方法进行错账更正。

⑦ 需结出余额的账户，结出账户余额后，应当在“借或贷”栏内注明余额的“借”“贷”方向。若余额为零，应当在“借或贷”栏内注明“平”字，并在余额栏“元”位上用“0”表示。

⑧ 每张账页记满并需继续登记时，应在本页最后一行结出本页借贷方发生额合计数及余额，并在“摘要”栏内注明“过次页”字样，同时在次页第一行“摘要”栏内注明“承前页”字样，并将上页结出的借贷方发生额合计数及余额分别记入本页第一行的相应栏目，然后再开始登记经济业务，以保持账簿记录的连续性。

微课视频

登记日记账

⑨ 实行会计信息化的单位，总账和明细账应定期打印出来存档。

（2）登记账簿的方法。

各单位应按照国家统一会计制度的规定和会计业务的需要设置会计账簿。各单位设置的会计账簿多种多样，不同的账页格式和账户有不同的登记方法。下面介绍各类会计主体一般应设置的账簿的登记方法。

① 日记账的登记方法如表2-24所示。

表2-24 日记账的登记方法

种类	账页格式	账簿外表形式	作用	登记方法
现金日记账	一般采用三栏式	订本式	能随时提供库存现金的收入及其来源、支出、用途，以及结存余额的详细资料	由出纳员按照经济业务发生的时间先后顺序，依据审核无误的现金收付款凭证及有关银行存款付款凭证，逐日逐笔进行登记，并于每日终了结出现金余额
银行存款日记账	一般采用三栏式	订本式	能随时提供银行存款的增加及其来源、支出、用途，以及结存余额的详细情况，以便了解资金周转情况	由出纳员按照经济业务发生的时间先后顺序，依据审核无误的银行存款收付款凭证及有关现金付款凭证，逐日逐笔进行登记，并于每日终了结出银行存款余额

② 分类账的登记方法如表2-25所示。

表2-25 分类账的登记方法

种类	账页格式	作用	登记方法
总分类账	一般采用三栏式	全面、系统、总括地反映会计主体的资金增减变动情况，为编制财务报表提供必要的数据资料	由于各单位采用的会计核算形式不同，总账的登记依据也略有不同
明细分类账	可根据需要，分别采用三栏式、数量金额式、多栏式等账页格式	提供详细、具体的会计核算资料，对总账资料起补充说明作用	要根据原始凭证、原始凭证汇总表和记账凭证每天进行登记，或定期登记

会计账簿的设置与登记实施参见本书实训二。

三、汇总与编制财务报表

1. 账项调整、对账与结账

素质教育案例7

工匠精神

知识链接

会计核算形式

知识链接

错账更正的方法

在记录完当期发生的各项经济业务后，到了会计期末（月末、季末、年末），会计人员要根据总账及相关会计资料编制财务报表。在编制财务报表之前，会计人员必须完成 3 项基本工作：一是账项调整，二是对账，三是结账。

（1）账项调整。账项调整就是按照权责发生制的记账基础，将应归属于本期的收支项目进行调整，使账簿记录能够合理地反映会计期已实现的收入和应负担的费用，使各期收入和费用能在相关的基础上进行配比，从而较为准确地计算各期的盈亏，反映各期期末的财务状况。

（2）对账。对账就是核对账簿与凭证、总账与明细账、账面数与实物数，以确定会计记录的正确性和完整性。

（3）结账。结账就是结算有关收入类和费用类账户，结算有关资产类、负债类和所有者权益类账户的余额。

财务报表是对企业财务状况、经营成果和现金流量的结构性表述，是传递企业会计信息的重要工具，是根据会计账簿的记录和有关资料，按规定的报表格式，总括反映一定期间或特定时期的经济活动和财务收支及其结果的文件。由财务报表和其他相关资料组成的财务报告是企业会计工作的最终成果，是输出企业会计信息的主要形式，是企业与外部联系的桥梁。

企业的交易和事项最终通过财务报表进行列示和披露。一套完整的财务报表至少应当包括“四表一注”，即资产负债表、利润表、现金流量表、所有者权益变动表及附注。

2. 编制资产负债表

（1）资产负债表概述。

资产负债表是反映企业在某一特定日期财务状况的财务报表，是根据资产、负债、所有者权益这 3 个要素之间的相互关系，按照一定的标准和顺序予以排列编制而成的。

资产负债表主要提供有关企业财务状况方面的信息，即某一特定日期关于企业的资产、负债、所有者权益及其相互关系。其作用主要包括：①提供某一日期资产的总额及其结构，表明企业拥有或控制的资源及其分布情况，报表使用者可以一目了然地通过资产负债表了解企业在某一特定日期所拥有的资产总量及其结构；②提供某一日期的负债总额及其结构，表明企业未来需要用多少资产或劳务清偿债务及清偿时间；③反映所有者所拥有的权益，据以判断资本保值、增值的情况及对负债的保障程度。

此外，资产负债表还可以提供进行财务分析的基本资料，如将流动资产与流动负债进行比较，计算出流动比率等指标，反映企业的变现能力、偿债能力和资金周转能力，从而有助于报表使用者做出经济决策。

（2）资产负债表编制的理论依据。

资产负债表是根据会计等式“资产=负债+所有者权益”编制而成的。其中，资产按照流动性的不同划分为流动资产和非流动资产，负债根据偿还期限的不同划分为流动负债和非流动负债。

（3）资产负债表的内容和结构。

① 内容。资产负债表的左边列报资产项目，资产的流动性（即变现的速度）由前往后依次递减；右边列报负债和所有者权益（或股东权益）项目，即权益项目。

资产项目按照流动性的不同列报。流动性强的项目排在前面，流动性弱的项目排在后面。

负债项目按照偿还期限的不同列报，偿还期限由前往后逐渐递增。

所有者权益（或股东权益）项目以资本永久性的高低为依据进行列报，永久性高的项目排在前面，永久性低的项目排在后面。

② 结构。资产负债表的格式有报告式和账户式两种，我国资产负债表采用账户式结构。账户式结构通常包括表头和表身两个部分。表头主要包括资产负债表的名称、编制单位、编制日期和单位；表身主要包括资产、负债和所有者权益各个项目的上年年末余额和期末余额，是资产负债

表的主要构成部分。资产负债表的表身部分分为左右两边，左边列示资产，右边列示负债和所有者权益（或股东权益），每个项目又分为“上年年末余额”和“期末余额”两栏分别填报。最终，资产负债表的左右项目合计相等，具体格式如表 2-26 所示。

表 2-26　　　　资产负债表

会企 01 表

编制单位：　　　　年　月　日　　　　单位：元

资产	期末余额	上年年末余额	负债和所有者权益（或股东权益）	期末余额	上年年末余额
流动资产：			流动负债：		
货币资金			短期借款		
交易性金融资产			交易性金融负债		
衍生金融资产			衍生金融负债		
应收票据			应付票据		
应收账款			应付账款		
应收款项融资			预收款项		
预付款项			合同负债		
其他应收款			应付职工薪酬		
存货			应交税费		
合同资产			其他应付款		
持有待售资产			持有待售负债		
一年内到期的非流动资产			一年内到期的非流动负债		
其他流动资产			其他流动负债		
流动资产合计			流动负债合计		
非流动资产：			非流动负债：		
债权投资			长期借款		
其他债权投资			应付债券		
长期应收款			其中：优先股		
长期股权投资			永续债		
其他权益工具投资			租赁负债		
其他非流动金融资产			长期应付款		
投资性房地产			预计负债		
固定资产			递延收益		
在建工程			递延所得税负债		
生产性生物资产			其他非流动负债		
油气资产			非流动负债合计		
使用权资产			负债合计		
无形资产			所有者权益（或股东权益）：		
开发支出			实收资本（或股本）		

（续表）

资产	期末余额	上年年末余额	负债和所有者权益（或股东权益）	期末余额	上年年末余额
商誉			其他权益工具		
长期待摊费用			其中：优先股		
递延所得税资产			永续债		
其他非流动资产			资本公积		
非流动资产合计			减：库存股		
			其他综合收益		
			专项储备		
			盈余公积		
			未分配利润		
			所有者权益（或股东权益）合计		
资产总计			负债和所有者权益（或股东权益）总计		

（4）资产负债表的编制方法。

资产负债表是反映企业某一特定日期财务状况的报表。资产、负债和所有者权益（或股东权益）各项目列报的数据有两项：上年年末余额和期末余额。因此，在编制资产负债表时应根据列报项目账户对应的上年年末余额和期末余额分别填列。其中，资产项目应根据资产类账户期初借方余额和期末借方余额填列，负债和所有者权益（或股东权益）项目应根据负债和所有者权益类账户期初贷方余额和期末贷方余额填列。

①“上年年末余额”栏的填列。资产负债表“上年年末余额”栏内各项数字，应根据上年年末资产负债表“期末余额”栏内所列数字填列。如果本年度资产负债表规定的各个项目的名称和内容与上年度不一致，应对上年年末资产负债表各项目的名称和内容按照本年度的规定进行调整，填入本年度资产负债表“上年年末余额”栏内。

②“期末余额”栏的填列。资产负债表各项目“期末余额”栏的填列主要有以下几种方法。

a. 根据总账科目余额填列。例如，“交易性金融资产”“递延所得税资产”“短期借款”“应付职工薪酬”“应交税费”“预计负债”“递延所得税负债”“递延收益”“实收资本（或股本）”“资本公积”“库存股”“其他综合收益”“盈余公积”等项目，应根据有关总账科目的余额填列。

b. 根据总账科目的期末余额计算填列。在资产负债表中某些项目涵盖范围广，需根据总账科目的期末余额计算填列。例如，“货币资金”项目，应根据“库存现金”“银行存款”“其他货币资金”3 个总账科目的期末余额的合计数填列。

c. 根据明细科目余额计算填列。部分项目涉及不同总账科目的内容，要根据相应总账科目所属部分明细科目余额计算填列。例如，“预收款项”项目，应根据“预收账款”和“应收账款”科目所属明细科目的期末贷方余额合计填列；“应付账款”项目，应根据“应付账款”和“预付账款”科目所属明细科目的期末贷方余额合计填列；“开发支出”项目，应根据“研发支出”科目所属的“资本化支出”明细科目的期末余额填列；“一年内到期的非流动资产”“一年内到期的非流动负债”项目，应根据有关非流动资产或负债项目的明细科目余额填列；“未分配利润”项目，应根据“利润分配”科目所属的“未分配利润”明细科目的期末余额填列。

d. 根据总账科目余额和所属明细科目余额计算填列。部分项目按性质只反映某总账科目余额的一部分，应该根据明细科目余额做相应扣减后填列。例如，“长期借款”项目，需根据“长期借款”总账科目余额扣除其所属明细科目中将在资产负债表日起一年内到期且企业不能自主地将清偿义务展期的长期借款后的金额计算填列；“长期待摊费用”项目，应根据“长期待摊费用”科目的期末余额减去将在一年内（含一年）摊销的数额后的金额填列。

e. 根据有关科目余额减去备抵科目余额后的净额填列，反映其净值。“债权投资”“长期股权投资”“在建工程”“商誉”项目，应根据相关科目的期末余额填列，已计提减值准备的，还应扣减相应的减值准备；“固定资产”“无形资产”“投资性房地产”“生产性生物资产”“油气资产”项目，应根据相关科目的期末余额扣减相关的累计折旧（累计摊销、折耗）填列，已计提减值准备的，还应扣减相应的减值准备，采用公允价值计量的上述资产，应根据相关科目的期末余额填列；“长期应收款”项目，应根据“长期应收款”科目的期末余额，减去相应的“未实现融资收益”科目和“坏账准备”科目所属相关明细科目期末余额后的金额填列；“长期应付款”项目，应根据“长期应付款”科目的期末余额，减去相应的“未确认融资费用”科目期末余额后的金额填列。

f. 综合运用上述填列方法分析填列。“其他应收款”项目，应根据相关科目的期末余额，减去“坏账准备”科目中有关坏账准备期末余额后的金额填列；“应收账款”项目，应根据“应收账款”和“预收账款”科目所属明细科目的期末借方余额合计数，减去“坏账准备”科目中有关应收账款计提的坏账准备期末余额后的金额填列；“存货”项目，需根据“材料采购”（或“在途物资”）“原材料”“库存商品”“委托加工物资”“周转材料”“发出商品”“受托代销商品”等科目的期末余额，减去“受托代销商品款”“存货跌价准备”科目期末余额后的金额填列。材料采用计划成本核算，以及库存商品采用计划成本核算或售价核算的企业，还应按加或减材料成本差异、商品进销差价后的金额填列。

【做中学 2.41】根据红光机械有限责任公司的相关资料（基础核算资料见本书实训一和实训二）编制资产负债表，如表2-27所示。

表2–27　　资产负债表

会企01表

编制单位：红光机械有限责任公司　　2024年12月31日　　单位：元

资产	期末余额	上年年末余额	负债和所有者权益（或股东权益）	期末余额	上年年末余额
流动资产：			流动负债：		
货币资金	3 162 864.00	2 411 000.00	短期借款	750 000.00	800 000.00
交易性金融资产			交易性金融负债		
衍生金融资产			衍生金融负债		
应收票据			应付票据		
应收账款	800 000.00	800 000.00	应付账款	1 148 850.00	973 700.00
应收款项融资			预收款项		
预付款项			合同负债		
其他应收款	14 400.00	13 000.00	应付职工薪酬	301 395.60	72 400.00
存货	4 549 205.60	3 793 974.00	应交税费	240 172.50	201 900.00

（续表）

资产	期末余额	上年年末余额	负债和所有者权益（或股东权益）	期末余额	上年年末余额
合同资产			其他应付款	214 700.00	72 000.00
持有待售资产			持有待售负债		
一年内到期的非流动资产			一年内到期的非流动负债		
其他流动资产			其他流动负债		
流动资产合计	8 526 469.60	7 017 974.00	流动负债合计	2 655 118.00	2 120 000.00
非流动资产：			非流动负债：		
债权投资			长期借款		
其他债权投资			应付债券		
长期应收款			其中：优先股		
长期股权投资			永续债		
其他权益工具投资			租赁负债		
其他非流动金融资产			长期应付款		
投资性房地产			预计负债		
固定资产	9 016 284.00	8 917 000.00	递延收益		
在建工程			递延所得税负债		
生产性生物资产			其他非流动负债		
油气资产			非流动负债合计		
使用权资产			负债合计		
无形资产			所有者权益（或股东权益）：		
开发支出			实收资本（或股本）	11 000 000.00	10 000 000.00
商誉			其他权益工具		
长期待摊费用			其中：优先股		
递延所得税资产			永续债		
其他非流动资产			资本公积		
非流动资产合计	9 016 284.00	8 917 000.00	减：库存股		
			其他综合收益		
			专项储备		
			盈余公积	193 470.42	
			未分配利润	3 694 165.08	3 814 974.00
			所有者权益（或股东权益）合计	14 887 635.50	13 814 974.00
资产总计	17 542 753.60	15 934 974.00	负债和所有者权益（或股东权益）总计	17 542 753.60	15 934 974.00

3. 编制利润表

（1）利润表概述。利润表是反映企业在一定期间经营成果的财务报表，通过将一定时期内的营业收入与同期相关的营业成本、各项费用进行配比列示，反映净利润额及其构成情况。

利润表的作用体现在以下几个方面。

① 分析判断企业的经营成果和盈利能力。利润是评价企业经营成果和盈利能力的主要指标。盈利能力是指企业运用所控制的资源获取经营成果的能力，通过利润表及资产负债表的相关项目计算出指标即可反映企业的经营成果和盈利能力，如通过总资产报酬率、净资产收益率、成本费用利润率等予以体现。通过比较和分析同一企业不同时期、不同企业同一时期的收益情况，可以判断企业经营成果的优劣和盈利能力的强弱。

② 预测企业的偿债能力。企业的偿债能力不仅取决于资产的流动性及权益结构，也取决于企业盈利能力的强弱。因此，通过对不同时期、不同企业之间利润表有关信息的比较、分析，报表使用者可以间接地预测企业的偿债能力，尤其是长期偿债能力，并揭示偿债能力的变化趋势，并由此做出决策。

③ 预测企业未来的现金流动状况。利润表揭示了企业过去的利润来源及经营业绩的形成、获利水平等，同时也充分反映了收入、成本、费用和利润、损失之间的关系。因此，通过分析利润表中产品收入、成本、费用的变化对利润的影响，报表使用者可判断净利润的质量及其风险，预测净利润的持续性，从而预测未来现金流量及其不确定性，正确评估未来的投资价值。

④ 预测企业的发展趋势，为报表使用者的决策提供依据。通过比较分析利润表中的各项数据，报表使用者可以了解企业利润的构成状况，分析利润构成分布是否合理；同时，通过了解收入、费用和利润的升降趋势及其变化幅度，找出原因所在，发现经营管理中存在的问题。如将赊销收入净额与应收账款平均余额进行比较，报表使用者可计算出应收账款周转率；将销货成本与存货平均余额进行比较，报表使用者可以计算出存货周转率等。从上述指标即可了解企业的资金周转情况及企业的盈利能力和水平，判断企业未来的发展趋势，做出经济决策。

（2）利润表的结构。利润表通常有单步式和多步式两种结构。单步式利润表将当期所有的收入列在一起，然后将所有的费用列在一起，两者相减得出当期净损益。多步式利润表通过对当期的收入、费用、支出项目按性质加以归类，再按利润形成的主要环节列示一些中间性利润指标，分步计算当期净损益。

我国企业应当采用多步式列报利润表，将不同性质的收入和费用类别进行对比。通过分析中间性的利润数据，报表使用者能够正确理解企业经营成果的不同来源。企业可以按照下列 4 个步骤编制利润表。

第 1 步，以营业收入为基础，减去营业成本、税金及附加、销售费用、管理费用、研发费用、财务费用，加上其他收益、投资收益（损失则减）、信用减值损失（损失则减）、资产减值损失（损失则减）、公允价值变动收益（损失则减）和资产处置收益（损失则减），计算出营业利润。

第 2 步，以营业利润为基础，加上营业外收入，减去营业外支出，计算出利润总额。

第 3 步，以利润总额为基础，减去所得税费用，计算出净利润（或净亏损）。

第 4 步，以净利润（或净亏损）为基础，加上其他综合收益的税后净额，计算出综合收益总额。

普通股或潜在普通股已公开交易的企业，以及正处于公开发行普通股或潜在普通股过程中的企业，还应当在利润表中列示每股收益信息。

同时，企业需要提供比较利润表，便于报表使用者通过比较不同期间利润的实际情况，判断企业经营成果及未来发展趋势。所以，利润表就各项目再分为“本期金额”和“上期金额”两栏分别填列。

利润表的格式如表 2-28 所示。

表 2-28　　利润表

会企 02 表

编制单位：　　年　月　　单位：元

项目	本期金额	上期金额
一、营业收入		
减：营业成本		
税金及附加		
销售费用		
管理费用		
研发费用		
财务费用		
其中：利息费用		
利息收入		
加：其他收益		
投资收益（损失以“−”号填列）		
其中：对联营企业和合营企业的投资收益		
以摊余成本计量的金融资产终止确认收益（损失以“−”号填列）		
净敞口套期收益（损失以“−”号填列）		
公允价值变动收益（损失以“−”号填列）		
信用减值损失（损失以“−”号填列）		
资产减值损失（损失以“−”号填列）		
资产处置收益（损失以“−”号填列）		
二、营业利润（亏损以“−”号填列）		
加：营业外收入		
减：营业外支出		
三、利润总额（亏损总额以“−”号填列）		
减：所得税费用		
四、净利润（净亏损以“−”号填列）		
（一）持续经营净利润（净亏损以“−”号填列）		
（二）终止经营净利润（净亏损以“−”号填列）		
五、其他综合收益的税后净额		
（一）不能重分类进损益的其他综合收益		
1. 重新计量设定受益计划的变动额		
2. 权益法下不能转损益的其他综合收益		
3. 其他权益工具投资公允价值变动		
4. 企业自身信用风险公允价值变动		
……		
（二）将重分类进损益的其他综合收益		
1. 权益法下可转损益的其他综合收益		
2. 其他债权投资公允价值变动		

（续表）

项目	本期金额	上期金额
3. 金融资产重分类计入其他综合收益的金额		
4. 其他债权投资信用减值储备		
5. 现金流量套期储备		
6. 外币财务报表折算差额		
……		
六、综合收益总额		
七、每股收益：		
（一）基本每股收益		
（二）稀释每股收益		

（3）利润表列报项目的数据来源。利润表各项目均需填列“本期金额”和“上期金额”两栏。其中，“上期金额”栏内的各项数字，应根据上年该期利润表的“本期金额”栏内所列数字填列。“本期金额”栏内各期数字，除“基本每股收益”和“稀释每股收益”项目外，应当按照相关账户的发生额填列。其中，利润表中部分项目的填列方法如下。

①“营业收入”项目，反映企业经营主要业务和其他业务所确认的收入总额。本项目应根据“主营业务收入”和“其他业务收入”科目的发生额分析填列。

②“营业成本”项目，反映企业经营业务和其他业务发生的成本总额。本项目应根据“主营业务成本”和“其他业务成本”科目的发生额分析填列。

③“税金及附加”项目，反映企业经营活动应负担的消费税、城市维护建设税、资源税、土地增值税和教育费附加等。本项目应根据“税金及附加”科目的发生额分析填列。

④“销售费用”项目，反映企业在销售商品过程中发生的包装费、广告费等费用和为销售本企业商品而专设的销售机构的职工薪酬、业务费等经营费用。本项目应根据“销售费用”科目的发生额分析填列。

⑤“管理费用”项目，反映企业为组织和管理生产经营发生的管理费用。本项目应根据“管理费用”科目的发生额分析填列。

⑥“研发费用”项目，反映企业进行研究与开发过程中发生的费用化支出，以及计入管理费用的自行开发无形资产的摊销。该项目应根据“管理费用”科目下的“研究费用”明细科目的发生额，以及“管理费用”科目下的“无形资产摊销”明细科目的发生额分析填列。

⑦“财务费用”项目，反映企业筹集生产经营所需资金等而发生的筹资费用。本项目下设“利息费用”和“利息收入”两个子项目。“利息费用”项目，反映企业为筹集生产经营所需资金等发生的应予费用化的利息支出。该项目应根据“财务费用”科目的相关明细科目的发生额分析填列，并以正数填列。“利息收入”项目，反映企业按照相关会计准则确认的应冲减财务费用的利息收入。该项目应根据“财务费用”科目的相关明细科目的发生额分析填列，并以正数填列。

⑧“其他收益”项目，反映计入其他收益的政府补助，以及其他与日常活动相关且计入其他收益的项目。该项目应根据“其他收益”科目的发生额分析填列。企业作为个人所得税的扣缴义务人，根据《中华人民共和国个人所得税法》收到的扣缴税款手续费，应作为其他与日常活动相关的收益在该项目中填列。

⑨“投资收益”项目，反映企业以各种方式对外投资取得的利益。本项目应根据“投资收益”科目的相关明细科目的发生额分析填列，如为投资损失，本项目以“–”号填列。其中，“投资收

益”项目下的“以摊余成本计量的金融资产终止确认收益”子项目，反映企业因转让等情形导致终止确认以摊余成本计量的金融资产而产生的利得或损失。该项目应根据“投资收益”科目的相关明细科目的发生额分析填列，如为损失，以“–”号填列。

⑩“公允价值变动收益”项目，反映企业应当计入当期损益的资产或负债公允价值变动收益。本项目应根据“公允价值变动损益”科目的发生额分析填列，如为净损失，以“–”号填列。

⑪“信用减值损失”项目，反映企业按照《企业会计准则第 22 号——金融工具确认与计量》的要求计提的各项金融工具信用减值准备所确认的信用损失。该项目应根据“信用减值损失”科目的发生额分析填列。

⑫“资产减值损失”项目，反映企业各项资产发生的减值损失。本项目应根据“资产减值损失”科目的发生额分析填列。

⑬“资产处置收益”项目，反映企业出售划分为持有待售的非流动资产（金融工具、长期股权投资和投资性房地产除外）或处置组（子公司和业务除外）时确认的处置利得或损失，以及处置未划分为持有待售的固定资产、在建工程、生产性生物资产及无形资产而产生的处置利得或损失。债务重组中因处置非流动资产产生的利得或损失和非货币性资产交换中换出非流动资产产生的利得或损失也包括在本项目内。该项目应根据“资产处置损益”科目的发生额分析填列，如为处置损失，以“–”号填列。

⑭“营业利润”项目，反映企业实现的营业利润。该项目应根据利润表确定的营业利润构成项目及钩稽关系依序计算求得。本项目如为亏损，以“–”号填列。

⑮“营业外收入”项目，反映企业发生的除营业利润外的收益，主要包括与企业日常活动无关的政府补助、盘盈利得、捐赠利得（企业接受股东或股东的子公司直接或间接的捐赠，经济实质属于股东对企业的资本性投入的除外）等。该项目应根据“营业外收入”科目的发生额分析填列。

⑯“营业外支出”项目，反映企业发生的除营业利润以外的支出，主要包括公益性捐赠支出、非常损失、盘亏损失、非流动资产毁损报废损失等。该项目应根据“营业外支出”科目的发生额分析填列。“非流动资产毁损报废损失”通常包括因自然灾害发生毁损、已丧失使用功能等而报废清理产生的损失。企业在不同交易中形成的非流动资产毁损报废利得和损失不得相互抵销，应分别在“营业外收入”项目和“营业外支出”项目进行填列。

⑰“利润总额”项目，反映企业实现的利润。该项目应根据利润表确定的利润总额构成项目及钩稽关系依序计算求得。本项目如为亏损，以“–”号填列。

⑱“所得税费用”项目，反映企业应从利润总额中扣除的所得税费用。本项目应根据“所得税费用”科目的发生额分析填列。

⑲“净利润”项目，反映企业实现的净利润。该项目应根据利润表确定的净利润构成项目及钩稽关系依序计算求得。本项目如为亏损，以“–”号填列。本项目下分设“持续经营净利润”和“终止经营净利润”子项目，分别反映净利润中与持续经营相关的净利润和与终止经营相关的净利润，如为净亏损，以“–”号填列。这两个项目应按照《企业会计准则第 42 号——持有待售的非流动资产、处置组和终止经营》的相关规定分别列报。

⑳“其他综合收益的税后净额”项目，反映企业根据企业会计准则的规定，未在损益中确认的各项利得和损失影响后的净额。“其他综合收益”分“不能重分类进损益的其他综合收益”和“将重分类进损益的其他综合收益”两类项目填报。其中，“其他权益工具投资公允价值变动”项目，反映企业指定为以公允价值计量且其变动计入其他综合收益的非交易性权益工具投资发生的公允

价值变动，该项目应根据“其他综合收益”科目的相关明细科目的发生额分析填列；“企业自身信用风险公允价值变动”项目，反映企业指定为以公允价值计量且其变动计入当期损益的金融负债，由企业自身信用风险变动引起的公允价值变动而计入其他综合收益的金额，该项目应根据“其他综合收益”科目的相关明细科目的发生额分析填列；“其他债权投资公允价值变动”项目，反映企业分类为以公允价值计量且其变动计入其他综合收益的债权投资发生的公允价值变动，该项目应根据“其他综合收益”科目下的相关明细科目的发生额分析填列；“金融资产重分类计入其他综合收益的金额”项目，反映企业将一项以摊余成本计量的金融资产重分类为以公允价值计量且其变动计入其他综合收益的金融资产时，计入其他综合收益的原账面价值与公允价值之间的差额，该项目应根据“其他综合收益”科目下的相关明细科目的发生额分析填列；“其他债权投资信用减值准备”项目，反映企业按照《企业会计准则第22号——金融工具确认和计量》第十八条分类为以公允价值计量且其变动计入其他综合收益的金融资产的损失准备，该项目应根据“其他综合收益”科目下的“信用减值准备”明细科目的发生额分析填列；“现金流量套期储备”项目，反映企业套期工具产生的利得或损失中属于套期有效的部分，该项目应根据“其他综合收益”科目下的“套期储备”明细科目的发生额分析填列。

㉑“综合收益总额”项目，反映企业净利润与其他综合收益税后净额的合计金额。

㉒“基本每股收益”和“稀释每股收益”项目。“基本每股收益”是用归属于普通股股东的当期净利润除以当期发行在外普通股的加权平均数计算求得并填报的；“稀释每股收益”是以“基本每股收益”为基础，假设企业所有发行在外的稀释性潜在普通股均已转换为普通股，从而分别调整归属于普通股股东的当期净利润及发行在外普通股的加权平均数计算而得的每股收益。

【做中学 2.42】根据红光机械有限责任公司的相关资料（基础核算资料见本书实训一和实训二）编制利润表，如表2-29所示。

表2-29　　利润表　　会企02表

编制单位：红光机械有限责任公司　　2024年12月　　单位：元

项目	本期金额	上期金额
一、营业收入	435 000.00	
减：营业成本	156 104.10	
税金及附加		
销售费用	16 375.60	
管理费用	99 700.00	
研发费用		
财务费用	18.00	
其中：利息费用		
利息收入		
加：其他收益		
投资收益（损失以“–”号填列）		
其中：对联营企业和合营企业的投资收益		
以摊余成本计量的金融资产终止确认收益（损失以“–”号填列）		
净敞口套期收益（损失以“–”号填列）		
公允价值变动收益（损失以“–”号填列）		
信用减值损失（损失以“–”号填列）		

（续表）

项目	本期金额	上期金额
资产减值损失（损失以“-”号填列）		
资产处置收益（损失以“-”号填列）		
二、营业利润（亏损以“-”号填列）	162 802.30	
加：营业外收入		
减：营业外支出		
三、利润总额（亏损总额以“-”号填列）	162 802.30	
减：所得税费用	40 700.58	
四、净利润（净亏损以“-”号填列）	122 101.72	
（一）持续经营净利润（净亏损以“-”号填列）	122 101.72	
（二）终止经营净利润（净亏损以“-”号填列）		
五、其他综合收益的税后净额		
（一）不能重分类进损益的其他综合收益		
1. 重新计量设定受益计划的变动额		
2. 权益法下不能转损益的其他综合收益		
3. 其他权益工具投资公允价值变动		
4. 企业自身信用风险公允价值变动		
……		
（二）将重分类进损益的其他综合收益		
1. 权益法下可转损益的其他综合收益		
2. 其他债权投资公允价值变动		
3. 金融资产重分类计入其他综合收益的金额		
4. 其他债权投资信用减值准备		
5. 现金流量套期储备		
6. 外币财务报表折算差额		
……		
六、综合收益总额	122 101.72	
七、每股收益：		
（一）基本每股收益		
（二）稀释每股收益		

4. 编制现金流量表

（1）现金流量表概述。

现金流量表是反映企业一定会计期间现金和现金等价物流入、流出的财务报表。通过现金流量表，报表使用者可以了解现金流量的影响因素，评价企业的支付能力、偿债能力和周转能力，预测企业未来现金流量，为做出决策提供有力依据。

（2）现金流量表的内容。

从编制原则看，现金流量表按照收付实现制原则编制，将权责发生制下的盈利信息调整为收付实现制下的现金流量信息，便于报表使用者了解企业净利润的质量。从内容看，现金流量表被划分为经营活动、投资活动和筹资活动 3 部分，每类活动又分为各具体项目，这些项目从不同角度反映企业业务活动的现金流入和流出，弥补资产负债表和利润表提供信息不足的缺点。

（3）现金流量表的结构。

现金流量表采用报告式结构，通过主表和补充资料两部分进行完整、详细的列报。

知识链接

现金及现金等价物

① 现金流量表主表。现金流量表主表主要列报经营活动产生的现金流量、投资活动产生的现金流量、筹资活动产生的现金流量，最后汇总反映企业现金及现金等价物净增加额。在有外币现金流量及境外子公司的现金流量折算为人民币的企业，还应单设“汇率变动对现金及现金等价物的影响”项目。

② 现金流量表补充资料。现金流量表补充资料是对现金流量表主表的补充说明，主要说明企业的重大投资及筹资活动情况，并对现金流量表主表中的“经营活动产生的现金流量净额”项目的数额进行验证，同时核对“现金及现金等价物净增加额”项目的数额与资产负债表中的“货币资金”项目的数额是否一致。现金流量表补充资料主要包括 3 部分内容：一是将净利润调节为经营活动现金流量，二是不涉及现金收支的重大投资和筹资活动，三是现金及现金等价物净变动情况。

一般企业现金流量表的结构如表 2-30 所示。

表 2-30　　现金流量表　　会企 03 表

编制单位：　　年　　月　　单位：元

项目	本期金额	上期金额
一、经营活动产生的现金流量：		
销售商品、提供劳务收到的现金		
收到的税费返还		
收到其他与经营活动有关的现金		
经营活动现金流入小计		
购买商品、接受劳务支付的现金		
支付给职工以及为职工支付的现金		
支付的各项税费		
支付其他与经营活动有关的现金		
经营活动现金流出小计		
经营活动产生的现金流量净额		
二、投资活动产生的现金流量：		
收回投资收到的现金		
取得投资收益收到的现金		
处置固定资产、无形资产和其他长期资产收回的现金净额		
处置子公司及其他营业单位收到的现金净额		
收到其他与投资活动有关的现金		
投资活动现金流入小计		
购建固定资产、无形资产和其他长期资产支付的现金		
投资支付的现金		

（续表）

项目	本期金额	上期金额
取得子公司及其他营业单位支付的现金净额		
支付其他与投资活动有关的现金		
投资活动现金流出小计		
投资活动产生的现金流量净额		
三、筹资活动产生的现金流量：		
吸收投资收到的现金		
取得借款收到的现金		
收到其他与筹资活动有关的现金		
筹资活动现金流入小计		
偿还债务支付的现金		
分配股利、利润或偿付利息支付的现金		
支付其他与筹资活动有关的现金		
筹资活动现金流出小计		
筹资活动产生的现金流量净额		
四、汇率变动对现金及现金等价物的影响		
五、现金及现金等价物净增加额		
加：期初现金及现金等价物余额		
六、期末现金及现金等价物余额		
1. 将净利润调节为经营活动现金流量：		
净利润		
加：资产减值准备		
固定资产折旧、油气资产折耗、生产性生物资产折旧		
无形资产摊销		
长期待摊费用摊销		
处置固定资产、无形资产和其他长期资产的损失（收益以“-”号填列）		
固定资产报废损失（收益以“-”号填列）		
公允价值变动损失（收益以“-”号填列）		
财务费用（收益以“-”号填列）		
投资损失（收益以“-”号填列）		
递延所得税资产的减少（增加以“-”号填列）		
递延所得税负债的增加（减少以“-”号填列）		
存货的减少（增加以“-”号填列）		
经营性应收项目的减少（增加以“-”号填列）		
经营性应付项目的增加（减少以“-”号填列）		
其他		
经营活动产生的现金流量净额		
2. 不涉及现金收支的重大投资和筹资活动：		

（续表）

项目	本期金额	上期金额
债务转资本		
一年内到期的可转换公司债券		
融资租入固定资产		
3. 现金及现金等价物净变动情况：		
现金的期末余额		
减：现金的期初余额		
加：现金等价物的期末余额		
减：现金等价物的期初余额		
现金及现金等价物净增加额		

（4）现金流量表列报项目的数据来源。

根据企业业务活动的性质和现金流量的来源，现金流量表在结构上将企业一定期间产生的现金流量分为3类：经营活动产生的现金流量、投资活动产生的现金流量和筹资活动产生的现金流量。各种活动产生的现金流量应当分别按照现金流入和现金流出总额列报，从而全面展示企业现金流量的方向、规模和结构。但是有些项目可以按照净额列报，如旅游企业代游客支付的房费、餐费、交通费、文娱费、行李托运费、门票费、票务费、签证费等费用。这些项目由于周转快，在企业停留的时间短，企业加以利用的余地比较小，净额更能说明其对企业支付能力、偿债能力的影响；反之，如果以总额反映，反而会对评价企业的支付能力和偿债能力、分析企业的未来现金流量产生误导。

① 经营活动产生的现金流量。经营活动是指企业投资活动和筹资活动以外的所有交易和事项。各类企业由于行业特点不同，对经营活动的认定存在一定差异。对工商企业而言，经营活动主要包括销售商品、提供劳务，购买商品，接受劳务，支付税费等。

a. 销售商品、提供劳务收到的现金。本项目反映企业本期销售商品、提供劳务实际收到的现金，如销售收入和应向购买者收取的增值税销项税额，具体包括本期销售商品、提供劳务收到的现金，以及前期销售商品、提供劳务收到的现金的本期预收的存款，减去本期销售本期退回的商品和前期销售本期退回的商品支付的现金。企业销售材料和代购代销业务收到的现金，也通过本项目反映。本项目可以根据“库存现金”“银行存款”“应收票据”“应收账款”“预收账款”“主营业务收入”“其他业务收入”等科目的记录分析填列。

b. 收到的税费返还。本项目反映企业收到返还的各种税费，如收到的增值税、所得税、消费税、关税和教育费附加等。本项目可以根据“库存现金”“银行存款”“税金及附加”“营业外收入”等科目的记录分析填列。

c. 收到其他与经营活动有关的现金。本项目反映企业收到的其他与经营活动有关的现金，如罚款收入、经营租赁固定资产收到的现金、流动资产损失中由个人赔偿的现金收入、除税费返还外的其他政府补助收入等。其他与经营活动有关的现金，价值较大的应单列项目反映。本项目可以根据“库存现金”“银行存款”“管理费用”“销售费用”等科目的记录分析填列。

d. 购买商品、接受劳务支付的现金。本项目反映企业本期购买商品和接受劳务实际支付的现金，如支付的货款及与货款一起支付的增值税进项税额，具体包括本期购买商品、接受劳务支付的现金，以及本期支付前期购买商品、接受劳务的未付款项和本期预付款项，减去本期发生的购货退回收到的现金。为购置存货而导致的借款利息资本化部分，应在“分配股利、利润或偿付利息支付的现金”项目中反映。本项目可以根据“库存现金”“银行存款”“应付票据”“应付账款”“预付账款”“主营业务成本”“其他业务成本”等科目的记录分析填列。

e. 支付给职工以及为职工支付的现金。本项目反映企业本期实际支付给职工的现金及为职工支付的现金，如企业为获得职工提供的服务，本期实际给予各种形式的报酬及其他相关支出，如支付给职工的工资、奖金、各种津贴和补贴等，以及为职工支付的其他费用，不包括支付给在建工程人员的工资，支付的在建工程人员的工资，在“购建固定资产、无形资产和其他长期资产支付的现金”项目中反映。

企业为职工支付的医疗、养老、失业、工伤、生育等社会保险基金、补充养老保险、住房公积金，企业为职工缴纳的商业保险金，企业因解除与职工劳动关系给予的补偿，现金结算股份支付，以及支付给职工或为职工支付的其他福利费用等，应根据职工的工作性质和服务对象，分别在“购建固定资产、无形资产和其他长期资产支付的现金”和“支付给职工以及为职工支付的现金”项目中反映。

本项目可以根据“库存现金”“银行存款”“应付职工薪酬”等科目的记录分析填列。

f. 支付的各项税费。本项目反映企业本期按规定支付的各项税费，包括本期发生并支付的税费，以及本期支付以前各期发生的税费和预交的税金，如支付的教育费附加、印花税、房产税、土地增值税、车船税、增值税、所得税等；不包括本期退回的增值税、所得税等。本期退回的增值税、所得税等，在“收到的税费返还”项目中反映。本项目可以根据“应交税费”“库存现金”“银行存款”等科目的记录分析填列。

g. 支付其他与经营活动有关的现金。本项目反映企业支付的其他与经营活动有关的现金，如罚款支出、差旅费、业务招待费、保险费、经营租赁支付的现金等。其他与经营活动有关的现金，金额较大的应单列项目反映。本项目可以根据有关科目的记录分析填列。

② 投资活动产生的现金流量。投资活动是指企业长期资产的购建和不包括现金等价物在内的投资及其处置活动。长期资产是指固定资产、无形资产、在建工程、其他资产等持有期限在一年或一个营业周期以上的资产。这里所说的投资活动，既包括实物资产投资，也包括金融资产投资。这里之所以将“包括现金等价物在内的投资”排除在外，是因为已经将现金等价物范围内的投资视同现金。不同企业由于行业特点不同，对投资活动的认定也存在差异。例如，交易性金融资产所产生的现金流量，对工商业企业而言，属于投资活动产生的现金流量；而对证券公司而言，属于经营活动产生的现金流量。

a. 收回投资收到的现金。本项目反映企业出售、转让或到期收回除现金等价物以外的交易性金融资产、持有至到期投资、可供出售金融资产、长期股权投资、投资性房地产而收到的现金；不包括债权性投资收回的利息、收回的非现金资产，以及处置子公司及其他营业单位收到的现金净额。债权性投资收回的本金，在本项目反映；债权性投资收回的利息，不在本项目中反映，而在“取得投资收益收到的现金”项目中反映。处置子公司及其他营业单位收到的现金净额单设项目反映。本项目可以根据“交易性金融资产”“投资性房地产”“库存现金”“银行存款”等科目的记录分析填列。

b. 取得投资收益收到的现金。本项目反映企业因股权性投资而分得的现金股利，从子公司、联营企业或合营企业分回利润而收到的现金，以及因债权性投资而取得的现金利息收入。股票股利不在本项目中反映；现金等价物范围内的债权性投资，其利息收入在本项目中反映。本项目可以根据“应收股利”“应收利息”“投资收益”“库存现金”“银行存款”等科目的记录分析填列。

c. 处置固定资产、无形资产和其他长期资产收回的现金净额。本项目反映企业出售固定资产、无形资产和其他长期资产所取得的现金，减去为处置这些资产而支付的有关费用后的净额。处置固定资产、无形资产和其他长期资产所收到的现金，与处置活动支付的现金，两者在时间上比较接近，净额更能准确地反映处置活动对现金流量的影响。由于自然灾害等原因所造成的固定资产等长期资产报废、毁损而收到的保险赔偿收入，也在本项目中反映。若处置固定资产、无形资产和其他长期资产收回的现金净额为负数，则应作为投资活动产生的现金流量，在“支付其他与投资活动有关的现金”项目中反映。本项目可以根据“资产处置损益”“固定资产清理”“库存现金”“银行存款”等科目的记录分析填列。

d. 处置子公司及其他营业单位收到的现金净额。本项目反映企业处置子公司及其他营业单位所取得的现金,减去子公司或其他营业单位持有的现金和现金等价物以及相关处置费用后的净额。本项目可以根据有关科目的记录分析填列。

处置子公司及其他营业单位收到的现金净额若为负数，则将该金额填列至“支付其他与投资活动有关的现金”项目中。

e. 收到其他与投资活动有关的现金。本项目反映企业收到的其他与投资活动有关的现金。其他与投资活动有关的现金，价值较大的应单列项目反映。本项目可以根据有关科目的记录分析填列。

f. 购建固定资产、无形资产和其他长期资产支付的现金。本项目反映企业购买、建造固定资产，取得无形资产和其他长期资产支付的现金，包括购买机器设备所支付的现金及增值税税款、建造工程支付的现金、支付在建工程人员的工资等，不包括为购建固定资产、无形资产和其他长期资产而发生的借款利息资本化部分，以及融资租入固定资产所支付的租赁费。为购建固定资产、无形资产和其他长期资产而发生的借款利息资本化部分，在“分配股利、利润或偿付利息支付的现金”项目中反映；融资租入固定资产所支付的租赁费，在“支付其他与筹资活动有关的现金”项目中反映，不在本项目中反映。本项目可以根据“固定资产”“在建工程”“工程物资”“无形资产”“库存现金”“银行存款”等科目的记录分析填列。

g. 投资支付的现金。本项目反映企业进行权益性投资和债权性投资所支付的现金，包括企业取得的除现金等价物以外的交易性金融资产、持有至到期投资、可供出售金融资产而支付的现金，以及支付的佣金、手续费等交易费用。企业在购买债券的价款中含有债券利息的，以及溢价或折价购入的，均按实际支付的现金反映。

企业在购买股票和债券时，实际支付的价款中包含的已宣告但尚未领取的现金股利或已到付息期但尚未领取的债券利息，应在“支付其他与投资活动有关的现金”项目中反映；收回购买股票和债券时支付的已宣告但尚未领取的现金股利或已到付息期但尚未领取的债券利息，应在“收到其他与投资活动有关的现金”项目中反映。

本项目可以根据“交易性金融资产”“投资性房地产”“长期股权投资”“库存现金”“银行存款”等科目的记录分析填列。

h. 取得子公司及其他营业单位支付的现金净额。本项目反映企业取得子公司及其他营业单位购买出价中以现金支付的部分，减去子公司或其他营业单位持有的现金和现金等价物后的净额。本项目可以根据有关科目的记录分析填列。

取得子公司及其他营业单位支付的现金净额如为负数，应在“收到其他与投资活动有关的现金”项目中反映。

i. 支付其他与投资活动有关的现金。本项目反映企业支付的其他与投资活动有关的现金。其中价值较大的，应单列项目反映。本项目可以根据有关科目的记录分析填列。

③ 筹资活动产生的现金流量。筹资活动是指导致企业资本及债务规模和构成发生变化的活

动。这里所说的资本，既包括实物资本（股本），也包括资本溢价（股本溢价）；这里所说的债务，指对外举债，包括向银行借款、发行债券及偿还债务等。通常情况下，应付账款、应付票据等属于经营活动，不属于筹资活动。

a. 吸收投资收到的现金。本项目反映企业以发行股票、债券等方式筹集资金实际收到的款项净额（发行收入减去支付的佣金等发行费用后的净额）。以发行股票等方式筹集资金而由企业直接支付的审计、咨询等费用，不在本项目中反映，而在“支付其他与筹资活动有关的现金”项目中反映。本项目可以根据“实收资本（或股本）”“资本公积”“库存现金”“银行存款”等科目的记录分析填列。

b. 取得借款收到的现金。本项目反映企业举借各种短期、长期借款而收到的现金。本项目可以根据“短期借款”“长期借款”“交易性金融负债”“应付债券”“库存现金”“银行存款”等科目的记录分析填列。

c. 收到其他与筹资活动有关的现金。本项目反映企业收到的其他与筹资活动有关的现金。其中价值较大的，应单列项目反映。本项目可以根据有关科目的记录分析填列。

d. 偿还债务支付的现金。本项目反映企业以现金偿还债务的本金，包括归还金融企业的借款本金、偿付企业到期的债券本金等。企业偿还的借款利息、债券利息，在“分配股利、利润或偿付利息支付的现金”项目中反映。本项目可以根据“短期借款”“长期借款”“交易性金融负债”“应付债券”“库存现金”“银行存款”等科目的记录分析填列。

e. 分配股利、利润或偿付利息支付的现金。本项目反映企业实际支付的现金股利、支付给其他投资单位的利润或用现金支付的借款利息、债券利息。不同用途的借款，其利息的开支渠道不同，如在建工程、财务费用等，均在本项目中反映。本项目可以根据“应付股利”“应付利息”“利润分配”“财务费用”“制造费用”“在建工程”“研发支出”“库存现金”“银行存款”等科目的记录分析填列。

f. 支付其他与筹资活动有关的现金。本项目反映企业支付的其他与筹资活动有关的现金，如以发行股票债券等方式筹集资金而由企业直接支付的审计、咨询等费用，融资租赁所支付的现金，以分期付款方式购建固定资产以后各期支付的现金等。其他与筹资活动有关的现金，价值较大的应单列项目反映。本项目可以根据有关科目的记录分析填列。

对于企业日常活动之外特殊的、不经常发生的项目，如自然灾害损失、保险赔款、捐赠等，应当归并到相关类别中，并单独反映。例如，对于自然灾害损失和保险赔款，如果能够确定属于流动资产损失，应当列入经营活动产生的现金流量，属于固定资产损失，应该列入投资活动产生的现金流量；如果不能确定，则可以列入经营活动产生的现金流量，捐赠收入和支出可以列入经营活动产生的现金流量。如果特殊项目的现金流量金额不大，则可以列入现金流量类别下的“其他”项目。

④ 汇率变动对现金及现金等价物的影响。编制现金流量表时，应当将企业外币现金流量及境外子公司的现金流量折算成记账本位币。会计准则规定，应当采用现金流量发生日的即期汇率或按照系统合理的方法确定的、与现金流量发生日即期汇率近似的汇率折算外币现金流量及境外子公司的现金流量。汇率变动对现金及现金等价物的影响额应当作为调节项目，在现金流量表中单独列报。

⑤ 现金及现金等价物净增加额。本项目反映企业当期所有现金流入与所有现金流出相抵后的现金流量净额，应根据“经营活动产生的现金流量净额”“投资活动产生的现金流量净额”“筹资活动产生的现金流量净额”“汇率变动对现金流量的影响”四项之和填列。

⑥ 期末现金及现金等价物余额。该项目根据现金及现金等价物净增加额与期初现金及现金等价物余额相加之和填列。

5. 所有者权益变动表

所有者权益变动表是指反映构成所有者权益各组成部分当期增减变动情况的财务报表。所有者权益变动表属于动态报表，可以全面反映一定时期所有者权益的变动情况，包括所有者权益总量的增减变动，以及所有者权益增减变动的重要结构性信息，特别是能够让报表使用者准确理解所有者权益增减变动的根源。

所有者权益变动表在一定程度上体现了企业综合收益。综合收益是指企业在某一期间与所有者之外的其他方面进行交易或发生其他事项所引起的净资产变动。综合收益的构成包括两部分：净利润和直接计入所有者权益的利得和损失。其中，前者是企业已实现并已确认的收益，后者是企业未实现但根据会计准则已确认的收益。

6. 附注

附注是财务报表不可或缺的组成部分，是对资产负债表、利润表、现金流量表和所有者权益变动表等报表中列示项目的文字描述或明细资料，以及对未能在这些报表中列示项目的说明等。

财务报表中的数字是经过分类与汇总后的结果，是对企业发生的经济业务的高度简化和浓缩的数字。附注与资产负债表、利润表、现金流量表和所有者权益变动表等报表具有同等的重要性，是财务报表的重要组成部分。报表使用者要完整深入了解企业的财务状况、经营成果和现金流量，应当全面阅读附注。

任务实施

红光机械有限责任公司的会计人员应通过填制与审核会计凭证、设置与登记会计账簿、汇总与编制财务报表来完成该公司2024年12月所发生的经济业务和会计事项。其中，会计凭证的填制与审核实施参见本书实训一；会计账簿的设置与登记实施参见本书实训二。

任务训练

1. 单项选择题

（1）下列单据中，可以作为记账依据的是（　　）。

A. 请购单　　B. 购销合同　　C. 提货单　　D. 发票

（2）企业购进一批材料，当即以银行存款支付一部分货款，余款暂欠，这笔业务发生后应填制的记账凭证是（　　）。

A. 付款凭证一张　　B. 付款凭证两张

C. 付款凭证和转账凭证各一张　　D. 转账凭证两张

（3）下列原始凭证中属于累计凭证的是（　　）。

A. 收据　　B. 发票　　C. 限额领料单　　D. 转账支票

（4）下列各项中，属于审核原始凭证真实性的是（　　）。

A. 审核原始凭证日期是否真实、业务内容是否真实

B. 审核原始凭证所记录的经济业务是否违反国家法律

C. 审核原始凭证各项基本要素是否齐全

D. 审核原始凭证各项金额的计算及填写是否正确

（5）企业接受的原始凭证有错误，应采用的处理方法是（　　）。

A. 本单位代替出具单位进行更正　　B. 退回出具单位，不予接受

C. 通过涂改、刮擦、挖补等办法进行更正　　D. 由出具单位重开或更正

（6）管理费用明细账需使用（　　）账页登记。

A. 多栏式　　B. 三栏式　　C. 数量金额式　　D. 两栏式

（7）下列各项中，不符合账簿登记要求的是（　　）。

A. 在登记账簿的过程中，无需按账户页次逐页逐行登记，可跳行和隔页

B. 除按规定可用红字记账外，登记账簿必须使用蓝黑墨水或碳素墨水笔书写

C. 日记账必须逐日结出余额

D. 发生账簿记录错误不得涂改、刮擦、挖补

（8）固定资产明细账一般使用（　　）登记。

A. 卡片式账簿　　B. 订本式账簿　　C. 活页式账簿　　D. 备查账簿

（9）资产负债表中的“预付款项”应根据（　　）计算填列。

A. “预付账款”和“应付账款”科目所属明细科目的期末贷方余额

B. “预付账款”和“应付账款”科目所属明细科目的期末借方余额

C. “应收账款”和“预付账款”科目所属明细科目的期末借方余额

D. “应收账款”和“预付账款”科目所属明细科目的期末贷方余额

（10）下列账户中发生额不会影响利润表中的“营业利润”项目的是（　　）。

A. 管理费用　　B. 营业外收入　　C. 其他业务收入　　D. 主营业务收入

2. 多项选择题

（1）会计等式是（　　）。

A. 设置账户的理论依据　　B. 成本计算的理论依据

C. 编制财务报表的理论依据　　D. 复式记账的理论依据

（2）下列各项目中，属于自制原始凭证的有（　　）。

A. 领料单　　B. 工资结算单　　C. 购料发票　　D. 银行对账单

（3）原始凭证的基本内容包括（　　）。

A. 填制凭证的日期　　B. 经办人员的签名或盖章

C. 经济业务内容　　D. 数量、单价、金额

（4）收回某单位前欠货款 8 500 元存入银行，记账凭证误将贷“应收账款”8 500 元填为贷“应付账款”8 500 元，并已入账。该项错误正确的更正程序有（　　）。

A. 用红字借记“银行存款”8 500 元，贷记“应付账款”8 500 元

B. 用蓝字借记“银行存款”8 500 元，贷记“应收账款”8 500 元

C. 用红字借记“应付账款”8 500 元，贷记“应收账款”8 500 元

D. 直接在账簿上画线更正

（5）下列各项中，关于总分类账与明细分类账关系的说法正确的有（　　）。

A. 总分类账提供的经济指标，是明细分类账资料的综合，对所属明细分类账起统驭作用

B. 明细分类账对总分类账具有补充说明作用

C. 总分类账与其所属明细分类账在总金额上相等

D. 登记总分类账与登记所属明细分类账的原始凭证是相同的

（6）利润表反映的要素信息有（　　）。

A. 收入　　B. 负债　　C. 利润　　D. 费用

（7）下列各项中，对资产负债表的描述正确的有（　　）。

A. 我国资产负债表采用账户式结构

B. 资产负债表编制的依据是会计恒等式

C. “货币资金”项目根据“库存现金”“银行存款”“其他货币资金”科目余额填列

D. 资产负债表的结构是分布式

（8）在资产负债表中，应按净额填列的有（　　）项目。

A. “固定资产”　B. “无形资产”　C. “应收账款”　D. “其他应收款”

（9）利润表的作用包括（　　）。

A. 判断企业的经营成果和盈利能力　B. 预测发展趋势

C. 预测偿债能力　D. 预测未来现金流状况

（10）下列各项中，对现金流量表的描述正确的有（　　）。

A. 反映企业一定会计期间现金和现金等价物流入和流出的财务报表

B. 按照收付实现制原则编制

C. 采用报告式结构

D. 反映企业一定时点的财务状况

3. 判断题

（1）在审核原始凭证时，发现有伪造、涂改或不合法的原始凭证，应退还经办人更改后再受理。（　　）

（2）会计凭证是单位的重要经济档案和历史资料，在传递过程中，凡使用会计凭证的会计人员都有责任将其保管好。会计凭证存档后由专人管理。（　　）

（3）企业设置的总账、现金日记账和银行存款日记账应采用订本式账簿。（　　）

（4）原材料明细账应采用三栏式账簿格式。（　　）

（5）企业对外报送的财务报告为“三表一注”，即资产负债表、利润表、现金流量表和附注。（　　）

（6）在编制资产负债表时，“实收资本”项目和“盈余公积”项目都是根据其明细账户余额计算填列的。（　　）

（7）“应收账款”科目所属明细科目期末有贷方余额，应在资产负债表“预付款项”项目内填列。（　　）

（8）资产负债表中的“固定资产”项目应根据“固定资产”账户余额直接填列。（　　）

（9）资产负债表反映企业一定期间的财务状况。（　　）

（10）根据我国企业会计准则的规定，我国企业的利润表采用单步式结构。（　　）

4. 简答题

（1）简述会计凭证的种类及其在会计核算中所起的作用。

（2）简述企业设置会计账簿的方法。

（3）简述企业财务报表编报的基本要求。

（4）简述企业利润分配的主要内容。

（5）简述“利润分配”账户的年终结转方法。

5. 实训题

（1）掌握凭证金额的书写方法。

大小写金额书写对照练习。

¥57 987.21	
¥687 416.50	
¥9 103.68	
¥32 700.06	
¥7 003 500.00	

要求：根据小写金额，书写大写金额。

（2）掌握原始凭证的填制方法。

2024 年 3 月 1 日，江汉轴承股份有限公司银行存款的期初余额为 220 000.00 元。3 月 3 日，公司开出一张现金支票，提取现金 10 000.00 元作为备用金。江汉轴承股份有限公司印鉴章为公司财务专用章和法定代表人名章，法定代表人为张进福。江汉轴承股份有限公司付款行名称为中国农业银行杜家街分行，出票行账号为 725436181234。

要求：根据以上资料，填制现金支票。

中国农业银行现金支票正面

中国农业银行
现金支票存根
支票号码ⅤⅠ001234
附加信息

出票日期：　年　月　日

收款人：	
金　额：	
用　途：	

单位主管　　会计

中国农业银行　**现金支票**　支票号码ⅤⅠ001234

本支票付款期限十天

出票日期（大写）　年　月　日　付款行名称：

收款人：　出票行账号：

人民币（大写）	千	百	十	万	千	百	十	元	角	分

用途＿＿＿＿＿＿

上列款项请从
我账户内支付

出票人签章　　复核　　记账

中国农业银行现金支票背面

收款人签章
年　月　日

身份证件名称：　发证机关：

号码：

被背书人：

（3）掌握记账凭证的填制方法。

江汉轴承股份有限公司 2024 年 12 月发生的经济业务如下。

① 12 月 3 日，从银行提取现金 5 000 元备用。（原始凭证为现金支票存根 1 张）

② 12 月 8 日，向胜利公司购进 500 千克甲材料，取得的增值税专用发票上注明价款为 14 370 元，增值税税额 1 868.10 元，价税款以银行存款支付，材料已验收入库。（原始凭证为收料单 1 张，转账支票存根 1 张，进账单回单 1 张，发票的发票联、抵扣联各 1 张）

③ 12 月 13 日，以银行存款支付本月水电费，其中，车间耗用 1 200 元，管理部门耗用 600 元。（原始凭证为转账支票存根 1 张、进账单回单 1 张、水电费发票 1 张）

④ 12 月 21 日，向光明公司出售 A 产品和 B 产品，开具的增值税专用发票上注明 A 产品售价 27 000 元，B 产品售价 24 000 元，增值税税额共计 6 630 元，价税款均已收存银行。（原始凭证为产品出库单 2 张、进账单收账通知 1 张、发票记账联 1 张）

⑤ 12 月 31 日，分配本月职工工资 39 700 元，其中，A 产品生产工人工资 14 000 元，B 产品生产工人工资 12 000 元，车间管理人员工资 6 700 元，厂部管理人员工资 7 000 元。（原始凭证为工资费用分配表 1 张）

要求：根据以上资料，填制记账凭证。

记账凭证

年　月　日　　　　记字第____号

摘　要	总账科目	明细科目	√	借　方										贷　方									
				千	百	十	万	千	百	十	元	角	分	千	百	十	万	千	百	十	元	角	分
合　计																							

附件　张

会计主管：　　记账：　　稽核：　　填制：

记账凭证

年　月　日　　　　记字第____号

摘　要	总账科目	明细科目	√	借　方										贷　方									
				千	百	十	万	千	百	十	元	角	分	千	百	十	万	千	百	十	元	角	分
合　计																							

附件　张

会计主管：　　记账：　　稽核：　　填制：

记账凭证

年　　月　　日　　　　　　　　记字第____号

摘要	总账科目	明细科目	√	借方										贷方									
				千	百	十	万	千	百	十	元	角	分	千	百	十	万	千	百	十	元	角	分
合计																							

附件　　张

会计主管：　　　　记账：　　　　稽核：　　　　填制：

记账凭证

年　　月　　日　　　　　　　　记字第____号

摘要	总账科目	明细科目	√	借方										贷方									
				千	百	十	万	千	百	十	元	角	分	千	百	十	万	千	百	十	元	角	分
合计																							

附件　　张

会计主管：　　　　记账：　　　　稽核：　　　　填制：

记账凭证

年　　月　　日　　　　　　　　记字第____号

摘要	总账科目	明细科目	√	借方										贷方									
				千	百	十	万	千	百	十	元	角	分	千	百	十	万	千	百	十	元	角	分
合计																							

附件　　张

会计主管：　　　　记账：　　　　稽核：　　　　填制：

（4）掌握会计账簿的登记方法。

江汉轴承股份有限公司 2024 年 12 月 1 日银行存款日记账的期初余额为 53 350 元，12 月发生的与银行存款有关的经济业务同实训题第 3 题。

要求：根据以上资料，登记该公司 2024 年 12 月的银行存款日记账。

银行存款日记账

年		凭证		摘 要	√	借方（收入）金额										贷方（支出）金额										借或贷	余 额									
月	日	字	号			千	百	十	万	千	百	十	元	角	分	千	百	十	万	千	百	十	元	角	分		千	百	十	万	千	百	十	元	角	分

归纳总结

本模块主要介绍企业日常账务处理的基本原理、方法和具体应用。在进行具体的账务处理之前，必须先理解和掌握会计的基本理论和核算方法，即对会计对象、会计要素、会计等式、会计科目、会计账户、借贷记账法等基本理论和方法进行深入的学习。同时，还应明确会计进行确认、计量、报告的前提是要满足四大基本假设，即会计主体、持续经营、会计分期和货币计量，明确会计确认、计量和报告的基础是权责发生制和收付实现制，不同性质的单位采用不同的核算基础，企业一般采用权责发生制。为了系统、完整地核算单位的经济活动，根据交易或事项的特征，将会计对象分为六大要素：资产、负债、所有者权益、收入、费用和利润。这六大要素又形成了两个会计等式：静态的会计等式是“资产=负债+所有者权益”，动态的会计等式是“收入-费用=利润”。由于会计要素比较抽象，为了提供更加详尽、具体的资料，对会计要素的具体内容又进行了分类，形成了会计科目，共有 6 类科目：资产类科目、负债类科目、所有者权益类科目、共同类科目、成本类科目和损益类科目。会计账户是根据会计科目设置的。在此基础上，采用复式记账法进行记账。我国采用借贷记账法。借贷记账法建立在“资产=负债+所有者权益”会计等式的基础上，“借”和“贷”只是符号，都可以表示增加和减少，其中，资产类、成本费用支出类账户是“借”增“贷”减，而负债类、所有者权益类、收入类账户是“借”减“贷”增。

企业生产经营资金的运动程序可以分为资金的投入、资金的循环与周转和资金的退出 3 个基本环节。资金投入环节即筹集资金环节，资金来源渠道有所有者投入的资金和债权人投入的资金，前者形成所有者权益，后者形成负债。资金的循环与周转环节则分为供应过程、生产过程和销售过程。供应过程主要包括购买固定资产、原材料等；在生产过程中，企业通过消耗原材料发生费用、固定资产折旧等制造产品；在销售过程中，企业将产品卖出形成经济利益的流入，扣除发生的成本费用后，形成企业的利润。企业“寿命”终止时，需要进入清算程序，按照规定的程序最终注销企业资质即进入资金的退出环节。

本模块在介绍基本理论和方法之后，运用借贷记账法对企业在不同阶段发生的经济业务或会计事项进行具体的财务处理应用。在此基础上，进一步通过实例介绍了会计实务所涉及的三大核算方法：填制与审核会计凭证、设置与登记会计账簿、汇总与编制财务报表。

模块三

企业财务报表的解读与分析

导读

通过前面的系统学习可知，一切复杂的经济活动均可转换为以货币进行计量的会计数字，这些会计数字（即商业语言）最后被压缩成几张财务报表。通过解读与分析财务报表，可了解企业基本的经营信息。也就是说，财务报表信息是企业经营活动的晴雨表。在财务报表编制出来后，企业的经营管理者、所有者、债权人等相关利益主体就会以企业会计部门提供的财务报表为主要依据，结合一定的评价标准，采用科学、系统的分析方法，遵循规范的分析程序，通过对企业过去和现在的财务状况、经营成果和现金流量等重要指标进行全面分析，为各自的决策提供定量和定性的数据支持。

本模块主要针对企业的资产负债表、利润表、现金流量表等基本财务报表列报的主要项目及项目之间、报表之间的相互联系，先直观解读报表中蕴含的企业经营活动信息，再通过商业智能分析工具（Power BI）分析资产负债表、利润表、现金流量表的结构和趋势变化。然后，本模块在此基础上，从多个维度出发，运用各类指标对企业的偿债能力、营运能力、盈利能力和发展能力进行全面分析，从而深层次展示企业的经营活动效率、规模、质量，提高经济决策的科学性。

学习目标

知识目标

- 熟悉资产负债表、利润表等基本财务报表的特点和作用。
- 掌握反映企业财务状况和经营成果等信息的主要财务指标的计算方法。

能力目标

- 能正确解读资产负债表、利润表等基本财务报表所蕴含的财务信息。
- 能运用商业智能分析工具（Power BI）完成偿债能力、盈利能力、营运能力和发展能力等财务指标计算。
- 能利用各种财务指标进行简单的财务分析。

素养目标

- 身心健康，具有劳动精神、工匠精神和诚实守信、客观公正的职业素养。
- 具备数据分析思维、敏锐的洞察力和职业判断力，培养数字素养。

任务一　资产负债表的解读与分析

任务导入

王玥是某财经职业学院会计系的大三学生，已进入毕业实习阶段。经过努力，她来到红光机械有限责任公司财务部实习。2025年1月3日，王玥一到公司，财务部总账会计张姐就让其将本公司2024年12月的财务报表呈报给公司赵总阅览。王玥小心翼翼地将报表交给赵总后，正准备离开，赵总却叫住了她，让她解释一下资产负债表、利润表、现金流量表等基本财务报表所反映的财务信息。针对资产负债表，王玥应侧重陈述哪些财务信息呢？

一、资产负债表的解读

资产负债表是反映企业在某一特定日期（月末、季末、半年末、年末）财务状况的报表。它是企业根据“资产=负债+所有者权益”这一会计等式，依据一定的分类标准和顺序，把企业在一定日期的资产、负债、所有者权益项目进行适当排列，并对日常工作中发生的交易和事项产生的数据进行整理后编制而成的。

1. 资产负债表解读的目的与内容

资产负债表主要提供有关企业财务状况的信息，即某一特定日期的企业资产、负债、所有者权益及其相互关系的相关信息。需要解读的信息包括以下几个方面。

（1）解读企业的资产、负债和所有者权益（或净资产）各列报项目的具体数据，盘点企业的资产，从而了解企业基本的财务状况。

（2）解读企业拥有或控制的资源及其分布情况，判断经济资源的结构是否合理，并预测未来这些经济资源会给企业带来多少经济利益。

（3）解读企业负担的债务总额及其结构（即企业未来需要用多少资产或劳务清偿债务，何时清偿，其中流动负债有多少、非流动负债有多少；非流动负债中有多少需要用当期的流动资金进行偿还，如一年后到期的非流动负债等），并评估不同类别资产的变现能力，预测未来现金流入的金额、时间及其不确定性，从而评估不同类别债务的偿还顺序，预测未来现金流出的金额、时间，从而根据有关资产和负债项目评价企业的偿债能力。

（4）解读企业所有者所拥有的权益，判断资本保值、增值的情况及对负债的保障程度。

（5）解读企业的资产结构和资本结构，评价企业的财务弹性。

财务弹性又称财务适应性，是指企业通过采取有效措施改变现金流动的金额和时间分布，以应对突发事件和抓住获利机会的能力，它是由企业的资产结构和资本结构决定的。

资产结构是指企业全部资产在流动资产、非流动资产等不同类别资产上的分布。通常情况下，流动资产比例高，企业的变现能力强，应对突发事件的能力就强；非流动资产比例高，长期经营能力就强，但变现能力相对较弱，财务弹性就差。

资本结构是指企业所有资本中债务资本与权益资本的比例。若债务资本比例高，则企业的财务弹性相对较差。

（6）将资产负债表和利润表结合起来解读，可以评价企业的经营业绩。

企业的经营业绩主要表现在盈利能力上。而企业的盈利能力主要通过资产利润率、净资产收益率、成本利润率等一些相对指标进行衡量。

根据利润表所提供的当期利润情况，结合资产负债表所提供的资产总额、所有者权益总额等信息，就可以分析、评价和预测企业的经营业绩。

2. 资产项目的解读

在资产负债表中，资产项目按照流动性由强到弱的顺序排列，下面按此顺序逐一解读资产类项目。

（1）流动资产项目的解读。

①“货币资金”项目的解读。资产负债表中列报的“货币资金”项目是企业库存现金、银行

存款、其他货币资金 3 个账户的期末余额之和。通过该项目，报表使用者可以了解企业的货币资金总量。对于“货币资金”项目，需要通过解读报表附注，才可知晓上述三者各自的具体数额，明确这三者在货币资金总量中所占的比重，进一步确定企业短期支付能力的强弱。此外，还可对比“货币资金”项目期末与期初数的增减变动情况，了解货币资金对债权收回的保障程度或是否存在资金闲置浪费的情况。

②“交易性金融资产”项目的解读。“交易性金融资产”项目反映的是除以摊余成本计量的金融资产、以公允价值计量且其变动计入其他综合收益的金融资产之外的以公允价值计量且其变动计入当期损益的金融资产，主要是指企业在二级市场上购买的、以交易为目的、可随时变现的股票、基金、债券等金融工具。通过解读该项目，报表使用者可以了解企业闲置流动资金的投资状况，能够了解企业的短期变现能力，进而分析企业的短期偿债能力。

③“衍生金融资产”项目的解读。“衍生金融资产”项目反映的是资产负债表日企业持有的期货合约、期权合约、远期合同、互换合同等衍生金融产品的公允价值（正数）。

④“应收票据”项目的解读。“应收票据”项目反映的是企业持有的应收商业汇票的账面价值，而非面值。该项目的增加意味着企业短期债权的增加，其原因可能是赊销产生的应收债权，它表明企业已经确认了收入，但未真正增加收益。它的增加会降低资金周转速度。它的减少可能基于 3 种原因：一是应收资金可能收回；二是票据到期，付款方未能兑现，按规定转入应收账款；三是可能办理了票据贴现业务。若是第一种原因，则可能表明企业资金已经回笼，但若是第三种原因，可能还要结合报表附注进一步分析，看票据贴现是否附追索权。如果不附追索权，票据贴现转移了所有权，则表明企业的资金收回；若附追索权，说明企业仍具有连带还款责任，该笔票据资金仍悬而未决。若是第二种原因，则意味着资金仍未收回。此项目增加或减少是利好消息还是不利消息，还需通过进一步的分析来判断。

⑤“应收账款”项目的解读。该项目是由于企业采取赊销而形成的。它的增加意味着销售收入的增加，但货币资金并未增加，而且大量的应收债权很可能成为企业资金流转的障碍；它的减少通常是债权的收回，货币资金实现回笼，但也可能是发生坏账或抵偿其他债务。总之，该项目金额不宜过大。

⑥“应收款项融资”项目的解读。该项目反映资产负债表日以公允价值计量且其变动计入其他综合收益的应收票据和应收账款等。通常情况下，企业流动资金充沛，这类业务发生的频率不高，应收款项融资金额较小，反之则大。

⑦“预付款项”项目的解读。“预付款项”项目反映的是企业的债权，它主要产生于企业先付款后购货的采购业务，反映的内容可能是所需货物属稀缺或紧俏商品等，这个项目的增减变动通常不会很大，对整个企业的总资产而言，影响较小。

⑧“其他应收款”项目的解读。其他应收款为企业的短期债权，该项目反映的是企业应收或暂付的除应收账款、应收票据、预付款项等之外的应收款项，由“其他应收款”“应收利息”“应收股利”3 个科目的余额加计构成。其他应收款一般金额不多，变化亦不会很大。应收利息反映的是企业在对外投资购买债券等业务中应收而未收的利息，此项目金额不宜过多，过多就意味着企业虚增利息收入。应收股利反映的是企业在对外开展股权性投资等业务中应收而未收的股利，此项目金额较多，说明企业对外投资规模较大且投资回报较多。

⑨“存货”项目的解读。存货为企业的流动资产，为实物资产，不宜过多，过多则意味着企业的存货可能滞销或者积压，资金不能迅速回笼，影响企业正常经营。长期存在此种情况，企业经营会出现问题，必须考虑转产或停产。因此，存货增加一般来说不是好消息，但小幅变动影响不大，出现波动也属正常。

⑩“合同资产”项目的解读。“合同资产”项目反映的是企业已向客户转让商品而有权收取对价的权利，且该权利取决于时间流逝之外的其他因素。如企业向客户销售两项可明确区分的商品，企业因已交付其中一项商品而有权收取款项，但收取该款项还取决于企业交付另一项商品的，企业应当将该收款权利作为合同资产。合同资产与应收账款是不同的。应收账款代表的是无条件收取合同对价的权利，而合同资产并不是一项无条件收款权，该权利取决于履约义务执行情况等条件。

⑪“持有待售资产”项目的解读。“持有待售资产”项目反映的是资产负债表日划分为持有待售类别的非流动资产及划分为持有待售类别的处置组中的流动资产和非流动资产的期末账面价值。

⑫“一年内到期的非流动资产”项目的解读。此项目一般为企业将于一年内到期收回的对外长期债权投资（即债权投资、其他债权投资、其他权益工具投资等）。对于此项目，一般应结合非流动资产中的金融资产之债权投资、其他债权投资、其他权益工具投资共同解读，从而分析企业的投资资金的投向及回笼情况。

⑬“其他流动资产”项目的解读。该项目反映除上述流动资产以外的其他流动资产项目，如期末财产清查中未查明原因尚待处理的存货等流动资产损失。一般情况下，该项目的金额较小；如果金额较大，则说明企业流动资产可能出现水分，待处理的流动资产损失未能及时处理，可能会对报表阅读者产生误导。

⑭“流动资产合计”项目的解读。这一项目是前面各项的合计数，它的增减变动反映的是各流动资产项目综合变动的结果。通过解读此项目，报表使用者可以总体了解流动资产的规模及其在总资产中的比重，总览流动资产在企业中的地位。

（2）非流动资产项目的解读。

①“债权投资”项目的解读。债权投资属于以摊余成本计量的金融资产。它反映的是同时符合以下两个条件的金融资产：一是企业管理该金融资产的业务模式以收取合同现金流量为目标；二是合同条款规定，在特定日期产生的现金流量，仅为对本金和以未偿付本金金额为基础的利息的支付。它是企业购入的准备长期持有至到期的各种债券。同样，它是企业的对外长期性投资资金，能够提高企业的长期偿债能力。

②“其他债权投资”项目的解读。“其他债权投资”项目反映的是企业购入的可供出售的债务工具。其属于企业的对外长期性投资资产项目，能够在一定程度上反映企业的长期偿债能力。

③“长期应收款”项目的解读。“长期应收款”项目反映企业的长期应收款项，包括融资租赁产生的应收款项、采用分期收款且具有融资性质的销售商品和提供劳务等业务中产生的应收款项。长期应收款是企业的一项长期债权，在资产负债表中列示的是其账面价值，即扣除坏账准备后的净额。这个项目的金额不宜过多，否则会影响企业的资金流转。

④“长期股权投资”项目的解读。“长期股权投资”项目反映企业对外进行长期股权投资的账面价值，即对外的长期股权投资资金的变现能力。本项目反映企业对外进行长期投资的资金实力，对外投资较多，说明企业资金充足；但若企业对外投资过多，则可能意味着缺乏发展潜力。

⑤“其他权益工具投资”项目的解读。该项目反映的是企业购入的可供出售的权益工具。它与其他债权投资项目一样，属于企业的对外长期性投资资产项目，能够在一定程度上反映企业的长期偿债能力。

⑥“其他非流动金融资产”项目的解读。该项目反映的是自资产负债表日起超过一年到期且预期持有超过一年的以公允价值计量且其变动计入当期损益的非流动金融资产，主要包括各种除

股权以外的金融资产，如债券、债务工具、资产支持证券等。这些资产通常是为了获得稳定的固定收益或优惠的收益，并且具有较长的持有期。此类投资通常是以借出资金或买入证券等形式进行，企业通常并不会对被投资公司的经营和决策产生实质性的影响。

⑦“投资性房地产”项目的解读。“投资性房地产”项目核算的是企业持有的以投资为目的的房地产的账面价值，反映的是企业经营房地产业务的投资资金的流向。非主营房地产业务的企业，如果将过多的资金投向房地产业务，在房地产行业景气的经营形势下可以获得超额回报，但若房地产行业不景气，会使投资资金长期套牢，进而导致企业资金周转困难，甚至可能陷入困境而不能脱身。因此，进行此项投资需谨慎。

⑧“固定资产”项目的解读。“固定资产”项目包含“固定资产”和“固定资产清理”。其中，“固定资产”项目核算的是企业拥有的厂房、机器、设备等可供企业长期使用的实物资产，资产负债表中列示的此项目反映的是固定资产的账面价值，即固定资产的账面余额与累计折旧、固定资产减值准备的差额，反映企业固定资产的现实价值（即现值）。判断“固定资产”项目的增加或减少是否合理，企业需根据实际情况，结合未来的发展趋势做出合理的分析与判断。固定资产增加可能是企业欲扩大经营规模，减少可能是企业欲减小规模、缩减经营范围、转产或其他情况，小幅变动也属正常情况。“固定资产清理”项目核算的是企业因出售、报废、毁损、对外投资、非货币性资产交换、债务重组等原因转出的固定资产价值及在清理过程中发生的清理费用等，应结合企业固定资产的使用情况及清理需要进行解读。“固定资产清理”科目的余额可能在借方，也可能在贷方，具体情况需结合企业的实际情况和发展需要做进一步分析与判断。

⑨“在建工程”项目的解读。“在建工程”项目包含“在建工程”和“工程物资”。其中，“在建工程”项目核算的是企业基建、更新改造等在建工程发生的支出，在资产负债表中列示的是它的账面价值，即在建工程扣除在建工程减值准备后的净额。该项目反映的是企业各项基础设施建设资金的现实价值。此项目的变动大小不能以金额衡量，因为每一项基础设施的建设涉及的资金数目较大。只要合理规划，其变动大小不是关键。“工程物资”项目核算的是企业为在建工程准备的各种物资的成本，应结合“在建工程”项目解读。

⑩“生产性生物资产”项目的解读。“生产性生物资产”项目核算的是企业尤其是农业企业持有的生产性生物资产的价值，在资产负债表中列示的是其账面价值，即账面余额与减值准备和累计折旧的差。该项目用于农业企业或经营农业业务的企业核算，生产性生物资产属于农业企业或经营农业业务的企业的固定资产或存货资产。

⑪“油气资产”项目的解读。“油气资产”项目核算的主要是石油、天然气开采企业持有的矿区权益和油气井及相关设施的价值，在资产负债表中列示的是其账面价值，即油气资产与累计折耗、减值准备的差。该项目是油气开发企业特有的资产项目。

⑫“无形资产”项目的解读。“无形资产”项目核算的是企业持有的专利权、非专利技术、商标权、著作权、土地所有权等无形资产的成本，在资产负债表中以其账面价值列示，即“无形资产”账户的账面余额扣除“累计摊销”和“无形资产减值准备”账户的账面余额的差额。对高新技术企业而言，此项目金额一般较大；对非高新技术企业而言，本项目金额不宜过大。

⑬“使用权资产”项目的解读。使用权资产是指企业根据租赁合同获得的在租赁期内使用租赁资产的权利，它代表了企业对租赁资产的控制和使用，但并不拥有租赁资产的所有权。使用权资产通常是指租赁资产，包括房屋、设备、机器等，企业可以通过支付租金获得使用权，并在租赁期限内使用该资产。

⑭“开发支出”项目的解读。“开发支出”项目核算的是企业自行开发的无形资产能够予以资

本化的部分，但尚未达到预定可使用或可销售状态的支出。这一项目是企业自主研发实力的证明，也是企业进行自主创新的写照。

⑮“商誉”项目的解读。“商誉”项目反映企业在合并中形成商誉的价值，在资产负债表中以其账面价值列示，即以“商誉”账户的账面余额与“商誉减值准备”账户的账面余额之差列示。本项目只有发生过合并业务的企业才会列报，报表使用者需结合合并业务的补充说明才能获取较为准确的信息。

⑯“长期待摊费用”项目的解读。“长期待摊费用”项目核算的是企业已经发生但应由本期或以后各期负担的且分摊期限在一年以上的各项费用，如以经营租赁方式租入的固定资产的改良支出等。应注意结合相关业务（如经营租入固定资产的改良业务等）对本项目进行解读。

⑰“递延所得税资产”项目的解读。“递延所得税资产”项目核算的是企业确认的可抵扣暂时性差异产生的递延所得税资产。企业确认递延所得税资产应当以未来期间很可能取得的用以抵扣可抵扣暂时性差异的应纳税所得额为限。企业在确定未来期间很可能取得的应纳税所得额时，应当包括未来期间正常经营活动实现的应纳税所得额，以及在可抵扣暂时性差异转回期间因应纳税暂时性差异的转回而增加的应纳税所得额，并提供相关证据。解读这一项目时，应在领会《企业会计准则第18号——所得税》的基础上结合企业具体情况做出判断。

能力拓展

资产负债表解读的重点资产项目

⑱“其他非流动资产”项目的解读。“其他非流动资产”项目核算的是企业持有的经国家批准的特准储备物资或涉及诉讼的财产、银行冻结的财产物资等。一般情况下，企业无此项目。解读该项目时，应具体问题具体分析。

⑲“非流动资产合计”项目的解读。“非流动资产合计”项目反映的是企业所有非流动资产的总和，它的增减变动是各项非流动资产项目综合变动的结果。通过解读此项目，报表使用者可以总体了解非流动资产的规模及在总资产中的比率，以及非流动资产在企业中的地位。

⑳“资产总计”项目的解读。“资产总计”项目反映的是企业所有流动资产与非流动资产的总和，它的增减变动反映的是所有资产项目综合变动的结果。通过解读此项目，报表使用者可以全面了解资产的总体规模，从一定程度上反映企业的经营实力。

3. 负债项目的解读

（1）流动负债项目的解读。

①“短期借款”项目的解读。“短期借款”项目核算的是企业向银行或其他金融机构等借入的期限在一年以下（含一年）的各种借款。此项目反映的是企业需要近期偿还给金融机构的负债，也是需要付出利息代价的负债。解读这一项目可以知晓企业的金融负债，为金融机构发放贷款提供必要的信息。

②“交易性金融负债”项目的解读。“交易性金融负债”项目核算企业承担的交易性金融负债的公允价值。例如，企业发行的准备近期收回或回购的短期债券等，它也是企业的一种金融负债，一般需要支付利息，采用公允价值计量，而短期借款则按面值计量。

③“衍生金融负债”项目的解读。“衍生金融负债”项目反映的是企业持有期货、远期合约等从传统金融工具中派生出来的衍生金融工具。在资产负债表日，如果其公允价值为正数，即属于衍生金融资产；反之，如果其公允价值为负数，即为衍生金融负债。

④“应付票据”项目的解读。应付票据是指企业因购买材料、商品和接受劳务等开出、承兑的商业汇票，包括商业承兑汇票和银行承兑汇票，一般不带息。此项目一般反映商业汇票的面值，若为带息票据，期末计提的利息会增加应付票据的账面价值。因为商业汇票最长期限为6个月，

一旦超过 6 个月未支付，则应转入“应付账款”项目，所以报表使用者在解读这一项目时，应同时关注“应付账款”项目的变化。

⑤“应付账款”项目的解读。该项目核算企业因购买材料、商品和接受劳务等经营活动应支付的价税等款项，为企业的不带息流动负债，是一种信用负债，过多则可能导致短期偿债风险或可能影响企业的信誉。该项目的变动应依据企业的采购规模等具体情况决定。

⑥“预收款项”项目的解读。“预收款项”项目核算的是企业按照合同预收的购货等款项。预收款项一般是在销售过程中因企业经营的商品或物资短缺、畅销等而预先收取购货款，后发货形成的。因此，其偿还需通过提供商品、货物或劳务来实现。此项目金额不宜过多，过多可能代表企业商品供应不到位等，长期如此，可能会影响企业的信誉。解读该项目时，报表使用者应比较多期数据和相关资料，运用财务分析方法进行科学、合理的分析和判断。

⑦“合同负债”项目的解读。“合同负债”项目反映的是企业已收或应收客户对价而应向客户转让商品的义务。合同负债与预收账款也是有所不同的。企业在向客户转让商品之前，如果客户已经支付了合同对价或企业已经取得了无条件收取合同对价的权利，则企业应当在客户实际支付款项与到期应支付款项孰早时点，将该已收或应收的款项列示为合同负债。合同负债主要存在于销售激励、客户奖励积分、未来购买商品的折扣券，以及合同续约选择权等附有客户额外购买选择权的销售中。

⑧“应付职工薪酬”项目的解读。“应付职工薪酬”项目核算的是企业根据有关规定应付给职工的各种薪酬，包括工资、职工福利、社会保险费、住房公积金、工会经费、职工教育经费、非货币性福利、辞退福利等。应付职工薪酬属于企业经营活动中的日常负债，一般各月变动不大。解读该项目时，若该项目年末与年初发生较大变动，应注意企业是否有拖欠工资的情况。

⑨“应交税费”项目的解读。“应交税费”项目核算企业按照税法等规定计算的应缴纳的各种税费，包括增值税、消费税、企业所得税、资源税、土地增值税、城市维护建设税、房产税、城镇土地使用税、车船税、教育费附加等，企业代扣的个人所得税也在此项目列报。这项负债也是企业正常经营活动产生的负债，增减变动属正常现象，增加可能是销售收入的增加所致，减少可能也与销售收入的减少等有关，具体还需结合利润表及相关附表做进一步分析。

⑩“其他应付款”项目的解读。“其他应付款”项目包括“应付利息”“应付股利”“其他应付款”。其中，“其他应付款”项目核算的是企业除应付票据、应付账款、预收账款、应付职工薪酬、应交税费、应付利息、长期应付款等以外的其他各项暂收或应付的款项。例如收取押金，就属于“其他应付款”项目的核算内容。解读“其他应付款”项目时，主要关注是否有异常变动，如变化不大，则是正常现象。“应付利息”项目核算企业按照合同规定应支付的利息，包括吸收存款、分期付息到期还本的长期借款、企业债券等的利息。对于一般企业，该项目主要包括长期借款和应付债券两项负债需要分期支付的利息，是企业借债的代价，即筹资费用，一般变动不大。“应付股利”项目则核算的是企业按照股东会确定的股利分配方案应付未付给投资者的利润数额，该数额取决于企业所制定的股利分配方案。

⑪“持有待售负债”项目的解读。“持有待售负债”项目反映的是资产负债表日处置组中与划分为持有待售类别的资产直接相关的负债的账面价值。

⑫“一年内到期的非流动负债”项目的解读。“一年内到期的非流动负债”项目反映的是企业距到期日还有不到一年（含一年）的非流动负债，如长期借款还有不到一年到期等，这一项目提醒企业注意近期需要偿还的债务。

⑬“其他流动负债”项目的解读。“其他流动负债”项目反映的是企业除上述流动负债之外的流动负债，一般企业无此项目。

⑭“流动负债合计”项目的解读。“流动负债合计”项目反映的是企业流动负债的整体水平。通过解读这一项目，报表使用者可以总体把握企业的短期负债水平。对经营者而言，其应及时调配资金，以及时还债；对债权人而言，其可以衡量企业的短期还款能力，进而确定放债的规模；对股东而言，其可以进一步了解企业的现金流量，进而做出投资决策。

（2）非流动负债项目的解读。

①“长期借款”项目的解读。“长期借款”项目核算企业向银行或其他金融机构借入的期限在一年以上（不含一年）的各项借款。本项目只反映截至报告期期末偿还期限超过一年的金融机构借款，至报告期期末止偿还期限在一年以下（含一年）的借款已在流动负债中列示，即本项目仅仅反映实质上的长期借款，解读时必须注意这一点。这个项目可能因企业长期资产的增减而发生增减变动，但不一定是同比例变动，取决于企业自有资金的情况。具体的增减变动是否合理，还需要借助进一步的分析才能得出结论。

②“应付债券”项目的解读。“应付债券”项目核算的是企业为筹集（长期）资金而发行的债券本金和到期一次还本付息的债券利息。发行债券必须符合公司法的规定，且企业有确实的资金需求，同时有一定的还款能力。如果企业发行的股票中有优先股，由于其具有收取固定股息且持股人一般不参加企业的红利分配，持股人无表决权且一般不参加企业的经营管理等特点，与债券相近，故在“应付债券”项目下设“优先股”子项目予以列报；此外，如果企业发行的债券存在永续债，也在“应付债券”项目下设“永续债”子项目单独列报。“应付债券”项目如果金额较大，那么企业的财务风险将提高，企业的长期债务偿还压力将增大。因此，应付债券业务在企业中不是经常发生的。本项目一经发生，年度内不会发生太大变动，一般变动体现为一次还本付息债券的利息计提而增加的金额。

③“租赁负债”项目的解读。租赁负债是指企业在租赁期内尚未支付的租赁付款额的现值，它反映的是企业在未来期间因使用租赁资产而需要承担的财务义务。租赁负债的账面价值等于租赁付款额折现的数值，即租赁付款额减去未确认融资费用。随着企业支付租金，租赁负债会相应减少。租赁负债和使用权资产是企业进行资产负债管理的两个重要方面，它们之间存在密切的联系。

④“长期应付款”项目的解读。“长期应付款”项目核算的是企业除长期借款、应付债券以外的其他各种长期应付款项，包括应付融资租入固定资产的租赁费、以分期付款方式购入固定资产等发生的长期应付款项等。该项目一经发生，一般金额较大，所以不是日常业务，年度内一般不会发生变动，不同年度因分期偿还而有可能减少，除非发生新的长期应付款业务，一般只会减少，不会增加。

⑤“预计负债”项目的解读。“预计负债”项目核算的是企业确认的因对外提供担保、未决诉讼、产品质量保证、重组义务、亏损性合同等产生的预计负债，一般不会经常发生，如因对外提供担保、未决诉讼、重组义务、亏损性合同等而确认的预计负债很少发生。对于因产品质量保证而产生的预计负债，若企业产品质量过硬，一般也不会发生。所以，本项目属非常规报表项目。报表使用者解读该项目时，应结合相关资料进行分析和判断。

⑥“递延收益”项目的解读。递延收益是指未确认的收入或者收益。递延收益分为两种：一种是与资产相关的政府补助；另一种是与收益相关的政府补助。与资产相关的政府补助是指企业取得的，用于购建或以其他方式形成长期资产的政府补助。递延收益是权责发生制在收益确认上的运用。一般企业如无政府补助项目的话，则无此项目。

⑦“递延所得税负债”项目的解读。“递延所得税负债”项目核算企业确认的应纳税暂时性差异而产生的所得税负债。报表使用者解读该项目时，应结合资产、负债项目的计价等资料认真分析和研读。

⑧“其他非流动负债”项目的解读。“其他非流动负债”项目反映的是企业除上述非流动负债之外的非流动负债项目，一般企业无此项目；若有，应结合相关资料认真分析和研读。

⑨“非流动负债合计”项目的解读。“非流动负债合计”项目是综合项目，总括反映企业非流动负债的金额，让报表使用者综合掌握企业的长期债务，进而做出相关决策。

能力拓展

资产负债表解读的重点负债项目

⑩“负债合计”项目的解读。“负债合计”项目是流动负债与非流动负债的总和，反映企业负债的规模与水平，也能反映经营者的经营理念，同时报表使用者也可借此项目初步做出相关判断，但最终决策必须通过进一步的多方面分析和研究才能做出。

4．所有者权益项目的解读

（1）“实收资本（或股本）”项目的解读。“实收资本（或股本）”项目核算的是企业接受投资者投入的实收资本及股份有限公司发行的股票的面值总额。本项目数额一般不会减少，一般在年度内变化不大。如有变化，应结合相关资料认真解读和分析。

（2）“其他权益工具”项目的解读。“其他权益工具”项目反映的是资产负债表日企业发行的除普通股（作为实收资本或股本）以外，按照金融负债和权益工具区分原则分类为权益工具的其他权益工具的账面价值。

（3）“资本公积”项目的解读。“资本公积”项目核算的是企业收到投资者出资额超出其注册资本或股本中所占份额的部分。如果企业属于股份有限公司，正在回购公司发行在外的股票，那么列报该项目时还需扣减已回购的股票成本（库存股）。报表使用者解读这一项目时，应结合企业具体情况认真分析和研读，除了关注资产负债表，还应关注报表附注。

（4）“其他综合收益”项目的解读。“其他综合收益”项目反映的是企业根据企业会计准则规定未在损益中确认的各项利得和损失扣除所得税后的净额。属于其他综合收益的情况分为“后续可重分类至损益”和“后续不可重分类至损益”两类。前者包括金融资产重分类损益、现金流量套期保值有效部分、外币财务报表折算差额等可回转项目；后者主要涉及设定受益计划精算差额、权益法下其他综合收益转留存收益等不可回转项目。

（5）“专项储备”项目的解读。专项储备项目反映的是高危行业企业按照规定提取的安全生产费及维持简单再生产费用等具有类似性质的费用。非高危行业企业，一般无此项目。

（6）“盈余公积”项目的解读。“盈余公积”项目反映的是企业从净利润中提取的盈余公积，包括法定盈余公积和任意盈余公积两部分。根据法律规定，法定盈余公积达注册资本50%时不再提取，任意盈余公积是由企业股东会或类似权力机构审议通过提取的盈余公积，不受法律法规的限制。对一个经营平稳的企业而言，这一项目的数额会平稳增加。盈余公积主要用于弥补亏损和转增资本，经股东会等机构批准，也可用于发放现金股利。报表使用者解读该项目时，应注意结合利润分配表和相关资料。

（7）“未分配利润”项目的解读。“未分配利润”项目反映的是企业净利润经分配后历年滚存而形成的累计未分配利润（或待弥补的亏损）。这一项目数额的平稳增加，表明企业经营情况良好；这一项目数额的减少，则意味着企业经营可能发生亏损，或企业可能多分配了以往留存的未分配利润。具体结论需通过解读利润分配表及相关资料得出。

（8）“所有者权益（或股东权益）合计”项目的解读。该项目反映的是企业各项所有者权益的综合水平，总括反映企业权益中归属于投资者的部分，投资者据以了解自身投资应享有的权益。通过比较年初、年末此项目的数额变动，报表使用者可以了解企业的经营情况。

（9）“负债和所有者权益（或股东权益）总计”项目的解读。“负债和所有者权益（或股东权益）总计”项目与“资产总计”项目相对应，可通过解读资产负债表比较其增减变动情况。本项目数额增加，说明企业运行平稳，经营形势不错；本项目数额减少，说明企业经营出现困境，需要注意谨慎决策。

能力拓展

资产负债表解读的重点所有者权益项目

二、资产负债表的分析

1. 资产负债表分析的目的和内容

（1）资产负债表分析的目的。

资产负债表是反映企业家底的一张报表，它将一定时点的企业财务状况汇集起来，并予以披露，静态地反映企业一定阶段的经营管理活动成果。无论是从投资的角度，还是从经营管理的角度，对资产负债表进行分析，都希望达到以下目的。

① 了解企业资产、负债和所有者权益的构成及其变化，盘点资产，以期做出下一阶段的决策。

② 明确企业财务状况的变动情况及其变动原因，分析比较，以便修正下一阶段的经营行为。

③ 评价企业的经营状况及其营运能力，提示风险并提出防范措施，以期提高企业经营管理的总体水平和经济效益。

（2）资产负债表分析的内容。

依据资产负债表分析的目的，资产负债表分析的内容如下。

① 资产的结构、变动趋势和水平分析。

a. 流动资产与非流动资产的结构、变动趋势及其在同行业的水平。

b. 经营资产与非经营资产的结构、变动趋势及其在同行业的水平。

c. 根据企业的财务计划或预算指标及同行业平均数，对企业资产的变化进行评价。

② 负债的结构、变动趋势和水平分析。

a. 流动负债与非流动负债的结构、变动趋势、负债成本及其在同行业的水平。

b. 硬性负债与软性负债的结构、变动趋势、负债成本及其在同行业的水平。

c. 根据企业的财务计划或预算指标及同行业平均数，对企业负债的变化进行评价。

③ 所有者权益的结构、变动趋势和水平分析。

a. 所有者权益的结构与变动趋势。

b. 权益资本与留存收益的比例关系、变动趋势及其在同行业的水平。

c. 所有者权益结构与企业利润分配政策之间的关系。

d. 所有者权益结构与企业控制权之间的关系。

e. 根据企业的财务计划或预算指标及同行业平均数，对企业所有者权益的变化进行评价。

2. 资产负债表的结构分析

资产负债表的结构分析，又称资产负债表的垂直分析，包括资产结构分析、资本结构分析等，分别将资产总额、负债及所有者权益总额两个总体项目作为基数，考察资产、负债、所有者权益的构成项目比重是否适当，资产的流动性和资本的来源方式是否相对应等。

（1）资产结构分析。

一方面，从静态角度分析企业资产配置情况，特别关注流动资产和非流动资产的比重及其中重要项目的比重，对企业资产的流动性和资产风险做出判断，进而对企业资产结构的合理性做出评价。另一方面，从动态角度分析企业资产结构的变动情况，对资产结构的稳定性和调整情况做出评价。

（2）资本结构分析。

资本结构分析的目的是促进企业优化融资结构，改善财务状况，降低融资成本，提高承担财务风险的能力。从静态角度分析企业资本的构成，结合企业盈利能力和经营风险，评价资本结构的合理性。从动态角度分析流动负债、非流动负债、所有者权益及其重要项目的变化趋势，对企业负债、所有者权益的变化做出评价。

【做中学 3.1】下面对新兴公司 2019—2024 年的资产负债表进行结构分析。

【分析与处理】

（1）将新兴公司 2019—2024 年的资产负债表作为本地数据源存储为 Excel 格式，其简表如表 3-1 所示。

表 3-1　　新兴公司资产负债表（简表）　　单位：亿元

项目	2019 年	2020 年	2021 年	2022 年	2023 年	2024 年
流动资产						
应收账款	480.14	389.08	371.99	369.68	529.71	794.44
存货	275.41	328.93	406.99	734.35	927.12	1 243.59
流动资产合计	1 116.21	1 077.74	1 453.34	2 163.24	2 751.33	3 620.99
固定资产	468.06	531.91	551.38	1 013.40	2 081.57	2 629.85
资产总计	1 982.26	1 967.99	2 518.61	4 262.31	6 232.84	7 642.59
负债						
流动负债	1 090.86	998.68	1 415.37	2 876.45	4 192.77	5 120.92
非流动负债	266.66	290.72	191.41	260.22	629.39	833.65
所有者权益						
实收资本	27.28	27.28	28.61	29.11	29.11	29.09
盈余公积	38.42	40.86	44.48	50.09	68.39	73.74
未分配利润	213.27	240.92	264.15	354.62	589.86	833.49
负债及所有者权益总计	1 982.26	1 967.99	2 518.61	4 262.31	6 232.84	7 642.59

（2）将报表数据导入 Power BI。

微课视频

Power BI 商业智能分析工具介绍

将新兴公司 2019—2024 年的资产负债表导入 Power BI Desktop，在报表视图中单击“主页”选项卡中的“获取数据”下拉按钮，在弹出的下拉列表中选择“Excel 工作簿”，完成资产负债表数据的导入，如图 3-1 所示。

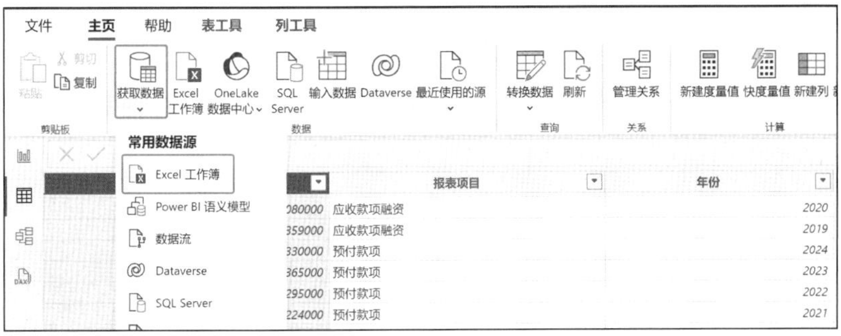

图 3-1　导入资产负债表数据

（3）建立度量值。

微课视频

建立度量值

定位到新兴公司资产负债表，单击“表工具”选项卡中的“新建度量值”按钮，参照图 3-2 所示的“流动资产合计”项目，建立好所需的度量值：“资产总计”“负债合计”“所有者权益合计”“流动资产合计”“非流动资产合计”“流动负债合计”“非流动负债合计”“货币资金”“存货”“应收账款”等，也可以根据分析需要建立更多的度量值。

图 3–2 建立度量值

（4）制作结构分析可视化仪表板。

① 制作年份切片器。

在报表视图的“可视化”中选择“切片器”视觉对象，将“年份”添加到切片器“字段”区域，如图 3-3 所示。

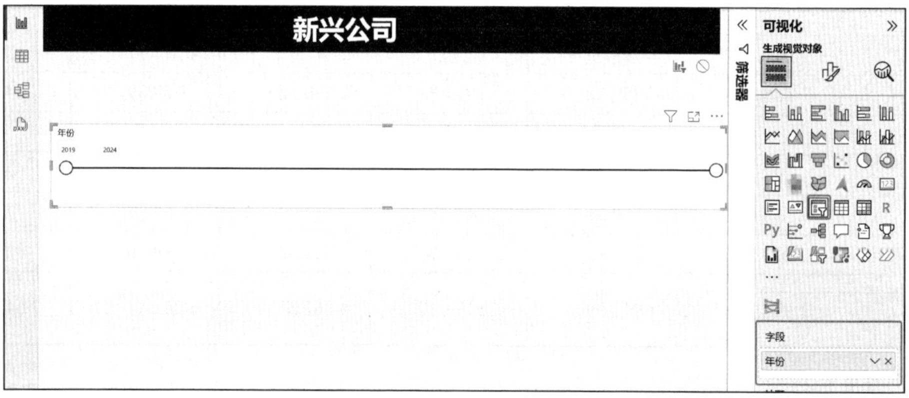

图 3–3 制作年份切片器

调整切片器视觉对象格式，关闭切片器标头，将样式设置为“磁贴”，将年份切片器移动到适宜位置。优化后的年份切片器如图 3-4 所示。

图 3–4 优化后的年份切片器

② 资产结构可视化。

创建一个新的可视化对象环形图，并将“非流动资产合计”“流动资产合计”两个度量值添加到可视化中的“值”区域（见图 3-5），再设置图表的标题（见图 3-6），然后设置详细信息标签（见图 3-7）。通过年份切片器的不同年份选项，可以观察到 2019—2024 年新兴公司资产结构的变化。

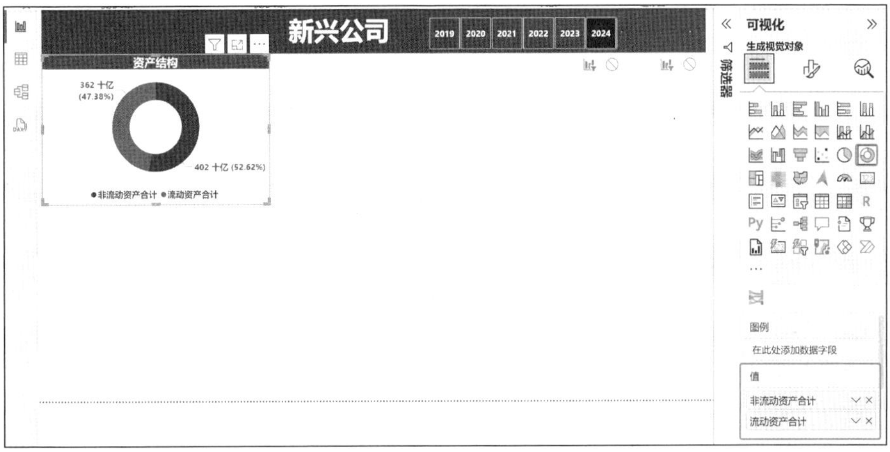

图 3-5　添加字段

图 3-6　设置标题

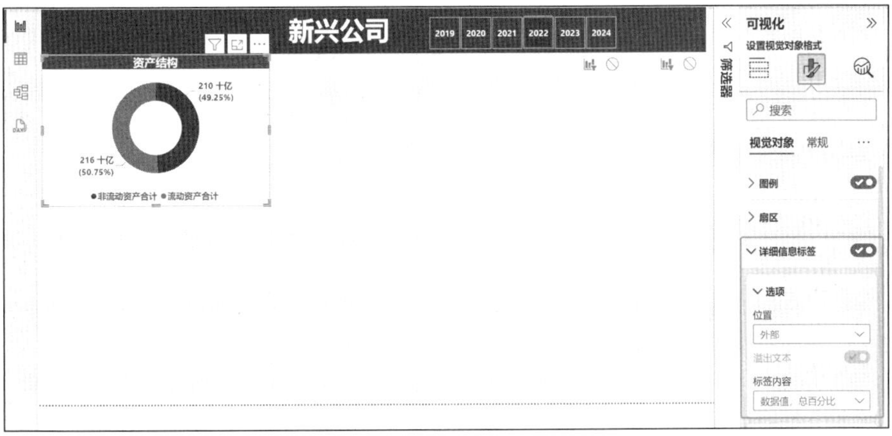

图 3-7　设置详细信息标签

③ 资本结构可视化。

创建一个新的可视化对象饼图，并将“资产总计”“负债合计”“所有者权益合计”三个度量值添加到可视化中的“值”区域（见图 3-8），同样对图表的标题、详细信息标签等样式进行设置。通过年份切片器的不同年份选项，可以观察到 2019—2024 年新兴公司资本结构的变化。

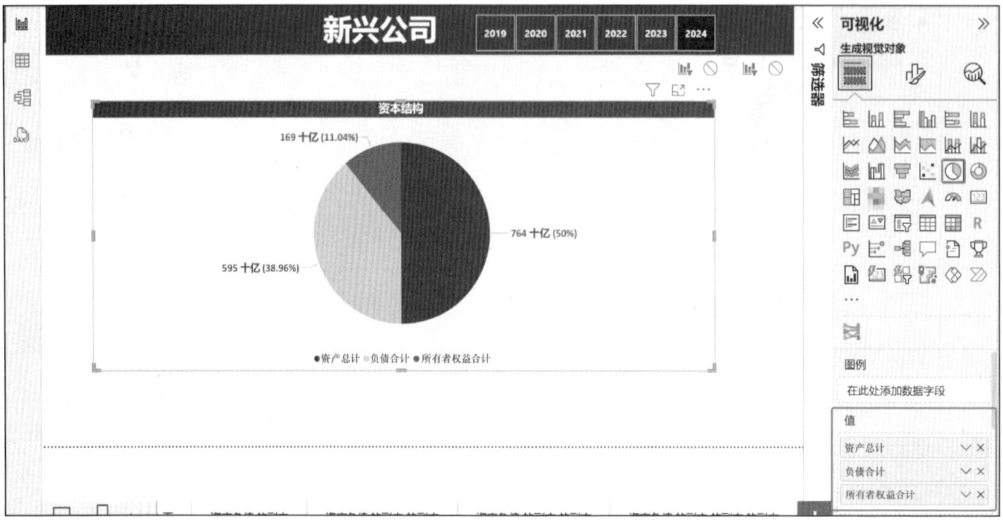

图 3-8 资本结构可视化

④ 财务稳健性可视化。

创建一个新的可视化对象环形图，并将“流动资产合计”“流动负债合计”两个度量值添加到可视化中的“值”区域。通过年份切片器的不同年份选项，可以分析出财务稳健性的变化情况。公司 2021—2024 年财务稳健性情况如图 3-9 所示。

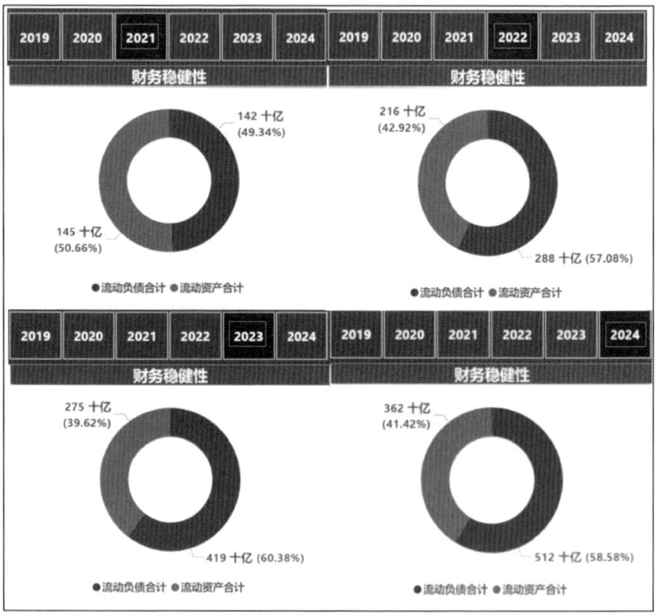

图 3-9 财务稳健性可视化

从以上可视化结果可以看到，新兴公司的资产、资本质量有所下降，财务稳健性有所降低，公司应关注在流动性管理上面临的挑战，具体结论如下。

（1）资产质量有待进一步提高。

资产的流动性有待提高，2023 年与 2022 年相比，新兴公司的流动资产比重减少了 3.30 个百分点，而 2024 年与 2023 年相比，流动资产比重又有所回升，增加了 1.80 个百分点。整体来看，流动资产的比重呈现出先降后升的趋势，这反映出新兴公司在资产配置上增加了对非流动资产的投资，公司应注重提高流动资产的周转效率，以进一步提升资产质量。

（2）应重点加强财务风险控制。

财务稳健性可视化反映出公司的流动资产不足以覆盖流动负债。2024 年，新兴公司的流动资产合计相对于流动负债合计的占比少了 17.16 个百分点，说明流动负债还用于满足部分非流动资产的资金需要，这种资金配置可能会对公司的日常营运资金造成压力，导致公司在资金调度上面临挑战，公司的财务结构呈现出更高的风险特征，与之相应的财务风险也有所上升。

3. 资产负债表的水平分析

资产负债表的水平分析是指将前后各期（或基期与计划期）的资产负债表项目进行比较，计算各项目增减变动金额及比例，考察企业计划的执行或完成情况，预测并有效控制企业财务状况变动趋势的一种分析活动。

（1）从资产角度进行水平分析。

第一，观察总资产规模的变化，从总体上了解企业经过一定时期经营后资产的变动情况，并分析不同类别和具体资产项目的变动状况，以识别资产变化的关键领域。第二，识别变动幅度较大或对总资产变动影响较大的重点类别和重点项目。第三，评估资产变动的合理性及其效率，以深入了解资产变动的质量。

（2）从资本角度进行水平分析。

第一，审视权益总额的变化，并详细分析各类别、各项目筹资的具体变动，以揭示使权益总额变化的主要因素，从而全面把握企业在一定经营周期后权益总额的整体变化。第二，识别那些变动显著或对权益总额变化具有重大影响的筹资类别和项目，为进一步分析指明方向。第三，评估权益资金变动对企业未来运营的潜在影响，以评价其对企业发展的长远作用。

【做中学 3.2】下面对新兴公司 2019—2024 年的资产负债表进行水平分析。

【分析与处理】

（1）资产水平分析可视化。

在创建可视化图表时，构建一个簇状柱形图，*X* 轴选择“年度”，*Y* 轴选择重要资产项目，观察趋势变化，筛选出趋势变化较为明显的资产项目进行水平分析。对新兴公司而言，存货、应收账款、流动资产合计、资产总计等资产项目整体显示出显著的上升趋势，结果如图 3-10 所示。

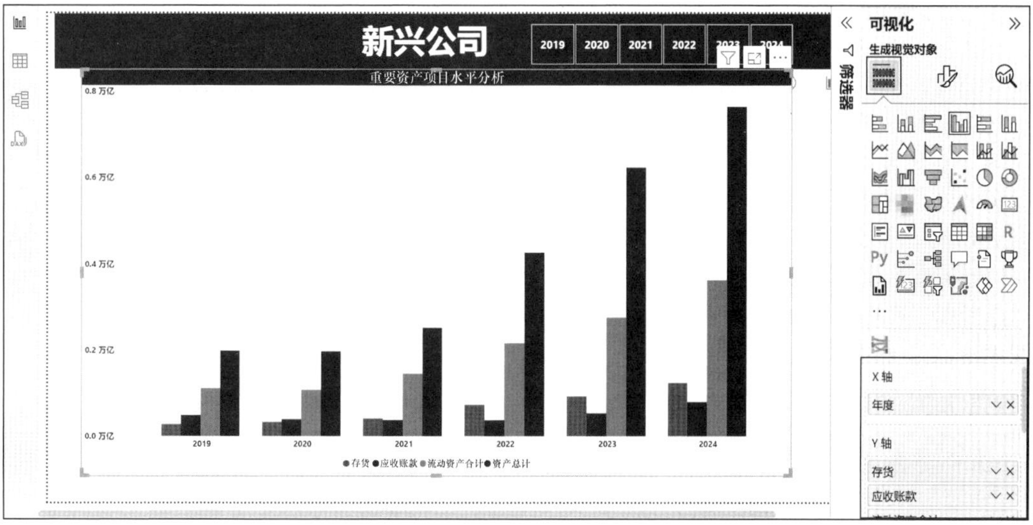

图 3–10　重要资产项目水平分析

（2）资本水平分析可视化。

在创建可视化图表时，构建一个堆积条形图，*X* 轴选择“负债合计”“所有者权益合计”，*Y* 轴选择“年度”，如图 3-11 所示，以观察趋势变化。从图 3-11 中可以看出，2019—2024 年，公司资本大体上呈现持续增长的趋势，并且企业资本主要来源为负债，这表明企业可能在利用财务杠杆来增加其资产和投资的回报。

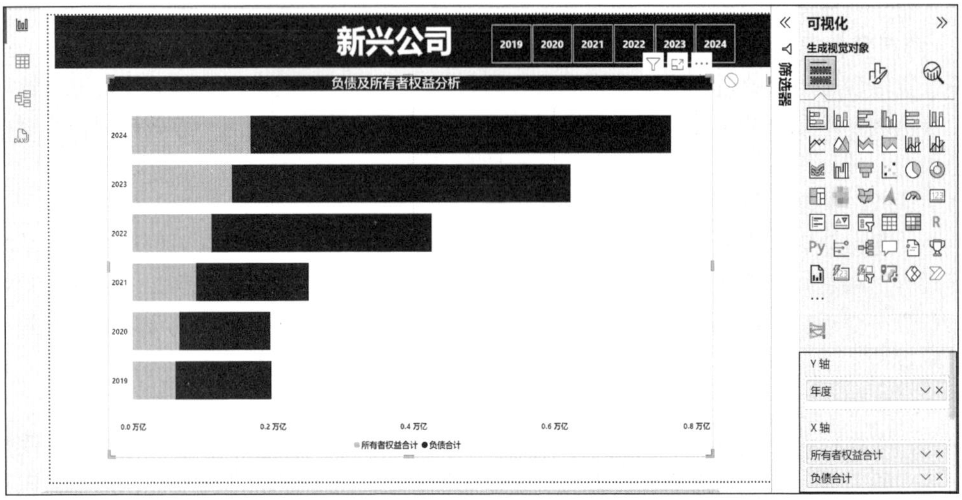

图 3-11 负债及所有者权益分析

从以上可视化结果可以看到，新兴公司应在保持资产增长的同时，注重财务稳健性和运营效率的提升，具体结论如下。

（1）注重存货管理优化。

与 2022 年相比，2024 年的存货增长了约 69.35%，存货的增加可能是由于销售预期增长或供应链策略调整。因此，新兴公司应加强对存货的管理，确保存货水平与市场需求相匹配，避免库存积压导致资金占用和存货贬值。

（2）加强应收账款管理。

与 2022 年相比，2024 年应收账款的增幅约 114.90%，这一数据不仅反映了存货销售规模的扩大，也表明债权风险的提升。因此，新兴公司有必要进行专题分析，以评估当前信用政策的适用性和有效性。

（3）合理运用财务杠杆。

由于负债超过所有者权益，所以新兴公司应谨慎管理财务杠杆，确保债务水平处于可控范围内。新兴公司应积极寻求平衡的资本结构，适当增加所有者权益的比例，通过股权融资等方式降低对债务的依赖。

素质教育案例 8

公司虚增收入被处罚警示案例

【做中学 3.3】星光公司 2021—2024 年加工后的资产负债表（简表）如表 3-2 所示，利用 Power BI 对星光公司 2021—2024 年加工后的资产负债表进行结构分析、水平分析。

表 3-2 星光公司资产负债表（简表） 单位：元

项目	2021 年	2022 年	2023 年	2024 年
流动资产				
速动资产	300 000	400 000	350 000	300 000
存货	300 000	350 000	400 000	450 000
固定资产	800 000	1 090 000	1 813 000	1 912 000
资产总计	1 400 000	1 840 000	2 563 000	2 662 000
负债				

（续表）

项目	2021 年	2022 年	2023 年	2024 年
流动负债	150 000	151 000	465 000	176 000
非流动负债	119 000	160 000	182 000	245 000
所有者权益				
实收资本	500 000	500 000	500 000	500 000
盈余公积	74 000	154 000	231 000	296 000
未分配利润	557 000	875 000	1 185 000	1 445 000
负债及所有者权益总计	1 400 000	1 840 000	2 563 000	2 662 000

提示

何谓“速动资产”

速动资产是指可以迅速转换为现金或已属于现金形式的资产。通常情况下，速动资产是流动资产减去变现能力较强且稳定的存货等之后的余额。

【分析与处理】

将 Excel 格式的本地数据源导入 Power BI。

（1）结构分析。

首先，新建一个计算列，根据资产负债表中项目列的不同取值，来计算对应的比例关系，将相应金额列的值除以特定的总计值。

定义一个计算列，具体如下。

Column = if('资产负债表'[项目]="流动资产"||'资产负债表'[项目]="非流动资产"||'资产负债表'[项目]="资产总计",'资产负债表'[金额]/[资产总计],if('资产负债表'[项目]="流动负债"||'资产负债表'[项目]="非流动负债"||'资产负债表'[项目]="所有者权益"||'资产负债表'[项目]="负债及所有者权益总计",'资产负债表'[金额]/[负债及所有者权益总计]))

其次，创建可视化图表，构建一个矩阵视觉对象，将“项目”添加到“行”区域，将“年份”添加到“列”区域，将“Column 的总和”添加到“值”区域，效果如图 3-12 所示。

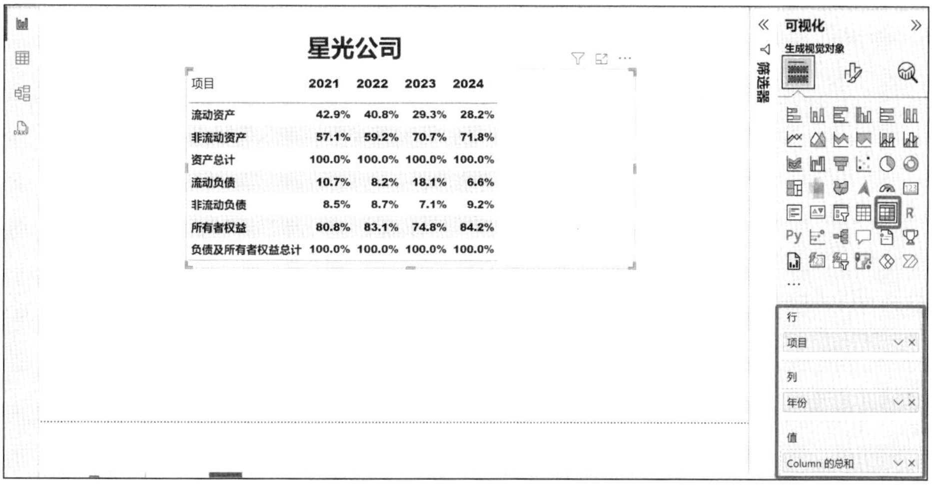

图 3-12　资产负债表结构分析

（2）水平分析。

由于环比是与上一期比较，因此需要构建“上期金额”度量值。

① 建立“上期金额”度量值。

上期金额 = var x=MAX('Sheet1'[日期])-1

Return

CALCULATE([金额],'Sheet1'[日期]=x)

② 建立“环比”度量值。

环比 = if([上期金额]=blank(),"-",([金额]-[上期金额])/[上期金额])×100%

③ 新建矩阵视觉对象。

在创建可视化图表时，构建一个矩阵，将“项目”添加到“行”区域，将“日期”添加到“列”区域，将“金额”“环比”添加到“值”区域，如图 3-13 所示。由于将 2021 年数据作为基期数据，所以无法计算 2021 年与 2020 年的环比。将“环比”度量值调整为百分比形式，并保留两位小数。

图 3-13 资产负债表水平分析

④ 主要项目定基发展速度。

环比是报告期数值与前一期数值的比率，定基发展速度是报告期数值与某一固定时期（通常为最初时期）数值的比率，定基发展速度通常用于分析总体发展趋势。星光公司主要项目的定基发展速度如表 3-3 所示。

表 3-3 星光公司主要项目的定基发展速度

项目	2021 年（基年）	2022 年	2023 年	2024 年
流动资产				
速动资产	100%	133.33%	116.67%	100%
存货	100%	116.67%	133.33%	150%
固定资产	100%	136.25%	226.63%	239%
资产总计	100%	131.43%	183.07%	190.14%
负债				
流动负债	100%	100.67%	310%	117.33%

（续表）

项目	2021 年（基年）	2022 年	2023 年	2024 年
非流动负债	100%	134.45%	152.94%	205.88%
负债总计	100%	115.61%	240.52%	156.51%
所有者权益				
实收资本	100%	100%	100%	100%
盈余公积	100%	208.11%	312.16%	400%
未分配利润	100%	157.09%	212.75%	259.43%
所有者权益总计	100%	135.19%	169.41%	198.14%
负债及所有者权益总计	100%	131.43%	183.07%	190.14%

从以上可视化结果及表 3-3 中各主要项目的定基发展速度，可以得到如下信息。

（1）该公司总资产逐年增长，增长速度快，说明该公司规模不断扩大，处于成长期。

（2）该公司留存收益（盈余公积、未分配利润）逐年增长速度均超过总资产的增长速度和负债的增长速度，成为公司资本的主要来源。

上述结论表明，星光公司财务状况良好，对收益采用低分配、高积累政策，经营规模不断扩大，发展趋势良好。

任务实施

赵总让王玥解读 2024 年公司财务报表中资产负债表所反映的基本信息，王玥应运用所学的关于财务报表列报的专业知识，向赵总做如下汇报。

首先，总体介绍资产负债表在财务报告体系中的地位与作用。

王玥应告诉赵总资产负债表列报的是企业生产经营活动运行到特定时点所呈现出来的企业的财务状况，即拥有的资产规模及资产背后所体现的资金来源与构成。

其次，根据公司的资产负债表，分别介绍资产负债表中资产、负债、所有者权益这三大类要素中的重点项目。

在分类介绍时，应重点针对报表中金额较大、前后期金额变动较大、与企业生产经营活动直接相关的项目进行较为详细的阐述，如“货币资金”“存货”“应收账款”“固定资产”等项目的变动情况。

最后，运用财务分析方法，对公司的资产负债表进行水平分析、结构分析，从而帮助赵总充分了解企业财务状况的变动情况及变动原因。针对资产负债表的相关数据，计算公司的资产结构、资本结构是否合理，财务弹性的大小及长短期偿债能力的强弱。

任务训练

1. 单项选择题

（1）下列报表中，反映企业在某一特定日期财务状况的是（　　）。

A. 资产负债表　　B. 利润表

C. 现金流量表　　D. 所有者权益变动表

（2）“生产成本”账户的期末余额，应填报在资产负债表的（　　）项目中。

A. “货币资金”　　B. “其他流动负债”

C. “存货”　　D. “其他应收款”

（3）“预付账款”科目所属明细科目如有贷方余额，应在资产负债表的（　　）项目中反映。

A. “预付款项”　B. “预收款项”　C. “应收账款”　D. “应付账款”

（4）下列资产项目中，属于非流动资产项目的是（　　）。

A. “预付款项”　B. “交易性金融资产”

C. “长期待摊费用”　D. “存货”

（5）“工程物资”账户的期末余额，应填报在资产负债表的（　　）项目中。

A. “在建工程”　B. “固定资产”

C. “存货”　D. “其他非流动资产”

（6）下列项目中，属于流动资产项目的是（　　）。

A. “在建工程”　B. “固定资产”　C. “存货”　D. “无形资产”

（7）企业的短期债权人主要关心企业（　　）。

A. 资产的流动性　B. 收益的稳定性

C. 负债与所有者权益的比例　D. 长期负债与短期负债的比例

（8）“其他应付款”项目列报的内容不包括（　　）。

A. 应付股利　B. 应付账款　C. 其他应付款　D. 应付利息

（9）“负债和所有者权益（或股东权益）总计”项目与“资产总计”项目相对应，如果其数额增加，则说明企业（　　）。

A. 资本质量下降　B. 财务安全性降低

C. 财务弹性较小　D. 运行平稳，经营形势不错

（10）解读“未分配利润”项目时，如果发现该项目数额减少，则表明（　　）。

A. 企业经营情况良好　B. 企业经营稳健

C. 企业经营可能发生亏损　D. 企业少分配了以前年度滚存的利润

2. 多项选择题

（1）通过对资产负债表的解读，可以了解（　　）。

A. 企业拥有的资产总额　B. 企业的资产结构

C. 企业的资金来源　D. 企业的资本保全状况

（2）企业对外报送和公布的主要财务报表包括（　　）。

A. 成本报表　B. 资产负债表　C. 利润表　D. 现金流量表

（3）下列项目中，属于企业资产规模扩大原因的有（　　）。

A. 企业对外举债　B. 企业发放股利　C. 企业发行股票　D. 企业实现盈利

（4）下列关于资产负债表的说法，正确的有（　　）。

A. 提供某一日期资产的总额及其结构，表明企业拥有或控制的资源及其分布情况

B. 提供某一期间的负债总额及其结构，表明企业未来需要用多少资产或劳务清偿债务及清偿时间

C. 反映所有者所拥有的权益，据以判断资本保值、增值的情况及对负债的保障程度

D. 提供某一日期的负债总额及其结构，表明企业未来需要用多少资产或劳务清偿债务及清偿时间

（5）下列各项中，属于流动资产的有（　　）。

A. 存货　B. 预付账款　C. 应收账款　D. 银行存款

（6）企业会计准则规定，在资产负债表中应作为“存货”项目列报的有（　　）。

A. 生产成本　B. 工程物资　C. 材料采购　D. 原材料

（7）下列各项中，应在资产负债表“预收款项”项目列示的有（　　）。

A. “预收账款”科目所属明细科目的期末贷方余额

B. “应收账款”科目所属明细科目的期末贷方余额

C. “应付账款”科目所属明细科目的期末借方余额

D. “预收账款”科目的贷方余额

（8）财务弹性是由企业的（　　）所决定的。

A. 资本结构　　B. 负债结构　　C. 资产结构　　D. 权益结构

（9）“其他应收款”项目列报的内容包括（　　）。

A. 应收股利　　B. 应收账款　　C. 其他应收款　　D. 应收利息

（10）对资产负债表进行水平分析的目的有（　　）。

A. 考察资产、负债、所有者权益的构成项目比重是否合理

B. 考察资产的流动性和资本来源方式是否对应

C. 预测并有效控制企业的财务状况变动趋势

D. 考察企业计划的执行或完成情况

3. 判断题

（1）资产负债表是反映企业一定时期财务状况的报表。（　　）

（2）企业拥有的各种资产都可以作为偿还债务的保证。（　　）

（3）企业负担的债务资金比例越高，则财务弹性越强。（　　）

（4）流动资产在总资产中所占比重越高，则企业短期偿债能力越强。（　　）

（5）“应付账款”科目所属明细科目期末若有借方余额，应在资产负债表“预收款项”项目内填列。（　　）

（6）企业所拥有的货币资金越多，则企业的偿债能力越强、收益越高。（　　）

（7）存货属于企业的速动资产。（　　）

（8）应收票据与应收账款应单独列报。（　　）

（9）企业自有资本比重越高，说明企业经营越谨慎、保守。（　　）

（10）固定资产比重较高，说明企业资产很丰厚。（　　）

4. 简答题

（1）简述财务报表分析的意义。

（2）简述资产负债表分析的目的。

（3）简述资产负债表分析的主要内容。

（4）如何进行资产负债表的水平分析？

（5）如何进行资产负债表的结构分析？

5. 计算及案例题

鑫宏公司 2024 年的资产负债表（简表）如表 3-4 所示。

表 3–4　　资产负债表（简表）

会企 01 表

编制单位：鑫宏公司　　2024 年 12 月 31 日　　单位：万元

资产	期末余额	上年年末余额	负债和所有者权益（或股东权益）	期末余额	上年年末余额
流动资产：			流动负债：		
货币资金	598	280	短期借款	140	72

（续表）

资产	期末余额	上年年末余额	负债和所有者权益（或股东权益）	期末余额	上年年末余额
交易性金融资产	9	10	交易性金融负债		
应收票据	14	18	应付票据	115	38
应收账款	491	225	应付账款	138	250
预付款项	120	80	预收款项	452	380
其他应收款	310	66	应付职工薪酬	23	73
存货	745	820	应交税费	25	46
持有待售资产			其他应付款	585	230
一年内到期的非流动资产			持有待售负债		
其他流动资产	39	44	一年内到期的非流动负债		
流动资产合计	2 326	1 543	其他流动负债	22	33
非流动资产：			流动负债合计	1 500	1 122
债权投资	180	160	非流动负债：		
其他债权投资			长期借款	352	360
长期应收款			应付债券	3	91
长期股权投资			其中：优先股		
投资性房地产			永续债		
固定资产	98	71	长期应付款	77	55
在建工程	359	256	预计负债		
生产性生物资产			递延收益		
油气资产			递延所得税负债		
无形资产	69	62	其他非流动负债		
开发支出			非流动负债合计	432	506
商誉			负债合计	1 932	1 628
长期待摊费用	18	28	所有者权益（或股东权益）：		
递延所得税资产			实收资本（或股本）	100	100
其他非流动资产			其他权益工具		
非流动资产合计	724	577	其中：优先股		
			永续债		
			资本公积	128	120
			减：库存股		
			其他综合收益		
			盈余公积	240	240
			未分配利润	650	32
			所有者权益（或股东权益）合计	1 118	492
资产总计	3 050	2 120	负债和所有者权益（或股东权益）总计	3 050	2 120

要求：（1）找出鑫宏公司资产负债表中数额变动较大或异常的项目，分析可能存在的原因。

（2）对鑫宏公司资产负债表进行水平分析。

（3）对鑫宏公司资产负债表进行结构分析。

任务二　利润表的解读与分析

任务导入

根据本模块任务一中“任务导入”的基本资料，针对利润表，王玥应侧重陈述哪些财务信息呢?

一、利润表的解读

1. 利润表解读的目的与内容

利润表是反映企业在一定期间经营成果的财务报表。利润表列报的利润数额，是企业投资者、债权人及其他利益关联方重点关注的内容，关系到企业的生存和发展。通过解读企业利润表，报表使用者可获得以下信息，满足其相关活动的需要。

（1）解读利润表中有关经营成果和盈利能力的基本信息，可以预测企业未来盈利状况和现金流动状况，有助于企业管理者进行经营决策，并为利润分配提供依据。在利润表中，解读各项收入、费用的发生状况及营业利润、利润总额、净利润等各项要素的数据，可获得企业一定期间经营成果的基本信息，判断企业财富的增长规模；在此基础上，结合资产负债表等报表及报表附注解读企业盈利能力的信息，有助于预测企业未来的盈利规模、趋势及未来现金流量的不确定程度；分析收入、费用与利润之间的消长关系，可以发现企业在生产经营活动的各个环节中存在的问题，并进一步分析产生问题的原因，找到解决措施，做出合理的经营决策。

提示

经营成果和盈利能力

经营成果是指企业在一定期间收支相抵后的差额，通常体现为一定期间的利润总额，它是一个绝对值，反映了企业财富的增长规模。盈利能力是指企业运用一定的经济资源获取经营成果的能力，通常用总资产报酬率、成本费用利润率、净资产收益率等一系列相对指标来衡量它。

同时，利润表直接反映了企业经营成果的形成及经营成果各组成部分的具体数额，在一定的经济政策、法律法规和企业分配制度下，利润额决定了各相关利益集团的分享额，如国家的税收收入，股东的股利，经营者、员工和管理人员的薪酬等。因此，利润表为企业进行利润分配提供了重要依据。

（2）解读利润表中有关盈利能力的信息，可以间接地评价和预测企业的偿债能力。企业的偿债能力不仅取决于企业资产的变现能力和资本结构，也取决于企业的盈利能力。企业的盈利能力逐渐降低，势必会造成资产的流动性和资本结构逐步恶化，进而影响企业的偿债能力，最终使企业陷入资不抵债、濒临破产的境地。因此，较强的盈利能力能促进企业提升资产变现能力，令资本结构处于良好的状态，为债权人提供更大的安全保障。

（3）解读利润表中有关管理绩效的信息，可以评价和考核企业的经营业绩。在所有权与经营权分离的现代企业制度下，如何对企业管理者受托责任履行情况进行评价和考核，是一个十分重要的问题。而利润表提供的利润指标是综合性指标，是企业在生产经营、投资理财等各项活动中形成的工作绩效的集中体现，它所提供的信息是报表使用者了解企业经营管理有效性的重要依据。

对本期利润表和前期利润表的比较，可以较为恰当地评价企业管理者、各职能部门、各市场经营单位的绩效，评判各级管理人员的功过得失。

2. 利润表项目的解读

（1）“营业收入”项目的解读。“营业收入”项目反映的是企业的主营业务收入和其他业务收入的总和，营业收入总额通常是我国划分大、中、小、微型企业的重要标志，同时营业收入始终是企业最主要、最持久的收入源泉之一。解读该项目时应结合利润表附表，了解营业收入中主营业务收入和其他业务收入的金额，帮助企业管理者分析主营业务的发展趋势，进而做出合理的决策。通过对比不同期间本项目的变化，掌握企业的经营前景和未来发展态势。若与基期比较该项目数额增加，则说明企业经营状况良好、经营前景乐观，投资者可以考虑投资计划，但具体决策还需通过进一步分析做出。

（2）“营业成本”项目的解读。“营业成本”项目与“营业收入”项目相对应，反映的是企业的主营业务成本和其他业务成本的总和。营业成本与营业收入具有匹配关系，取得一定量的营业收入必然会发生一定量的营业成本。解读该项目时应结合利润表附表，了解营业成本中主营业务成本和其他业务成本的金额，看是否与营业收入相互配比；同时，还应比较报告期与基期的成本变化，分析成本变化的趋势，这需要进一步借助财务分析方法才能进行。

（3）“税金及附加”项目的解读。“税金及附加”项目反映的是企业主营业务和其他业务应交的消费税、资源税、城市维护建设税、教育费附加、城镇土地使用税、房产税、车船税等税费，一般与营业收入成比例。通过解读此项目数额的增加或减少，即可知晓营业收入的增加或减少。

（4）“销售费用”项目的解读。“销售费用”项目反映的是企业在销售商品和材料、提供劳务的过程中发生的各种费用，包括包装费、保险费、展览费、广告费、商品维修费、预计产品质量保证损失、运输费、装卸费等，以及为销售本企业商品而专设的销售机构的职工薪酬、业务费、折旧费等经营费用，此外企业发生的与专设销售机构相关的固定资产修理等后续支出也在该项目列示。解读该项目时应关注其变化情况，以及是否与营业收入成比例变动；对于导致变化的因素，还需结合利润表附表进行解读。销售费用属于企业的期间费用，期间费用的高低体现了企业内部控制的水平。

（5）“管理费用”项目的解读。“管理费用”项目反映的是企业为组织和管理企业生产经营发生的管理费用，包括企业在筹建期间发生的开办费、董事会和行政管理部门在企业的经营管理中发生的或者应由企业统一负担的公司经费、工会经费、董事会费、诉讼费、业务招待费、技术转让费、研究费用、排污费等支出。解读该项目时一般通过比较掌握其变动情况，从而分析其变化是否合理及有无可降低的空间。

（6）“研发费用”项目的解读。“研发费用”项目是从“管理费用”项目中分离出来单独列报的一个项目，反映企业在研究与开发过程中发生的费用化支出，以及计入管理费用的自行开发的无形资产的摊销。该项目数额的多少，不仅能反映企业研发投入的力度，而且能影响企业所得税的计缴。因此，解读该项目时，要与企业所享受企业所得税加计扣除税收优惠政策紧密结合，分析其数据填报是否准确，同时分析是否符合享受研发费用加计扣除的标准，有无错误列支的情况。

（7）“财务费用”项目的解读。“财务费用”项目反映的是企业为筹集生产经营所需资金而发生的筹资费用，包括利息净支出、汇兑损益及相关的手续费等。其中，利息净支出通过在报表上分设的“利息收入”和“利息费用”两个子项目分别列报，便于信息使用者了解利息净支出的构成。为购建或生产符合资本化条件的资产而发生的借款费用中，不能资本化的部分也应在该项目中列示。解读该项目时，主要关注其变化情况，进而分析节约开支的可能性。

素质教育案例 9

减税降费增底气，研发创新添动力

（8）“信用减值损失”项目的解读。“信用减值损失”反映的是因客户的债务出现拖欠可能性或其他不利因素，引起债权价值减少，导致本企业可收回债权款项减少而产生的损失。该项目对企业的影响很大，如果数额较大，说明企业对客户信用管理宽松，应收款等债权资产产生损失的可能性非常大，需重新评估，并制定积极可行的催收政策，应收快收尽收，减少损失的发生数额。

（9）“资产减值损失”项目的解读。“资产减值损失”项目反映的是企业计提各项资产减值准备所形成的损失，企业应提供减值损失的相关证明材料。对于其变化，只有结合相关证明材料进行相应的分析，才能解读其变化的具体原因，从而采取相应的对策。

（10）“公允价值变动收益”项目的解读。“公允价值变动收益”项目反映的是企业交易性金融资产、交易性金融负债，以及采用公允价值模式计量的投资性房地产、衍生工具、套期保值业务等公允价值变动形成的应计入当期损益的利得或损失。解读该项目时，应结合利润表附表相关具体项目的明细资料进行分析，帮助企业做出合理的投资决策。

（11）“投资收益”项目的解读。“投资收益”项目反映的是企业进行对外投资发生的投资损失或投资收益。应结合企业的具体投资项目解读本项目，以便企业做出合理的投资决策。

（12）“其他收益”项目的解读。“其他收益”项目反映的是计入其他收益的政府补助等，主要针对依国家政策规定享受政府补助等的企业。若该项目的数额过大，在营业利润中占比过高，则说明企业对政府的依赖性太大。

（13）“资产处置收益”项目的解读。“资产处置收益”项目反映的是企业出售划分为持有待售的非流动资产（金融工具、长期股权投资和投资性房地产除外）或处置组（子公司和业务除外）时确认的处置利得或损失，以及处置未划分为持有待售的固定资产、在建工程、生产性生物资产及无形资产而产生的处置利得或损失。债务重组中因处置非流动资产产生的利得或损失和非货币性资产交换中换出非流动资产产生的利得或损失也包括在该项目内。解读该项目时，应注意将其与“营业外收入”或“营业外支出”项目中所反映的其他营业外损益进行对比，看有无混淆之处。

（14）“营业利润”项目的解读。“营业利润”是营业收入减去营业成本、税金及附加、期间费用等，再加上其他收益、投资收益、公允价值变动收益、资产处置收益等综合计算的结果。解读该项目时，应通过对比不同期间的变化，找出节约增效的途径和措施。

（15）“营业外收入”项目的解读。“营业外收入”项目反映的是企业在日常活动之外取得的利得或收益，主要包括政府补助、盘盈利得、捐赠利得等。

（16）“营业外支出”项目的解读。“营业外支出”项目反映的是企业在日常活动之外发生的各项损失或支出，包括公益性捐赠支出、非常损失、盘亏损失等。

（17）“利润总额”项目的解读。“利润总额”项目反映的是企业的营业利润与营业外收支净额的合计金额。通过解读该项目，可总括地了解企业利润的总量，并通过对比分析找出进一步提高利润的途径和方法。

（18）“所得税费用”项目的解读。“所得税费用”是企业应纳税所得额与所得税税率的乘积。该项目反映的是企业确认的应从当期利润总额中扣除的所得税费用，实质上是应纳税所得额的反映，解读时应结合相关资料综合评价。

（19）“净利润”项目的解读。“净利润”项目反映的是企业利润总额与所得税费用之差。通过解读该项目，可以了解企业净利润的总体水平。

（20）“其他综合收益的税后净额”项目的解读。“其他综合收益的税后净额”项目反映的是企业根据企业会计准则的规定未在损益中确认的各项利得和损失扣除所得税影响后的净额。企业在计算利润表中的其他综合收益的税后净额时，

能力拓展

利润表解读时需注意的问题

应当扣除所得税影响，并在报表中列报其他综合收益各项目及其所得税影响。解读该项目时，应同时结合资产负债表中列报的“其他综合收益”项目进行分析。该项目的列报是基于企业在经营业绩评价及对未来现金流量的预测等方面的需求，要求财务报表反映的信息不仅要强调日常交易或事项的经济利益流入，还要反映非日常活动引起的所有者权益的变动，这实现了由本期收益观向综合收益观的转变。

（21）“综合收益总额”项目的解读。“综合收益总额”项目反映的是企业净利润与其他综合收益的税后净额的合计金额。

（22）“每股收益”项目的解读。“每股收益”项目反映的是企业归属于普通股股东的净利润除以发行在外的普通股股票的加权平均数。通过解读该项目，股东可以计算自身在企业净利润中拥有的份额。

AI 问一问

打开并登录自己常用的 AI 工具，在输入文本框中输入“ESG 投资趋势下，利润表是否需新增披露项目？”，对 AI 工具生成的答案进行判断与评价。

二、利润表的分析

1. 利润表分析的目的与内容

（1）利润表分析的目的。

利润表是反映企业“盈亏”的报表，它将企业一个阶段的收入、成本、费用等经营指标汇集起来，直观地反映企业一定阶段的经营成果。无论是从投资的角度，还是从经营管理需求的角度对利润表进行分析，都希望达到以下目的。

① 了解企业收入、成本和费用的构成及其动态变化，弄清楚获得盈利或产生亏损的因素，以便扬长避短，做好下一阶段的经营决策。

② 揭示企业损益的变动状况、趋势及变动原因，并与同行业分析比较，以便完善下一个阶段的经营行为。

③ 评价企业的盈利能力及其持续盈利能力，提示风险并制定防范措施，以便提高企业总体的经济效益。

（2）利润表分析的内容。

根据利润表分析的目的，利润表分析的内容如下。

① 收入的结构和趋势分析：对主营业务收入、其他业务收入、营业外收入、投资收益等的结构、趋势及其在同行业的水平进行分析，以及根据企业的财务计划或预算指标、同行业平均水平，对企业收入的变化进行评价。

② 成本的结构和趋势分析：对主营业务成本、其他业务成本的结构、变动趋势及其在同行业的水平进行分析，以及根据企业的财务计划或预算指标、同行业平均水平，对企业成本的变化进行评价。

③ 费用的结构和趋势分析：对销售费用、管理费用、财务费用、所得税费用等的结构、变动趋势及其在同行业的水平进行分析，以及根据企业的财务计划或预算指标、同行业平均水平，对企业费用的变化进行评价。

④ 收益项目的占比分析：对成本、费用、利润在收入总额中所占的比例进行趋势、结构分析，并与同行业水平进行比较，找差距、寻方法，从而提高企业的盈利能力。

2. 利润表的趋势分析

利润表的趋势分析，即通过对比多期利润表中的相关数据，分析形成利润的各个项目的变动趋势，进而探讨增加收入、节约开支的方法，以提高投入产出率、销售利润率。

利润表的趋势分析，应综合运用因素分析法、水平分析法、垂直分析法等方法进行。

【做中学 3.4】下面对新兴公司 2019—2024 年的利润表进行趋势分析。

【分析与处理】

（1）储存新兴公司利润表数据。

将新兴公司 2019—2024 年利润表作为本地数据源存储为 Excel 格式，其简表如表 3-5 所示。

表 3-5　　新兴公司利润表（简表）　　单位：亿元

项目	2019 年	2020 年	2021 年	2022 年	2023 年	2024 年
一、营业收入	938.22	1 050.22	1 451.92	2 676.88	4 222.75	5 022.51
减：营业成本	787.75	832.31	1 263.53	2 251.46	3 387.26	3 979.54
税金及附加	11.50	13.76	17.69	44.62	74.96	93.99
期间费用	84.54	96.87	94.14	144.25	262.35	373.57
二、营业利润	20.56	58.00	38.69	120.85	266.37	317.47
加：营业外收支净额	1.11	−1.22	0.57	0.34	−5.72	−4.28
三、利润总额	21.67	56.78	39.26	121.19	260.65	313.19
减：所得税费用	2.72	7.76	6.29	21.31	37.39	50.71
四、净利润	18.95	49.02	32.97	99.88	223.26	262.48

（2）将报表数据导入 Power BI。

将新兴公司 2019—2024 年的利润表导入 Power BI Desktop，在报表视图中单击“主页”选项卡中的“获取数据”下拉按钮，在弹出的下拉列表中选择“Excel 工作簿”，完成利润表数据的导入，如图 3-14 所示。

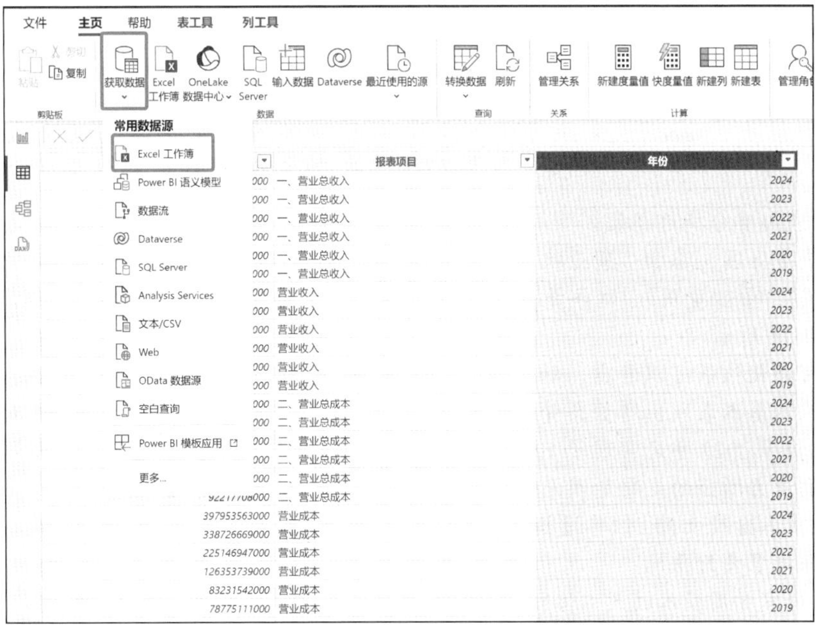

图 3-14　导入利润表数据

（3）利润表趋势分析。

① 建立“去年金额”度量值。

去年金额 = VAR LastYear=

SELECTEDVALUE('利润表'[年份])-1

return

CALCULATE(SUM('利润表'[金额]),'利润表'[年份]=LastYear)

② 建立“环比”度量值。

环比 = if(SELECTEDVALUE('利润表'[年份])>2019,

DIVIDE(SUM('利润表'[金额])-[去年金额],[去年金额]))

③ 新建矩阵视觉对象。

在创建可视化图表时，构建一个矩阵，将“项目”添加到“行”区域，将“年份”添加到“列”区域，将“环比”添加到“值”区域。由于 2019 年数据被定为基期数据，所以无法计算 2019 与 2018 年的环比值。将“环比”度量值调整为百分比形式，并保留两位小数，结果如图 3-15 所示。

项目	2020	2021	2022	2023	2024
营业收入	11.94%	38.25%	84.37%	57.75%	18.94%
营业利润	182.29%	-33.32%	212.44%	120.41%	19.18%
营业成本	5.66%	51.81%	78.19%	50.45%	17.49%
期间费用	14.58%	-2.82%	53.23%	81.87%	42.39%
利润总额	162.02%	-30.86%	208.69%	115.08%	20.16%
净利润	158.63%	-32.75%	203.03%	123.53%	17.56%

图 3–15　利润表重要项目环比分析

④ 利润表趋势分析可视化。

创建一个分区图，添加“营业收入”“营业成本”“净利润”到 Y 轴；再创建一个丝带图，添加“销售费用”“管理费用”“财务费用”“研发费用”到 Y 轴，X 轴设置为年度。利润表趋势分析可视化如图 3-16 所示。

从以上可视化结果可以看出，新兴公司盈利能力的变化及发生变化的主要原因如下。

（1）净利润基本表现出增长态势，其中 2022 年相较于 2021 年实现了 203.03%的显著增长，而 2023 年相较于 2022 年又实现了 123.53%的增幅，这反映了公司盈利能力的不断增强。

（2）盈利能力增强的主要原因是营业收入逐年上升。

① 营业成本持续上升，但其增长幅度并未跟上营业收入的增速。显示出公司在收入增长与成本控制之间保持了良好平衡。

② 公司研发费用投入较大，体现了其对技术创新和产品市场竞争力提升的重视。

（3）销售费用大幅度增加，应进一步查找原因持续优化费用结构。

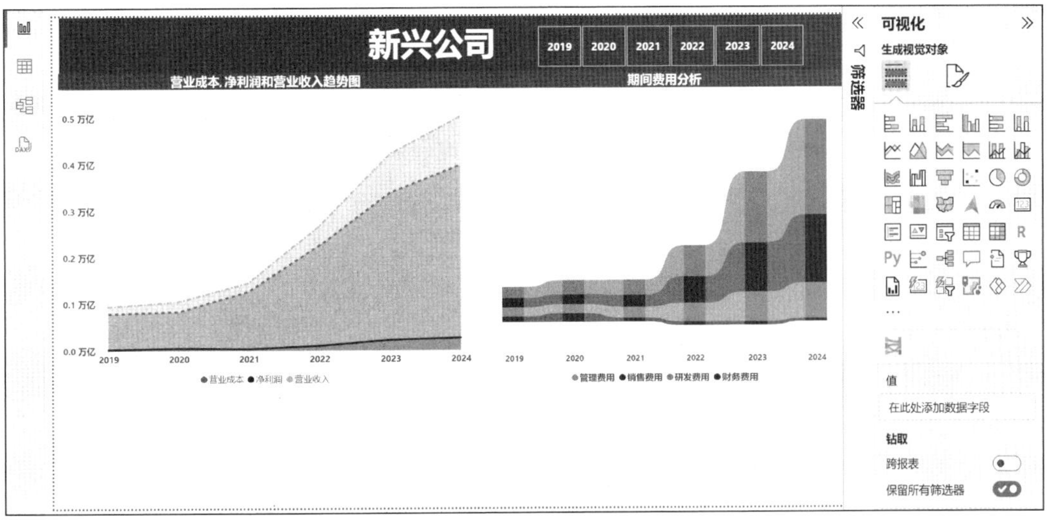

图 3–16　利润表趋势分析可视化

【做中学 3.5】星光公司 2021—2024 年的利润表（简表）如表 3-6 所示。

表 3–6　　星光公司利润表（简表）　　单位：元

项目	2021 年	2022 年	2023 年	2024 年
营业收入	1 451.92	2 676.88	4 222.75	5 022.51
净利润	32.96	99.88	223.26	262.47

【分析与处理】

根据表 3-6，对各期均以上一年数值为基数计算利润表中主要项目的环比发展速度，如表 3-7 所示。

表 3–7　　主要项目环比发展速度

项目	2021 年	2022 年	2023 年	2024 年
营业收入	100%	184.37%	157.75%	118.94%
净利润	100%	303.03%	223.53%	117.56%

从表 3-7 可以发现，2023—2024 年该公司营业收入和净利润均较上一年有所增长，说明公司发展趋势良好。应该注意到，净利润的发展趋势并不稳定，2024 年的增长速度相较于同年营业收入的增长速度较低，应该重点分析原因。

3. 利润表的结构分析

利润表的结构分析是指将营业收入作为基数，通过营业成本、期间费用、利润的比重差异，分析利润水平低或高的原因。

【做中学 3.6】下面对新兴公司 2019—2024 年的利润表进行结构分析。

【分析与处理】

① 制作年份切片器。

在报表视图的“可视化”中选择“切片器”视觉对象，将“年份”添加到切片器“字段”区域，调整切片器视觉对象格式，关闭切片器标头，将样式设置为“磁贴”，将年份切片器移动到适宜位置。

② 利润表结构分析可视化。

在创建可视化图表时，构建一个树状图，将度量值“营业利润占比”“营业成本占比”“利润总额占比”“净利润占比”“研发费用占比”“销售费用占比”“管理费用占比”添加到“值”区域，结果如图 3-17 所示。

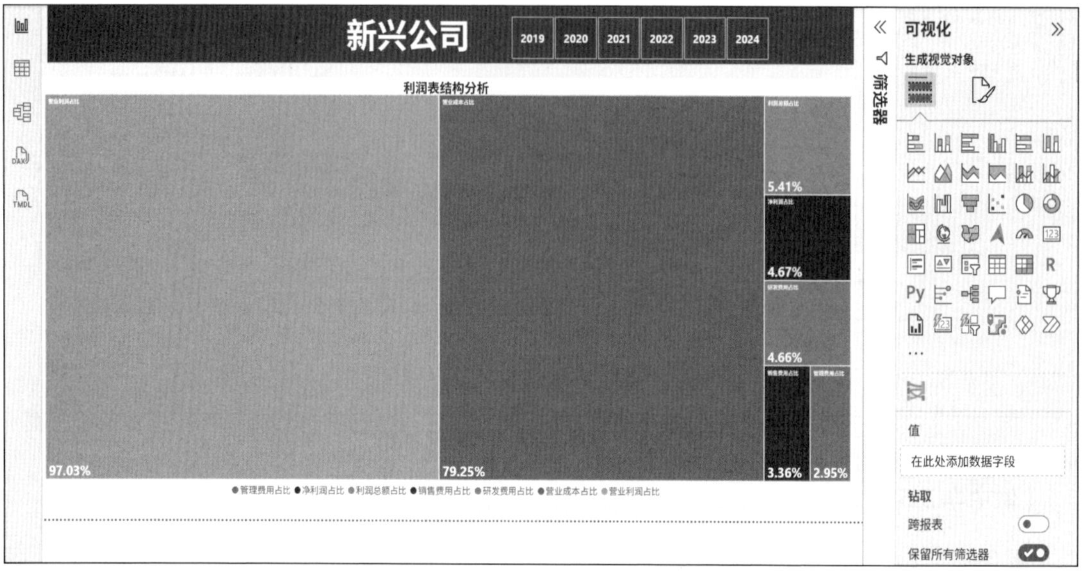

图 3–17 利润表结构分析可视化

③ 利润表结构同行业对比。

新兴公司与同行业的利润表结构对比见表 3-8。

表 3–8 2024 年新兴公司与同行业利润表结构对比（简表）

项目	新兴公司		同行业最高水平	差异
	金额/亿元	占营业收入比/%		
营业收入	5 022.51	100.00%	100.00%	—
营业成本	3 979.54	79.23%	83.25%	少 4.02 个百分点
管理费用	124.09	2.47%	4.45%	少 1.98 个百分点
研发费用	333.19	6.63%	3.56%	多 3.07 个百分点
销售费用	239.21	4.76%	1.81%	多 1.55 个百分点
利润总额	313.19	6.24%	3.51%	多 2.73 个百分点
净利润	262.48	5.23%	3.68%	多 1.55 个百分点

从可视化结果可以看出新兴公司营业收入的构成状况，虽然该公司的研发费用、销售费用占比均超出同行业平均水平，但是营业成本与管理费用占比却分别比行业最高水平低 4.02 个百分点和 1.98 个百分点，使公司净利润占比比同行业最高水平高 1.55 个百分点，所以该公司下一步应重点优化费用结构。

任务实施

赵总让王玥解读 2024 年公司财务报表中利润表所反映的基本信息，王玥应运用所学的关于财务报表列报的专业知识，向赵总做如下汇报。

（1）总体介绍利润表在财务报告体系中的地位与作用。王玥应告诉赵总利润表列报的是在某一特定期间内，企业开展生产经营活动所创造的价值或财富，即反映企业运用资产实现盈利的能力。

（2）详细介绍利润形成的过程。王玥应简明扼要地指出企业利润表中的项目分为 4 个层次：①企业在日常活动中产生的营业利润；②在营业利润的基础上，加减企业在非日常活动中产生的营业外收支净额，形成的利润总额；③在利润总额的基础上，减去企业应缴纳的所得税费用，形成的净利润，即投资者应享有的成果；④在净利润的基础上，加上其他综合收益的税后净额（即按照会计准则规定，在所有者权益中核算且暂时尚未计入当期损益的利得），形成的综合收益总额（即会计准则要求列报的全面收益数额）。

（3）根据利润表中的数据，总结利弊，发现问题，并提出解决方案。王玥应重点介绍营业利润形成的过程，期间费用的发生情况，简要指出企业可能存在的问题及提高利润的措施或途径。

任务训练

1. 单项选择题

（1）下列各项中，不会引起利润总额发生变化的是（　　）。

A. 销售费用　B. 管理费用　C. 所得税费用　D. 营业外支出

（2）利润表中“本期金额”栏内的各项数字一般应根据损益类科目的（　　）填列。

A. 本期发生额　B. 累计发生额　C. 期初余额　D. 期末余额

（3）下列报表中，反映企业在一定会计期间经营成果的报表是（　　）。

A. 资产负债表　B. 利润表　C. 现金流量表　D. 所有者权益变动表

（4）企业商品经营盈利状况最终取决于（　　）。

A. 主营业务利润　B. 营业利润　C. 利润总额　D. 投资收益

（5）如果企业本年销售收入的增长快于销售成本的增长，那么企业本年营业利润（　　）。

A. 一定大于零　B. 一定大于上年营业利润

C. 一定大于上年利润　D. 不一定大于上年营业利润

（6）（　　）所提供的信息是了解企业经营管理有效性的重要依据。

A. 资产负债表　B. 利润表

C. 现金流量表　D. 所有者权益变动表

（7）（　　）项目反映了企业税负的轻重。

A. 销售费用　B. 管理费用　C. 制造费用　D. 税金及附加

（8）（　　）应与营业收入配比。

A. 营业外支出　B. 所得税费用　C. 营业成本　D. 税金及附加

（9）企业主要的利润源泉是（　　）。

A. 主营业务利润　B. 其他业务利润　C. 利润总额　D. 净利润

（10）企业单项产品的盈利能力越集中，企业的核心竞争力就表现得（　　）。

A. 越弱　B. 越强　C. 越一般　D. 与核心竞争力无关

2. 多项选择题

（1）下列各项中，影响营业利润的项目有（　　）。

A. 主营业务收入　B. 其他业务成本　C. 营业外支出　D. 税金及附加

（2）下列各项中，影响主营业务利润的项目有（　　）。

A. 主营业务收入　B. 其他业务收入　C. 主营业务成本　D. 营业外收入

（3）（　　）体现了企业的内部控制水平。

A. 销售费用　B. 管理费用　C. 所得税费用　D. 营业外支出

（4）企业主营业务利润是由（　　）构成的。

A. 主营业务收入　B. 主营业务成本　C. 税金及附加　D. 期间费用

（5）企业营业成本的高低，决定了（　　）的高低。

A. 产权比率　B. 毛利率　C. 资产负债率　D. 流动比率

（6）财务费用的高低主要受（　　）的影响。

A. 贷款规模　B. 资本规模　C. 贷款利率　D. 贷款环境

（7）利润表中的税费项目包括（　　）。

A. 管理费用　B. 税金及附加　C. 所得税费用　D. 其他收益

（8）下列会导致营业利润发生变化的项目有（　　）。

A. 其他收益　B. 营业外收入　C. 资产处置收益　D. 投资收益

（9）销售费用核算的内容包括（　　）。

A. 广告费　B. 销售机构办公经费

C. 售后维修费用　D. 预计产品质量保证费用

（10）企业的营业成本包括（　　）。

A. 主营业务成本　B. 营业外支出　C. 生产成本　D. 其他业务成本

3. 判断题

（1）税率的变动对产品销售利润没有影响。（　　）

（2）按我国现行会计制度的规定，企业当期实现的净利润即为企业当期可供分配的利润。（　　）

（3）企业利润表中的利润总额由营业利润和营业外收支净额组成。（　　）

（4）利润表是反映企业一定日期经营成果的财务报表。（　　）

（5）在企业起步阶段实现的利润，一般不进行分配。（　　）

（6）企业取得一定量的营业收入必然会发生一定量的营业成本。（　　）

（7）营业收入总量是划分大、中、小、微企业的重要指标。（　　）

（8）营业外支出属于企业生产经营费用。（　　）

（9）利润总额是企业可供分配的利润。（　　）

（10）手续费是企业最主要的财务费用之一。（　　）

4. 简答题

（1）简述利润表解读的目的。

（2）简述利润表解读的内容。

（3）简述利润表分析的目的。

（4）简述利润表分析的内容。

（5）简述利润表趋势分析的主要内容。

5. 计算及案例题

掌握利润表解读与分析的主要内容与方法。

辉耀公司2024年度利润表（简表）如表3-9所示。

表 3-9　　　　利润表（简表）　　　　会企 02 表

编制单位：辉耀公司　　　　2024 年 12 月　　　　单位：万元

项目	本期金额	上期金额
一、营业收入	5 021	4 519
减：营业成本	2 980	2 711
税金及附加	238	135
销售费用	36	39
管理费用	520	542
研发费用		
财务费用	322	226
加：其他收益		
投资收益（损失以“-”号填列）		
公允价值变动收益（损失以“-”号填列）		
资产减值损失（损失以“-”号填列）		
资产处置收益（损失以“-”号填列）		
二、营业利润（亏损以“-”号填列）	925	866
加：营业外收入	99	
减：营业外支出	102	
三、利润总额（亏损总额以“-”号填列）	922	866
减：所得税费用	304	277
四、净利润（净亏损以“-”号填列）	618	589
五、其他综合收益的税后净额		
六、综合收益总额	618	589
七、每股收益：		
（一）基本每股收益		
（二）稀释每股收益		

要求：（1）对辉耀公司的利润表进行趋势分析。

（2）对辉耀公司的利润表进行结构分析。

任务三　其他财务报表的解读与分析

任务导入

根据本模块任务一中“任务导入”的基本资料，针对现金流量表等其他财务报表，王玥应侧重陈述哪些财务信息呢？

一、现金流量表的解读与分析

1. 现金流量表解读与分析的目的

现金流量表是反映企业一定期间现金和现金等价物流入、流出的财务报表。财务报表使用者解读现金流量表的主要目的是了解与评价企业获取现金和现金等价物的能力，并据以预测企业的未来现金流量。现金流量表的作用主要体现在以下几个方面：一是有助于评价企业的支付能力、偿债能力和周转能力；二是有助于预测企业的未来现金流量；三是有助于分析企业的收益质量及影响现金净流量的因素，掌握企业经营活动、投资活动和筹资活动产生的现金流量，使财务报表使用者可以从现金流量的角度了解净利润的质量，为分析和判断企业的财务前景提供信息。

2. 现金流量表的总体解读与分析

（1）现金流量表的水平分析。现金流量表的水平分析是指将前后各期的现金流量表中企业经营活动、投资活动、筹资活动的现金流量数据进行比较，从而了解各类活动现金流量的变动趋势，考察企业财务状况变动的质量高低。

【做中学 3.7】下面对新兴公司2019—2024年的现金流量表进行水平分析，其简表如表3-10所示。

表3-10 新兴公司现金流量表（简表） 单位：亿元

项目	2019年	2020年	2021年	2022年	2023年	2024年
现金流入：						
经营活动现金流入	827.39	1 013.45	1 362.33	2 912.12	4 229.38	5 239.94
投资活动现金流入	21.49	180.57	112.22	107.31	218.24	91.66
筹资活动现金流入	711.10	415.90	534.99	201.10	224.42	298.91
现金流出：						
经营活动现金流出	789.07	726.82	1 043.59	2 001.76	3 250.78	4 677.21
投资活动现金流出	186.65	280.76	335.12	943.89	1 162.28	958.16
筹资活动现金流出	600.73	595.61	441.53	361.08	221.86	418.53

【分析与处理】

（1）将报表数据导入Power BI。

将新兴公司2019—2024年的现金流量表导入Power BI Desktop，在报表视图中单击“主页”选项卡中的“获取数据”下拉按钮，在弹出的下拉列表中选择“Excel工作簿”，完成现金流量表数据的导入，如图3-18所示。

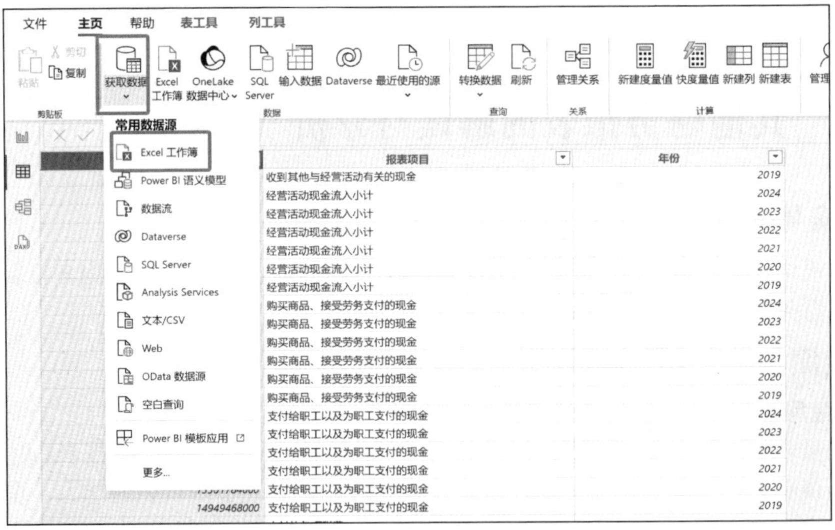

图3-18 导入现金流量表数据

（2）建立度量值。

经营现金比率=DIVIDE([经营活动现金净流量],[净利润])

现金流动负债比=DIVIDE([经营活动现金净流量],[流动负债合计])

销售现金比率=DIVIDE([销售商品、提供劳务收到的现金],[营业收入])

（3）现金流量表水平分析可视化。

在创建可视化图表时，构建一个簇状柱形图，*X* 轴选择“年份”，*Y* 轴选择“经营活动现金净流量”“净利润”；再创建一个折线图，*X* 轴选择“年份”，*Y* 轴选择“经营现金比率”“现金流动负债比”“销售现金比率”。现金流量表水平分析可视化如图 3-19 所示。

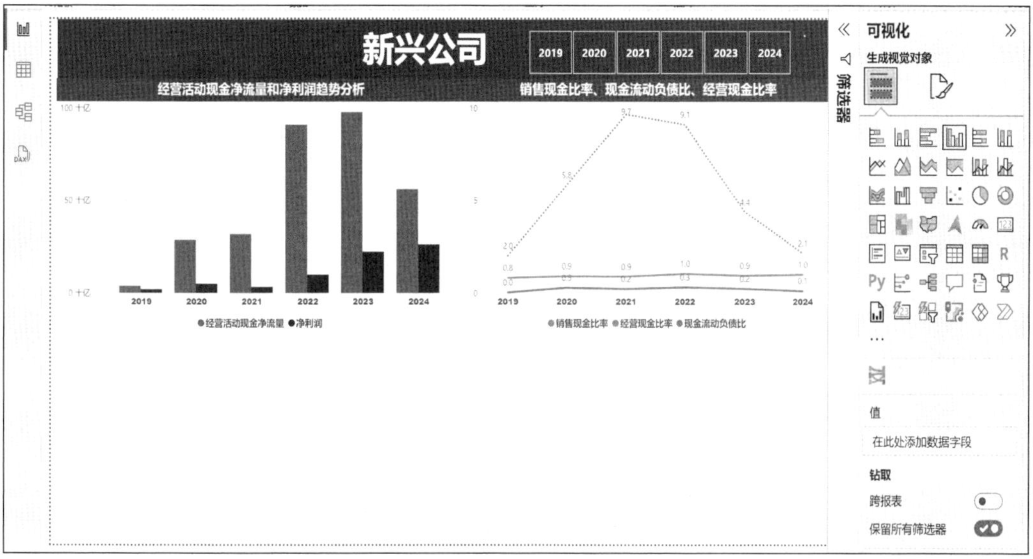

图 3-19 现金流量表水平分析可视化

从可视化结果及对表 3-10 中各项目数据进行分析，可以发现该公司现金流量状况如下。

① 2020 年、2022 年公司经营活动产生的现金流量净额的增长幅度高于净利润增长幅度，表明公司利润质量较高，公司在收回应收账款、管理存货和支付应付账款方面做得很好。

② 经营现金比率自 2022 年起呈现下降趋势，这可能是因为市场竞争加剧，从而导致经营活动现金净流量的增长速度放缓。

③ 公司现金流动负债比小于 0.5，表明公司短期偿债能力较弱，公司经营活动产生的现金流量净额可能不足以覆盖短期内到期的债务，这表明公司可能面临流动性风险。

（2）现金流量表的结构分析。现金流量表的结构分析是分别将现金流入总额、现金流出总额和现金余额作为基数，计算经营活动、投资活动、筹资活动 3 种流量的构成比重，反映现金流入和流出的合理性。

【做中学 3.8】下面对新兴公司 2019—2024 年的现金流量表进行结构分析。

【分析与处理】

（1）现金流入结构可视化。

创建一个新的可视化对象环形图，并将“经营活动现金流入”“投资活动现金流入”“筹资活动现金流入”3 个度量值添加到可视化中的“值”区域，然后对图表的标题、详细信息标签等样式进行设置，通过年份切片器的不同年份选项，可以观察到 2019—2024 年新兴公司现金流入结构的变化。2022 年现金流入结构如图 3-20 所示。

图 3-20　2022 年现金流入结构

（2）现金流出结构可视化。

创建一个新的可视化对象饼图，并将“经营活动现金流出”“投资活动现金流出”“筹资活动现金流出”3 个度量值添加到可视化中的“值”区域，然后对图表的标题、详细信息标签等样式进行设置，通过年份切片器的不同年份选项，可以观察到 2019—2024 年新兴公司现金流出结构的变化。2022 年现金流出结构如图 3-21 所示。

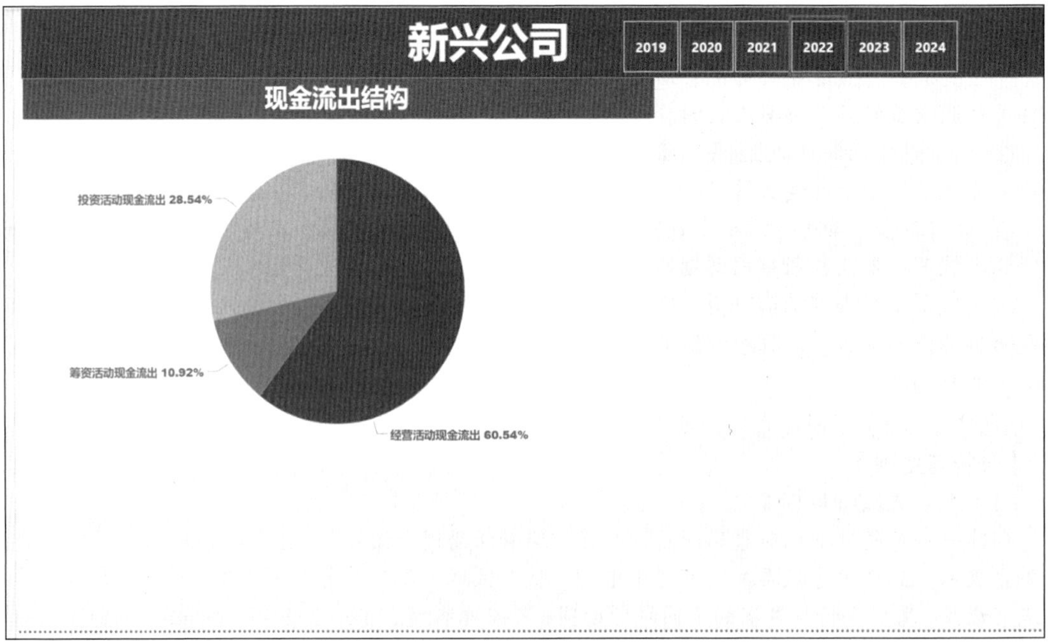

图 3-21　2022 年现金流出结构

通过对以上可视化结果和表 3-10 进行分析，可以发现该公司现金流量结构状况如下。

① 经营活动现金流入在 2021 年占总现金流入的 67.79%，而在 2022 年这一比例提升至 90.42%，这表明公司的经营效率显著提高，经营活动对现金流的贡献度大幅提高。

② 从 2023 年至 2024 年，投资活动现金流出占比呈现下降趋势，这反映出公司在资本运作上变得更加审慎，有效控制了投资规模。

③ 从 2023 年至 2024 年，筹资活动现金流出先下降后上升，表明公司在资本结构上经历了阶段性调整，以优化财务杠杆。

（3）现金流量表结构同行业对比分析。

将新兴公司 2024 年现金流量与同行业平均水平进行对比分析。2024 年新兴公司与同行业的现金流量表结构对比如表 3-11 所示。

表 3–11　　2024 年新兴公司与同行业的现金流量表结构对比（简表）

项目	新兴公司	同行业平均水平	差异
现金流入：	100.00%	100.00%	—
经营活动现金流入	93.06%	91.67%	多 1.39 个百分点
投资活动现金流入	1.63%	1.47%	多 0.16 个百分点
筹资活动现金流入	5.31%	6.86%	少 1.55 个百分点
现金流出：	100.00%	100.00%	—
经营活动现金流出	77.26%	89.05%	少 11.79 个百分点
投资活动现金流出	15.83%	2.14%	多 13.69 个百分点
筹资活动现金流出	6.91%	8.81%	少 1.90 个百分点

从表 3-11 中的数据可以看到，新兴公司的现金流量状况和同行业平均水平相比，经营活动现金流入、投资活动现金流入、投资活动现金流出的比重均高于同行业平均水平，而筹资活动现金流入和经营活动现金流出和筹资活动现金流出的比重低于同行业平均水平。较高的投资活动现金流出表明公司正处于扩张或资本支出的活跃阶段，投资规模大，同时公司在经营活动中具有较强的盈利能力，能够有效地将销售收入转化为现金流入。

3. 经营活动现金流量分析

（1）流入量体现收入质量。

① 营业收入质量分析。企业销售商品、提供劳务收到的现金是其实际收到的现金，也是企业稳定而持久的现金流入源泉，与利润表中按权责发生制确认的营业收入相比，二者的差异越小，企业的现销越多、赊销越少，表明企业市场竞争力越强，收入的质量越高。反之，如果销售商品、提供劳务收到的现金与营业收入相比，前者远远小于后者，说明企业可能收款不足。通过比较企业连续两年利润表中的营业收入、资产负债表年末与年初对应的销售回款情况，可以判断企业的销售回款是否正常。企业回款不足，通常表明行业竞争在加剧，原有优势在丧失，预示着企业未来盈利能力有可能会降低，风险会增加。

② 主营业务收入质量分析。将销售商品、提供劳务收到的现金与经营活动流入的现金总额相比，可大致说明企业产品销售现款占经营活动现金流入的比重。比重大，说明企业主营业务突出，营销状况良好。

③ 主营业务利润质量分析。将销售商品、提供劳务收到的现金与购买商品、接受劳务支付的现金进行比较，在企业经营正常、购销平衡的情况下，比率大，则说明企业的主营业务利润高，销售回款良好，创现能力强。

（2）流出量保障生产经营。

“购买商品、接受劳务支付的现金”项目，是企业日常经营活动中的主要支付项目。企业存货的增加，一方面意味着现金的减少，另一方面意味着应付账款和应付票据的增加。

（3）净流量是第一还款来源。

经营活动产生的现金流量净额，实际上是企业按收付实现制原则体现的全部收入减去全部费用后的利润，是有现金保障的利润。其与利润表中的净利润比较，二者差异越小，说明企业净利润的现金含量越高，利润的质量越高，净利润的现金含量是企业市场竞争力的根本体现。如果经营活动产生的现金流量净额低于利润表中的净利润，除了收款不足，也可能是因付款过度造成的。

一般可通过比较企业连续两年利润表中的营业成本，资产负债表中年末与年初的商业债务规模的变化、预付账款规模的变化，以及现金流量表中连续两年的“购买商品、接受劳务支付的现金”项目的情况，判断企业的付款是否正常。过度付款可能说明行业竞争加剧，或企业自身原有优势在逐渐丧失，还说明企业可能存在不恰当的资金运作行为，如其他与经营活动有关的现金流量数额巨大，从而使其他活动成为主要活动等。

一般来说，健康、正常运营的企业，其经营活动现金流量净额为正数。现金流入净额多，资金就充足，企业就有更多的资金购买材料、扩大经营规模或偿还债务。因此，充足、稳定的经营活动现金流量净额是企业生存与发展的基本保证，也是衡量企业是否健康的重要指标。

4. 投资活动现金流量分析

（1）流入量反映投资的收回。投资活动现金流入量体现企业收回对内、对外的投资或收到的投资收益。如果处置固定资产的收入大于购置固定资产产生的支出，则表明企业可能正在缩小生产经营规模，或正在退出该行业，应进一步分析是企业自身的原因还是该行业出现衰退趋势，从而对企业的未来进行预测，分析、判断企业的健康状况。

企业的投资活动包括对内的固定资产投资和对外的股权投资、债权投资等。投资活动现金流量情况反映了企业投资规模的扩大或收缩情况，还反映了投资活动中对内投资和对外投资的关系。通常情况下，若投资活动中对内投资现金净流出量大幅度增加，往往意味着该企业在面临一个重要的发展机遇，即步入快速增长阶段和临近新的利润增长点。一般来说，如果当期的投资活动产生的现金流入量不能补偿流出量，则投资活动现金净流量为负数；但如果企业投资有效，将会在未来产生更多的经营活动量。因此，分析投资活动现金流量时，应结合企业目前的投资项目，不能简单地以当期现金是净流入还是净流出来论优劣。

（2）流出量表明投资的扩张。从企业投资活动引起的现金流出量来看，企业投资活动明显分为两类：一是为对内扩大再生产奠定基础，即购建固定资产、无形资产和其他长期资产支付的现金；二是对外扩张，即对股权、债权投资支付的现金。不同的投资方式反映企业不同的经营方式，应结合企业的发展战略和投资计划分析是否存在计划外的投资项目。另外，对劳动密集型企业而言，其固定资产投资额少，获利潜力小；对资本密集或技术密集型的企业而言，其固定资产投资额多，获利潜力大。如果对外投资数额较大，则应对相关投资行为的可行性做相应的了解，并对后续的经营活动现金净流量进行分析。

（3）净流量体现发展后劲。一般而言，若投资活动现金净流量为正，可能是企业在大量收回投资或进入投资收益期，也可能是企业在大量处理原有机器设备等，准备退出原行业而进入新行业；若投资活动现金净流量为负，则说明企业在扩张，增加对内、对外投资。如果对内加大投资，则企业在增强发展后劲；如果对外加大投资，则企业可能盲目扩张等。

5. 筹资活动现金流量分析

知识链接

财务杠杆

（1）流入量体现融资政策和财务压力。企业主要通过吸收投资和对外举债两个方式筹集资金。当吸收股权筹资比重大时，企业财务压力小，但财务杠杆作用发挥不足，由于投资者增加，后期分红压力大；当对外举债比重大时，企业可能遇到新的发展机会，需要大量资金，企业应尽量发挥财务杠杆作用，但面临的财务风险较大。

（2）流出量反映债务偿还和股利支付。企业偿还银行借款本息及支付股利的现金流出情况，是企业筹资信誉的根本体现。本期流出量过大，会对以后会计期间的现金流量及资金成本产生一定的压力。如果本期的银行借款大部分用来偿还银行借款本息，则说明企业前期的借款使用效益不佳，在靠借新债还旧债。现金股利分配有很高的信息含量，财务状况良好的企业往往能够连续分配较多的现金股利。

（3）净流量揭示融资能力和所处的融资阶段。当筹资活动现金净流量为正时，企业可能处在发展阶段，由于经营活动现金净流量不能满足资金需求，所以需要大量筹资，而且企业也能筹措到资金。当筹资活动现金净流量为负时，可能是企业处于成熟期，并且前期投资很成功，能创造较多的经营活动现金净流量，确保归还到期的债务本息；也可能是企业生产经营需要资金，但由于信用状况不佳，不仅筹措不到资金，而且要归还大量债务等。

AI 问一问

打开并登录自己常用的 AI 工具，在输入文本框中输入“数智化工具（如现金流预测 AI 模型、动态仪表盘）如何提升企业现金流管理效率？”，对 AI 工具生成的答案进行判断与评价。

二、所有者权益变动表的解读与分析

所有者权益变动表是反映所有者权益各组成部分当期的增减变动情况的报表。通过对所有者权益变动表中的各项目进行解读与分析，可达到 3 个目的：一是了解企业所有者权益的构成及其动态变化，有助于做出下一阶段的决策；二是揭示企业所有者权益变动情况及其变动原因，分析比较，有助于修正下一阶段的经营行为；三是评价企业的所有者权益状况，提示风险并提出防范措施，提高企业的运营水平。所有者权益变动表的解读与分析主要通过对比一些项目，确认企业对所有者权益的保值、增值的保障情况，同时了解企业的盈利水平。所有者权益变动表的分析指标主要有资本保值增值率、所有者财富增长率、股利分配率及留存收益比率等。

三、报表附注的解读与分析

报表附注是对资产负债表、利润表、现金流量表和所有者权益变动表等报表中列示项目的文字描述或明细资料，以及对未能在这些报表中列示项目的说明等。

财务报表中的数字是经过分类与汇总后的结果，是对企业发生的经济业务高度简化和浓缩的数字，如果没有形成这些数字所使用的会计政策、这些数字所展示的信息，财务报表就不可能充分发挥效用。因此，报表附注与资产负债表、利润表、现金流量表和所有者权益变动表等报表具有同等的重要性，是财务报表的重要组成部分，是对财务报表的补充说明，它对财务报表不能包括的内容，或者表述不详尽的内容，做进一步的解释和说明。因此，报表使用者如果要准确了解企业的财务状况、经营成果和现金流量，就应当全面解读报表附注。

任务实施

赵总让王玥解读2024年公司财务报表中现金流量表等其他财务报表所反映的基本信息，王玥应运用所学的关于财务报表列报的专业知识，向赵总做如下汇报。

（1）总体介绍现金流量表等其他财务报表在财务报告体系中的地位与作用。王玥应向赵总介绍现金流量表等其他财务报表的作用与地位，重点介绍现金流量表。现金流量表反映的是企业在开展经营活动、投资活动及筹资活动时现金流动的状况。它能真实、直观地反映企业运营的健康状况，包括资产质量、利润质量的高低及财务风险的大小，能够解释企业实现的利润与收到或持有的现金不匹配的现象，即为什么利润表中的利润数额大，而资产负债表中的“货币资金”项目的数额却不多。

（2）分别简要介绍现金流量表、所有者权益变动表和报表附注所揭示的主要财务信息及经营信息。在介绍了现金流量表等其他财务报表的地位与作用之后，王玥应针对现金流量表等其他财务报表，简明扼要地向赵总逐一介绍各报表中的主要列报项目及蕴含的财务和经营信息，如解读现金流量表列报的三大模块：“经营活动产生的现金流量”“投资活动产生的现金流量”“筹资活动产生的现金流量”的详细数据，分析可能存在的问题。

（3）重点介绍现金流量表与资产负债表、利润表之间的关系。王玥在向赵总简要介绍了现金流量表列报的主要信息之后，应抓住重点，将资产负债表、利润表与现金流量表放在一起，说明3张报表的内在逻辑关系，特别需要重点将3张报表中的项目进行关联性分析。

任务训练

1. 单项选择题

（1）经营活动现金净流量是（　　）。

A. 第一还款来源　B. 第二还款来源　C. 第四还款来源　D. 第三还款来源

（2）在企业处于高速成长阶段时，投资活动现金流量往往（　　）。

A. 流入量大于流出量　B. 流出量大于流入量
C. 流入量等于流出量　D. 不确定

（3）下列各项中，（　　）属于筹资活动现金流入。

A. 销售商品、提供劳务收到的现金　B. 收到的包装物租金
C. 处置无形资产收到的现金　D. 取得借款收到的现金

（4）健康、正常运营的企业，其经营活动现金流量净额应为（　　）。

A. 负数　B. 正数　C. 时正时负　D. 以上都不是

（5）投资活动中，如果对内投资的现金净流出量大幅度增加，则通常意味着企业（　　）。

A. 步入快速增长阶段　B. 步入衰退阶段
C. 步入成熟阶段　D. 步入初创阶段

（6）投资活动现金净流量体现企业的（　　）。

A. 投资扩张　B. 投资收回　C. 发展后劲　D. 融资能力

（7）处于衰退阶段的企业，经营活动现金流量往往（　　）。

A. 流入量大于流出量　B. 流出量大于流入量
C. 流入量等于流出量　D. 不确定

（8）将“销售商品、提供劳务收到的现金”项目与利润表中的“营业收入”项目比较，差异越小，说明企业（　　）。

A. 营业收入质量越低　　B. 营业收入质量越高

C. 销售回款越慢　　D. 市场竞争力越弱

（9）企业赊销比例越高、回收的现金越少，说明企业（　　）。

A. 净利润的现金含量越高　　B. 利润质量越高

C. 销售回款越快　　D. 利润质量越低

（10）下列各项中，（　　）属于投资活动现金流入。

A. 销售商品、提供劳务收到的现金　　B. 收到的包装物租金

C. 处置无形资产收到的现金　　D. 取得借款收到的现金

2. 多项选择题

（1）将销售商品、提供劳务收到的现金与购买商品、接受劳务支付的现金进行比较，在企业经营正常、购销平衡的情况下，比率大，意味着（　　）。

A. 其他业务利润高　　B. 主营业务利润高

C. 营业外收入高　　D. 销售回款良好

（2）下列各项中，（　　）属于经营活动现金流出。

A. 支付的各项税费　　B. 购买商品、接受劳务支付的现金

C. 偿还债务支付的现金　　D. 支付给经营管理人员的薪酬

（3）一般而言，企业投资活动现金净流量为正，表明企业可能在（　　）。

A. 大量收回投资　B. 大量扩张　C. 投资收益期　D. 进行行业调整

（4）筹资活动现金流出量反映（　　）。

A. 举借债务　B. 偿还债务　C. 分配股利　D. 吸收投资

（5）当企业吸收股权的筹资比重大时，说明企业（　　）。

A. 财务压力大　　B. 财务压力小

C. 财务杠杆作用大　　D. 财务杠杆作用小

（6）现金流量表将企业的全部财务活动分为（　　）。

A. 经营活动　B. 管理活动　C. 投资活动　D. 筹资活动

（7）现金流量表连接了（　　）两张报表的信息。

A. 资产负债表　　B. 利润表

C. 所有者权益变动表　　D. 利润分配表

（8）筹资活动现金净流量体现了企业的（　　）。

A. 融资政策　B. 融资能力　C. 财务压力　D. 融资阶段

（9）对劳动密集型企业而言，其（　　）。

A. 固定资产投资少　B. 固定资产投资多　C. 获利潜力小　D. 获利潜力大

（10）在经营活动现金流出量中，支付的现金比重越小，说明企业（　　）。

A. 商业信用状况越良好　　B. 商业信用状况越不佳

C. 具有充足的资金保障　　D. 资金保障不足

3. 判断题

（1）经营活动产生的现金流量大于零，说明企业实现盈利。（　　）

（2）企业分配股利必然导致现金流出量的增加。（　　）

（3）筹资活动现金流入量体现了企业的融资能力和财务压力。（　　）

（4）如果处置固定资产的收入大于购置固定资产产生的支出，则说明企业可能正在缩小生产经营规模。（　　）

（5）“销售商品、提供劳务收到的现金”项目反映企业实际收到的现金，它不是企业稳定且持续的现金流入源泉。（　　）

（6）经营活动现金流量净额与利润表中的净利润比较，差异越小，说明企业利润的质量越低。（　　）

（7）投资活动现金流入量反映企业投资的扩张。（　　）

（8）如果本期的银行借款大部分用来偿还以后的借款本息，则说明企业前期的借款使用效果不佳。（　　）

（9）筹资活动现金净流量为负，说明企业正处在发展阶段。（　　）

（10）投资活动现金净流量为负，说明企业正在扩张。（　　）

4. 简答题

（1）简述现金流量表解读与分析的目的和内容。

（2）简述经营活动现金流量分析的主要内容。

（3）简述投资活动现金流量分析的主要内容。

（4）简述筹资活动现金流量分析的主要内容。

（5）简述所有者权益变动表解读与分析的目的和内容。

5. 计算及案例题

掌握现金流量表分析的主要内容和方法。

辉耀公司2024年度编制的利润表（简表）和现金流量表（简表）分别如表3-12和表3-13所示。

表3-12　　利润表（简表）　　会企02表

编制单位：辉耀公司　　2024年12月　　单位：万元

项目	本期金额	上期金额
一、营业收入	5 021	4 519
减：营业成本	2 980	2 711
税金及附加	238	135
销售费用	36	39
管理费用	520	542
研发费用		
财务费用	322	226
加：其他收益		
投资收益（损失以“-”号填列）		
公允价值变动收益（损失以“-”号填列）		
资产减值损失		
资产处置收益（损失以“-”号填列）		
二、营业利润（亏损以“-”号填列）	925	866

（续表）

项目	本期金额	上期金额
加：营业外收入	99	
减：营业外支出	102	
三、利润总额（亏损总额以“-”号填列）	922	866
减：所得税费用	304	277
四、净利润（净亏损以“-”号填列）	618	589
五、其他综合收益的税后净额		
六、综合收益总额	618	589
七、每股收益：		
（一）基本每股收益		
（二）稀释每股收益		

表 3-13　　现金流量表（简表）

会企 03 表

编制单位：辉耀公司　　2024 年 12 月　　单位：元

项目	本期金额	上期金额
一、经营活动产生的现金流量：		
销售商品、提供劳务收到的现金	10 342 737	
收到的税费返还	229 500	
收到其他与经营活动有关的现金		
经营活动现金流入小计	10 572 237	
购买商品、接受劳务支付的现金	10 227 400	
支付给职工以及为职工支付的现金	40 000	
支付的各项税费	280 617	
支付其他与经营活动有关的现金	18 000	
经营活动现金流出小计	10 566 017	
经营活动产生的现金流量净额	6 220	
二、投资活动产生的现金流量：		
收回投资收到的现金	8 250	
取得投资收益收到的现金	4 025	
处置固定资产、无形资产和其他长期资产收回的现金净额	750	
处置子公司及其他营业单位收到的现金净额		
收到其他与投资活动有关的现金		
投资活动现金流入小计	13 025	
购建固定资产、无形资产和其他长期资产支付的现金	114 900	

（续表）

项目	本期金额	上期金额
投资支付的现金	10 000	
取得子公司及其他营业单位支付的现金净额		
支付其他与投资活动有关的现金		
投资活动现金流出小计	124 900	
投资活动产生的现金流量净额	-111 875	
三、筹资活动产生的现金流量：		
吸收投资收到的现金	25 000	
取得借款收到的现金	90 000	
收到其他与筹资活动有关的现金	400 000	
筹资活动现金流入小计	515 000	
偿还债务支付的现金	21 200	
分配股利、利润或偿付利息支付的现金	25 000	
支付其他与筹资活动有关的现金	250	
筹资活动现金流出小计	46 450	
筹资活动产生的现金流量净额	468 550	
四、汇率变动对现金及现金等价物的影响		
五、现金及现金等价物净增加额		
加：期初现金及现金等价物余额		
六、期末现金及现金等价物余额	362 895	
1. 将净利润调节为经营活动现金流量：		
净利润	103 572	
加：资产减值准备	198	
固定资产折旧、油气资产折耗、生产性生物资产折旧	7 300	
无形资产摊销	2 025	
长期待摊费用摊销	3 000	
处置固定资产、无形资产和其他长期资产的损失（收益以“-”号填列）	2 250	
固定资产报废损失（收益以“-”号填列）		
公允价值变动损失（收益以“-”号填列）		
财务费用（收益以“-”号填列）	6 200	
投资损失（收益以“-”号填列）	-4 025	
递延所得税资产的减少（增加以“-”号填列）		
递延所得税负债的增加（减少以“-”号填列）		
存货的减少（增加以“-”号填列）	-125 800	
经营性应收项目的减少（增加以“-”号填列）	5 900	

（续表）

项目	本期金额	上期金额
经营性应付项目的增加（减少以"-"号填列）	5 600	
其他		
经营活动产生的现金流量净额	6 220	
2. 不涉及现金收支的重大投资和筹资活动：		
债务转资本		
一年内到期的可转换公司债券		
融资租入固定资产		
3. 现金及现金等价物净变动情况：		
现金的期末余额	417 345	
减：现金的期初余额	54 450	
加：现金等价物的期末余额		
减：现金等价物的期初余额		
现金及现金等价物净增加额	362 895	

要求：（1）根据上述资料对辉耀公司的现金流量进行结构分析。

（2）根据上述资料解析辉耀公司净利润的质量。

（3）根据上述资料解析辉耀公司营业收入的质量。

任务四　企业财务综合分析

任务导入

张晨受聘担任红河有限责任公司的财务部经理，分管财务的副总经理赵明要求张晨提供该公司 2024 年有关偿债能力、营运能力、盈利能力的相关指标。张晨接受指示后，从总账会计那里将红河有限责任公司 2024 年的资产负债表、利润表、现金流量表等财务报表拿来进行数据筛选，获取分析所需的相关数据如下。2024 年年初存货为 145 万元、年末存货为 135 万元，2024 年年初货币资金为 60 万元、应收账款为 125 万元，年末货币资金为 82 万元、应收账款为 135 万元。2024 年年初固定资产为 580 万元、无形资产为 120 万元，年末固定资产为 700 万元、无形资产为 200 万元。2024 年年初流动负债为 150 万元，年末流动负债为 200 万元；年初非流动负债为 300 万元，年末非流动负债为 400 万元。2024 年年初所有者权益总额为 580 万元，年末所有者权益总额为 652 万元。本年度企业实现的主营业务收入净额为 1 000 万元（其中，赊销收入净额为 800 万元），本年的销货成本为 560 万元，净利润为 250 万元。上年度企业实现的主营业务收入净额为 896 万元，净利润为 213 万元。一年按 360 天计算。在此基础上，张晨需要计算哪些指标来完成公司的财务综合分析呢？

一、企业财务综合分析概述

资产负债表、利润表和现金流量表虽然从不同方面反映企业的财务状况、经营成果和现金流量，但是表述的是同一主体的资金运动过程及结果。因此，要在分析每一张财务报表所展示的总量、结构和比率等信息的基础上，将这 3 张财务报表作为完整的信息体系有机地联系起来，根据各报表数据的关联性进行组合，计算出多种有意义的财务比率，从而综合分析企业的偿债能力、营运能力、盈利能力和发展能力。也就是说，财务报表使用者除直观地获取经济信息外，还可以运用一定的方法，计算一些特定的财务指标来获取企业综合的经济信息，反映企业经营更为深层的状况，从而提高经济决策的科学性。

二、企业偿债能力分析

偿债能力是指企业偿还各种到期债务的能力。对企业而言，偿债能力是极其重要的，它关系到企业的生存和发展。如果企业不能及时偿还到期债务，则会损害企业形象，并导致企业后续的筹资能力减弱，最终使企业陷入破产偿债的境地。因此，进行财务分析时，首先应分析企业的偿债能力，了解企业的财务风险。对企业偿债能力进行分析的资料主要来源于资产负债表和利润表。偿债能力除了通过报表进行直接分析，还可通过计算一系列反映企业偿债能力的财务指标进行分析。

按照债务到期时间的长短不同，企业偿债能力分析可分为短期偿债能力分析和长期偿债能力分析。

1. 短期偿债能力分析

短期偿债能力是指企业偿还流动负债的能力，它是衡量企业财务状况好坏及评价企业经营风险程度的重要内容。

短期偿债能力分析的主要指标有流动比率、速动比率和现金比率。

（1）流动比率。流动比率是流动资产除以流动负债的比值。其计算公式如下。

流动比率=流动资产÷流动负债

【做中学 3.9】某公司 2024 年年末的流动资产为 235 963 802.65 元，流动负债为 123 007 000.67 元，流动比率计算如下。

【分析与处理】

流动比率=235 963 802.65÷123 007 000.67≈1.92

流动比率是衡量企业短期偿债能力的一个重要财务指标，该比率越高，说明企业偿还流动负债的能力越强，流动负债得到保障的程度越高。但流动比率过高也不一定好，因为流动比率过高，则说明企业滞留在流动资产上的资金可能过多，会削弱企业的盈利能力。一般认为，生产企业合理的最低流动比率是 2。这是因为流动资产中变现能力最弱的存货，其金额约占流动资产总额的一半，剩下的流动性较强的流动资产至少要等于流动负债，企业的短期偿还能力才会有保障。

企业只有将计算出来的流动比率和同行业平均流动比率、本企业历史的流动比率进行比较，才能知道这个比率是高还是低。该企业不仅要找出流动比率过高或过低的原因，还要分析流动资产和流动负债所包括的内容。一般情况下，营业周期、应收账款数额和存货的周转速度是影响流动比率的主要因素。

（2）速动比率。流动比率虽然可以用来评价流动资产总体的偿债能力，但由于不同的流动资产偿债能力各不相同，有的很容易变现，有的则在短期内难以变现，有的甚至不能变现，因此，流动比率所反映的短期偿债能力有可能被夸大。为了尽可能正确反映企业的短期偿债能力，应将流动资产中短期内难以变现甚至不能变现的流动资产剔除，如此计算出来的指标才能更客观地反映企业的短期偿债能力。这个指标被称为速动比率。

速动比率是从流动资产中扣除变现能力较弱的那部分流动资产（主要是存货），再除以流动负债的比值。速动比率的计算公式如下。

速动比率=（流动资产−存货）÷流动负债

【做中学 3.10】某公司 2024 年年末的流动资产为 235 963 802.65 元（其中存货为 9 923 755.00 元），流动负债为 123 007 000.67 元，则速动比率计算如下。

【分析与处理】

速动比率=（235 963 802.65−9 923 755.00）÷123 007 000.67≈1.84

速动比率反映企业在某一特定时点所拥有的速动资产可用于偿还流动负债的保障程度。一般而言，速动比率越高，短期偿债能力越强；反之，短期偿债能力越弱。通常认为正常的速动比率为 1，小于 1 的速动比率被认为是短期偿债能力偏弱。但行业不同，速动比率会有很大差别。例如，采用大量现金销售的商店，几乎没有应收账款，小于 1 的速动比率则是正常的；相反，一些应收账款较多的企业，速动比率可能大于 1。

（3）现金比率。分析速动资产的各个组成部分会发现，其中预付及应收款项与现金等货币资产不同，预付款项减少后通常会形成企业的存货资产，应收款项也会因为各种原因不能全额及时收回，这部分资产的变现能力也可能不强。因此，速动比率所反映的短期偿债能力仍然可能被夸大。为了尽可能正确地反映企业的短期偿债能力，应从速动资产中剔除预付及应收款项，剩余的资产主要是现金及现金等价物，用现金及现金等价物与流动负债相比，计算出来的财务指标为现金比率。其计算公式如下。

现金比率=现金及现金等价物÷流动负债

【做中学 3.11】某公司 2024 年年末的现金及现金等价物为 1 600 万元，流动负债为 1 000 万元，则现金比率计算如下。

【分析与处理】

现金比率=1 600÷1 000=1.6

现金比率可以反映企业的直接支付能力。一般而言，现金比率越高，短期偿债能力越强；反之，短期偿债能力越弱。但该指标也不是越高越好，现金比率较高，虽然表明企业对短期债务的保障程度较高，但同时又会使货币资金大量闲置，从而影响企业的盈利能力。

提示

影响短期偿债能力的其他因素

上述短期偿债能力指标，都是从财务报表资料中分析而得的，还有一些财务报表中没有反映出来的因素，如可动用的银行贷款、准备很快变现的长期资产、企业偿债能力的声誉等也会影响企业的短期偿债能力，甚至影响相当大。企业管理者应多了解这些方面的情况，以做出正确的判断。

2. 长期偿债能力分析

长期偿债能力是指企业偿还到期的长期债务的能力。企业对一笔债务负有两种责任：一是偿还债务本金的责任，二是支付债务利息的责任。分析一个企业的长期偿债能力，主要是为了确定该企业偿还债务本金与支付债务利息的能力。其具体分析方法是：通过财务报表中有关数据分析资产与权益之间的关系，计算一系列的比率，可以看出企业资本结构是否健全、合理，从而评价企业的长期偿债能力。

（1）资产负债率。资产负债率是指负债总额与资产总额之间的比例关系。其计算公式如下。

资产负债率=负债总额÷资产总额×100%

【做中学 3.12】某公司 2024 年负债总额（即流动负债+非流动负债）为 123 007 000.67 元，资产总额为 633 110 680.39 元，资产负债率计算如下。

【分析与处理】

资产负债率=123 007 000.67÷633 110 680.39×100%≈19.43%

资产负债率反映了总资产中有多大比例是通过借款筹集的，也可以衡量企业在清算时保护债权人利益的程度。一般而言，该比率越小，说明企业长期偿债能力越强，但并非越小越好。从债权人角度看，该比率较小，说明企业有较强的偿债能力，但该比率过大，说明企业的债务负担重，企业资金实力较弱，不仅对债权人不利，而且经营不善的企业有濒临倒闭的危险。而对企业所有者而言，如果该比率较大，说明企业利用较少的自有资本投资可形成较多的生产经营用资产，不仅可以扩大生产经营规模，而且在经营状况良好的情况下，还可以利用财务杠杆原理，得到较多的投资利润。如果该比率过小，则说明企业对财务杠杆利用得不够。此外，企业的长期偿债能力与盈利能力密切相关，因此企业的经营决策者应当将偿债能力指标与盈利能力指标结合起来进行综合平衡分析，保持适当的资产负债率。

（2）产权比率。产权比率是负债总额与所有者权益总额（或股东权益总额）的比率。其计算公式如下。

产权比率=负债总额÷所有者权益总额（或股东权益总额）×100%

【做中学 3.13】某公司 2024 年年末所有者权益总额为 510 103 859.72 元，负债总额为 122 986 040.58 元，则产权比率计算如下。

【分析与处理】

产权比率=122 986 040.58÷510 103 859.72×100%=24.11%

产权比率反映债权人提供的资本与所有者提供的资本的相对关系，是企业财务结构稳健与否的重要标志，说明债权人投入的资本受到所有者权益保障的程度。该比率越低，表明企业的长期偿债能力越强，债权人得到的保障程度越高，债权人越有安全感；反之，则表明企业的长期偿债能力越弱，债权人得到的保障程度越低，债权人的安全感越少。一般情况下，该比率应小于 100%。从所有者的角度来看，在通货膨胀加剧时期，企业多借债可以把损失和风险转嫁给债权人；在经济繁荣时期，少借债可以减少利息负担和财务风险。产权比率低，是低风险、低报酬的财务结构。从【做中学 3.13】的计算结果来看，该公司债权人提供的资本约是股东提供的资本的 24.11%，表明该公司举债经营的程度比较低，财务结构比较稳定；但在经济繁荣时期，公司无法获得多借债带来的额外利润。

（3）已获利息倍数。从债权人的立场出发，要分析其向企业投资的风险，除了要计算资产负债率和产权比率，还要计算息税前利润与利息费用的比值。这一比值可以反映债权人投入资本的风险。

已获利息倍数是指企业息税前利润与利息费用的比值，反映企业偿还借款利息的能力。其计算公式如下。

已获利息倍数=息税前利润÷利息费用=（利润总额+利息费用）÷利息费用

计算公式中，“利润总额”包括税后利润和所得税；“利息费用”是支付给债权人的全部利息，包括财务费用中的利息，也包括计入固定资产的资本化利息。

已获利息倍数反映了企业息税前利润相当于本期所要支付的利息费用的倍数。只要企业的已获利息倍数足够大，企业就具有足够的能力偿还利息。国际上通用的评价标准认为，该指标为 3 较适当。从长期来看，企业若要维持正常的偿债能力，已获利息倍数至少应大于 1。另外，这一指标的评价还要参考行业水平或企业历史水平。

【做中学 3.14】某公司 2024 年息税前利润为 10 万元，利息为 2.5 万元，则已获利息倍数计算如下。

【分析与处理】

$$已获利息倍数=(10+2.5)\div 2.5=5$$

计算结果表明，该公司的已获利息倍数较高，有较强的偿债能力。

【做中学 3.15】下面运用 Power BI 对新兴公司进行偿债能力分析。

【分析与处理】

（1）建立度量值。

流动比率 = DIVIDE([流动资产合计],[流动负债合计])

资产负债率 = DIVIDE([负债合计],[资产合计])

产权比率 = DIVIDE([负债合计],[所有者权益合计])

速动比率 = DIVIDE([速动资产],[流动负债合计])

现金比率 = DIVIDE([货币资金],[流动负债合计])

权益乘数 = DIVIDE([资产合计],[所有者权益合计])

（2）偿债能力分析可视化。

新建矩阵视觉对象，将“年度”添加到“行”区域，将“流动比率”“资产负债率”“产权比率”“速动比率”“现金比率”“权益乘数”添加到“值”区域。另构建一个折线图，*X* 轴选择“年度”，*Y* 轴选择“流动比率”“资产负债率”“产权比率”。偿债能力分析可视化如图 3-22 所示。

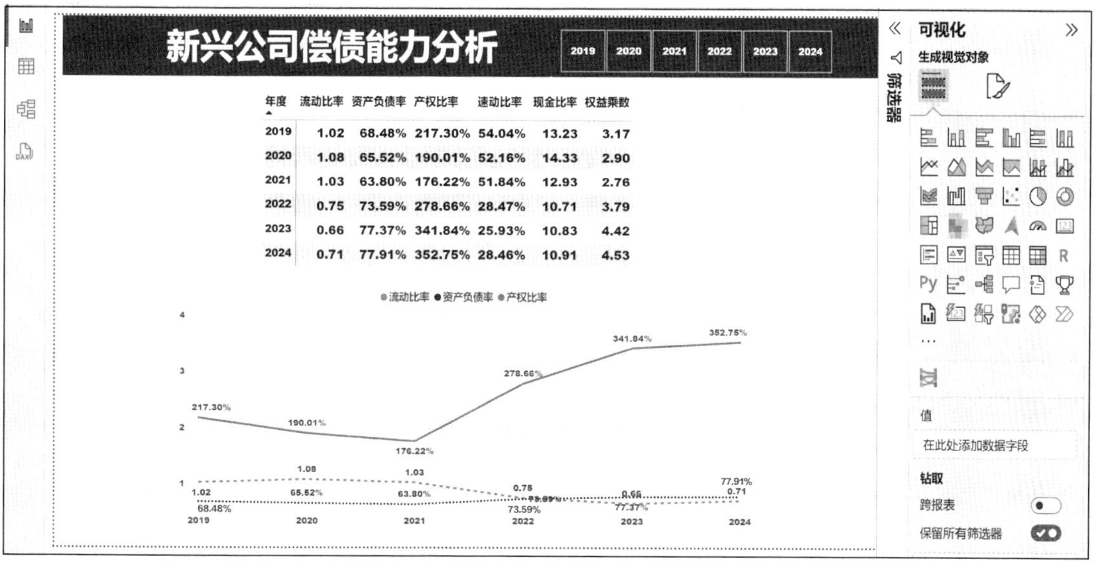

图 3-22　偿债能力分析可视化

从可视化数据分析可见，自 2022 年起，新兴公司的流动比率持续低于 1，但在 2024 年出现了回升。同时，产权比率自 2021 年起显著上升，到 2024 年时已达到 2021 年的两倍左右。在 2019—2024 年，公司的资产负债率基本保持在 63%至 78%的区间内。这些数据表明，公司面临着一定的流动性压力，且财务杠杆水平在逐年提高，但整体负债水平相对稳定。这反映了公司在财务管理上可能需要进一步优化流动资产结构，同时控制债务规模，以维持健康的财务状况。

三、企业营运能力分析

企业营运能力是指企业充分利用现有资源创造社会财富的能力。企业营运能力的强弱关系到企业财务状况的好坏和盈利能力的强弱。对企业营运能力进行分析，有助于管理者改善经营管理，加快资金的周转速度，提高企业的偿债能力和盈利能力。

企业营运能力分析主要侧重于对资产管理效果的分析评价，主要计算存货周转率、应收账款周转率、流动资产周转率和总资产周转率等财务指标。

1. 存货周转率

存货周转率也称存货利用率，是指企业一定时期销货成本与存货平均余额的比率，即企业的存货在一定时期内（通常是一年）周转的次数。其计算公式如下。

存货周转率=销货成本÷存货平均余额

存货平均余额=（年初存货余额+年末存货余额）÷2

【做中学 3.16】某公司 2024 年年末商品销售成本为 82 416 371.72 元，年初、年末存货余额分别为 9 923 755.00 元、2 070 756.12 元，则该公司的存货周转率计算如下。

【分析与处理】

存货周转率=82 416 371.72÷[（9 923 755.00+2 070 756.12）÷2]≈13.74（次）

存货周转率也可以用存货周转天数表示。存货周转天数即存货平均销售期，反映企业平均销售所需天数。其计算公式如下。

存货周转天数=360÷存货周转率

以【做中学 3.16】为例，该公司 2024 年的存货周转天数为 360÷13.74≈26.20（天）。

存货周转率是评价企业购入存货、投入生产、销售收回环节的管理状况和运营效率的综合性指标。一般来说，存货周转率高，库存的占用水平就低，说明企业存货转化为现金或应收账款的速度快，企业的经营管理效率高、资产流动性强、销售能力强，进而企业的利润率高，短期偿债能力强。但是，过高的存货周转率也可能从另一个侧面反映企业存货不足或无货供应。

2. 应收账款周转率

应收账款和存货一样，在流动资产中有着举足轻重的地位。及时收回账款，不仅能增强企业的短期偿债能力，也反映出企业管理应收账款的效率高。

应收账款周转率是指企业的赊销收入净额与应收账款平均余额的比率，即年度内应收账款转换为现金的平均次数，它说明应收账款流动的速度。用时间表示的应收账款周转速度是应收账款周转天数，也称平均应收账款回收期或平均收现期，它表示企业从取得应收账款的权利到收回款项转换为现金所需要的时间。其计算公式如下。

应收账款周转率=赊销收入净额÷应收账款平均余额

赊销收入净额=销售收入-销售折扣与折让-销售退回

应收账款平均余额=（年初应收账款余额+年末应收账款余额）÷2

应收账款周转天数=360÷应收账款周转率=应收账款平均余额×360÷赊销收入净额

【做中学 3.17】某公司 2024 年度赊销收入净额为 183 542 579.69 元，年初应收账款余额为 27 053 207.81 元，年末应收账款余额为 42 872 747.71 元，应收账款周转率计算如下。

【分析与处理】

应收账款周转率=183 542 579.69÷[（27 053 207.81+42 872 747.71）÷2]≈5.25（次）

应收账款周转天数=360÷5.25≈68.57（天）

应收账款周转率是反映企业应收账款变现速度和管理效率的指标。一般来说，应收账款周转率越高，平均收现期越短，说明应收账款的收回速度越快；否则，企业的营运资金会过多地停滞在应收账款上，影响正常的资金周转。

3. 流动资产周转率

流动资产周转率是销售收入与平均流动资产的比值。其计算公式如下。

流动资产周转率=销售收入÷平均流动资产

平均流动资产=（年初流动资产余额+年末流动资产余额）÷2

【做中学 3.18】某公司 2024 年年初流动资产余额为 397 793 765.69 元，年末流动资产余额为 235 963 802.65 元，销售收入为 183 542 579.69 元，流动资产周转率计算如下。

【分析与处理】

流动资产周转率=183 542 579.69÷[（397 793 765.69+235 963 802.65）÷2]≈0.58（次）

流动资产周转率反映流动资产的周转速度。流动资产周转率越高，说明流动资产周转速度越快，会相对节约流动资产，等于相对增加资产投入，增强企业的盈利能力；反之，流动资产周转率低，则需补充流动资产参加周转，形成资金浪费，减弱企业的盈利能力。

4. 总资产周转率

总资产周转率是销售收入与平均资产总额的比值。其计算公式如下。

总资产周转率=销售收入÷平均资产总额

平均资产总额=（年初资产总额+年末资产总额）÷2

【做中学 3.19】某公司 2024 年年末资产总额为 540 250 527.15 元，年初资产总额为 633 110 860.39 元，销售收入为 183 542 597.69 元，总资产周转率计算如下。

【分析与处理】

总资产周转率=183 542 597.69÷[（540 250 527.15+633 110 860.39）÷2]≈0.31（次）

总资产周转率反映资产总额的周转速度，周转速度越快，说明公司的销售能力越强。公司可以通过薄利多销的办法，加速资产周转，使利润绝对额增加。

【做中学 3.20】下面运用 Power BI 对新兴公司进行营运能力分析。

【分析与处理】

（1）建立度量值。

流动资产周转率 = VAR A=[营业收入] VAR B=CALCULATE(SUM('资产负债表'[金额]),'利润表'[报表项目]="流动资产合计(元)") RETURN DIVIDE(A,B)

固定资产周转率 =DIVIDE([营业收入]/[固定资产平均值])

总资产周转率 = VAR A=[营业收入] VAR B=CALCULATE(SUM('资产负债表'[金额]),'资产负债表'[报表项目]="资产总计") RETURN DIVIDE(A,B)

应收账款周转率 = VAR A=[营业收入] VAR B=CALCULATE(SUM('资产负债表'[金额]),'资产负债表'[报表项目]="应收账款") RETURN DIVIDE(A,B)

存货周转率 = VAR A=[营业成本] VAR B=CALCULATE(SUM('资产负债表'[金额]),'资产负债表'[报表项目]="存货") RETURN DIVIDE(A,B)

非流动资产周转率 = VAR A=[营业收入] VAR B=CALCULATE(SUM('资产负债表'[金额]),'资产负债表'[报表项目]="非流动资产合计") RETURN DIVIDE(A,B)

（2）营运能力分析可视化。

新建矩阵视觉对象，将“年度”添加到“行”区域，将“流动资产周转率”“固定资产周转率”“总资产周转率”“应收账款周转率”“存货周转率”“非流动资产周转率”添加到“值”区域。另构建一个折线图，*X* 轴选择“年度”，*Y* 轴选择“流动资产周转率”“固定资产周转率”“总资产周转率”。运营能力分析可视化如图 3-23 所示。

图 3-23　营运能力分析可视化

根据可视化数据分析，2019—2024 年，公司的流动资产周转率大致保持在 0.08 的水平，而总资产周转率相对稳定在 0.6 左右。然而，固定资产周转率从 2019 年的 4.01 降至 2024 年的 2.13，这一变化表明公司在利用固定资产效率方面有所下降，可能反映了资产利用效率的降低或资产配置的调整。总体来看，公司需要关注固定资产的利用效率，以提高整体资产的营运能力。

四、企业盈利能力分析

盈利能力是指企业获取利润、使资金不断增值的能力，反映企业的财务状况和经营绩效，是企业偿债能力和营运能力的综合体现。其分析指标如下。

1. 销售净利率

销售净利率是净利润与销售收入的百分比。其计算公式如下。

$$销售净利率=净利润\div销售收入\times100\%$$

【做中学 3.21】某公司 2024 年的净利润为 106 904 644.72 元，销售收入为 183 542 579.69 元，则销售净利率的计算如下。

【分析与处理】

$$销售净利率=106\,904\,644.72\div183\,542\,579.69\times100\%\approx58.25\%$$

销售净利率反映销售收入的收益水平。从销售净利率的计算公式来看，净利润与销售净利率成正比，而销售收入与销售净利率成反比。企业在增加销售收入的同时，只有相应地获得更多的净利润，才能使销售净利率保持不变或有所提高。通过分析销售净利率的升降变动，可以促进企业在扩大销售规模的同时，注意改善经营管理，提高盈利水平。根据企业利润和收入的构成，可通过计算主营业务利润率、销售毛利率和营业利润率等指标分析企业主营业务的获利水平。具体公式如下。

$$主营业务利润率=主营业务利润\div主营业务收入净额\times100\%$$

$$销售毛利率=销售毛利（或销售收入-销售成本）\div销售收入\times100\%$$

$$营业利润率=营业利润\div主营业务收入净额\times100\%$$

2. 成本费用利润率

成本费用利润率反映了企业成本费用与利润的关系，用以衡量每一元成本费用取得的利润。

其计算公式如下。

成本费用利润率=净利润总额÷成本费用总额×100%

成本费用总额包括营业成本、管理费用、研发费用、财务费用、销售费用、税金及附加这 5 项之和。

【做中学 3.22】某公司 2024 年度利润表中列示，净利润 126 904 644.72 元、主营业务成本 82 416 371.72 元、税金及附加 368 808.36 元、销售费用 6 247 336.28 元、管理费用 4 199 656.61 元、财务费用 3 316 146.48 元，成本费用利润率计算如下。

【分析与处理】

成本费用利润率=126 904 644.72÷（82 416 371.72+368 808.36+6 247 336.28+4 199 656.61+3 316 146.48）×100%=126 904 644.72÷96 548 319.45×100%≈131.44%

成本费用利润率越高，说明耗费带来的收益越高。

3. 总资产报酬率

总资产报酬率是指企业净利润与平均资产总额的百分比。其计算公式如下。

总资产报酬率=净利润÷平均资产总额×100%

平均资产总额=（年初资产总额+年末资产总额）÷2

【做中学 3.23】某公司 2024 年年初资产为 540 250 527.15 元，年末资产为 633 110 860.39 元，净利润为 106 904 644.72 元，则总资产报酬率计算如下。

【分析与处理】

总资产报酬率=106 904 644.72÷[（540 250 527.15+633 110 860.39）÷2]×100%≈18.22%

将企业一定时期取得的净利润与企业的资产相比较，可得出企业资产利用的综合效果。该指标值越高，表明资产的利用效率越高，企业在增收节支等方面取得了良好的效果。

4. 净资产收益率

净资产收益率是净利润与平均所有者权益的百分比，也称股东权益报酬率或净值报酬率。其计算公式如下。

净资产收益率=净利润÷平均所有者权益×100%

所有者权益=总资产−负债=净资产

净资产收益率=净利润÷平均净资产×100%

平均所有者权益=（年初所有者权益+年末所有者权益）÷2。

【做中学 3.24】根据某公司 2024 年度的有关报表资料，当年实现的净利润为 106 904 644.72 元，年初所有者权益为 400 260 840.26 元，年末所有者权益为 510 103 859.72 元，则净资产收益率计算如下。

【分析与处理】

净资产收益率=106 904 644.72÷[（400 260 840.26+510 103 859.72）÷2]×100%≈23.49%

该指标反映所有者权益的收益水平。指标值越高，说明所有者投资带来的收益越高。

知识链接

股份有限公司盈利能力的主要指标

【做中学 3.25】下面运用 Power BI 对新兴公司进行盈利能力分析。

【分析与处理】

（1）建立度量值。

销售净利率 = VAR A=[营业收入] VAR B=[净利润] RETURN DIVIDE(B,A)

总资产净利率 = VAR A=[资产合计] VAR B=[净利润] RETURN DIVIDE(B,A)

权益净利率 = VAR A=[所有者权益合计] VAR B=[净利润] RETURN DIVIDE(B,A)
销售毛利率 = VAR A=[营业收入] VAR B=[营业收入]-[营业成本] RETURN DIVIDE(B,A)
营业利润率 = VAR A=[营业收入] VAR B=[利润总额] RETURN DIVIDE(B,A)
总资产利润率 = VAR A=[资产合计] VAR B=[利润总额] RETURN DIVIDE(B,A)

（2）盈利能力分析可视化。

新建矩阵视觉对象，将“年度”添加到“行”区域，将“营业净利率”“总资产净利率”“权益净利率”“营业毛利率”“营业利润率”“总资产利润率”添加到“值”区域。另构建一个折线图，X 轴选择“年度”，Y 轴选择“营业净利率”“总资产净利率”“权益净利率”。盈利能力分析可视化如图 3-24 所示。

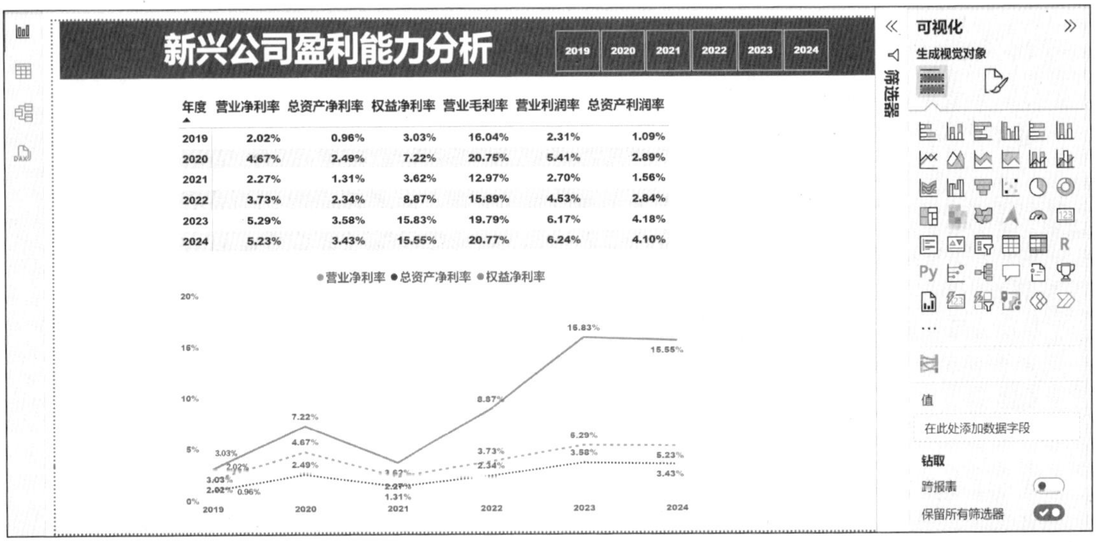

图 3-24 盈利能力分析可视化

根据可视化数据分析，2021—2023 年，公司的营业净利率、总资产净利率以及权益净利率均呈现出上升趋势。然而，2024 年这些指标相较于 2023 年出现了轻微的下降。这一现象表明，公司在 2021—2023 年提升了盈利能力，但 2024 年可能面临了一些挑战，导致盈利能力有所下降。因此，公司需要深入分析原因，并采取措施以维持或进一步提高盈利能力。

五、企业发展能力分析

企业发展能力也称企业的成长性，它是企业通过自身的生产经营活动，不断扩大积累而形成的发展潜能。企业能否健康发展取决于多种因素，如外部经营环境、企业内在素质及资源条件等。企业发展能力分析指标主要有销售增长率、资产增长率、收益增长率等。

1. 销售增长率

（1）销售增长率的含义与计算。销售增长率是企业本年销售增长额与上年销售额的比率，反映销售的增减变动情况，是评价企业成长状况和发展能力的重要指标。其计算公式如下。

$$\begin{aligned}销售增长率&=本年销售增长额\div上年销售额\times100\%\\&=（本年销售额-上年销售额）\div上年销售额\times100\%\end{aligned}$$

（2）销售增长率指标分析。销售增长率是衡量企业经营状况和市场占有能力、预测企业经营业务拓展趋势的重要指标，也是企业增加增量资本和存量资本的重要依据。该指标越大，表明销售增长速度越快，企业市场前景越好。销售增长率的分析又分为销售增长率的趋势分析和同业分析，其中的趋势分析一般选取 3 年或 3 年以上的数据进行分析。

2. 资产增长率

（1）资产增长率的含义与计算。企业销售的增长，一般会使企业资产增加，而企业资产的增加体现为企业投资规模的扩大。对一个健康成长的企业来说，其投资规模应该是呈不断增长的趋势。若企业处在成长期，通常存在许多良好的投资机会，则企业会扩大投资规模；若企业处在成熟期或衰退期，通常缺乏投资机会，则企业一般不会考虑扩大投资规模。

资产增长率是企业本年资产增加额与上年资产总额的比率，其计算公式如下。

资产增长率=本年资产增加额÷上年资产总额×100%

资产增长率是用来考核企业资产规模扩大幅度的财务指标。资产增长率为正数，说明企业本年度资产规模扩大；资产增长率为负数，说明企业本年度资产规模减小；资产增长率为零，说明企业资产规模没有发生变化。

（2）资产增长率指标分析。常用的资产增长率分析方法有以下两种。

① 分别计算负债的增加额和所有者权益的增加额占资产增加额的比重，并进行比较。如果所有者权益增加额所占比重大，就说明企业资产的增加主要来源于所有者权益的增加，反映企业资产的增长状况良好；反之，如果负债增加额所占比重大，就说明企业资产的增加主要来源于负债的增加，反映企业资产的增长状况不好。

② 采用所有者权益增长率即资本积累率来分析。资本积累率是用于衡量企业所有者权益增长幅度的指标，其计算公式如下。

资本积累率=本年所有者权益增加额÷年初所有者权益×100%

资本积累率越高，表明企业本年度所有者权益增加越多，反映企业资产增长状况良好；资本积累率越低，表明企业本年度所有者权益增加越少，反映企业资产增长状况不理想。

为全面认识企业资产规模的扩大趋势和水平，应将企业不同时期的资产增长率加以比较，即进行资产增长率的趋势分析。一个健康成长的企业，其资产规模应是不断扩大的，若时而扩大时而减小，则说明企业经营不稳定，企业并不存在良好的发展能力。

3. 收益增长率

一个企业的价值主要取决于企业的盈利及其增长能力，企业的盈利即收益的增长，是反映企业发展能力的重要方面。而企业的收益通常表现为营业利润、利润总额、净利润等指标，基于此，收益增长率也有不同的表现形式。在实践中，一般选择主营业务利润增长率、营业利润增长率和净利润增长率。

（1）主营业务利润增长率和营业利润增长率。

一般来说，企业的创立或发展是从单一产品开始的，而处于成长期的企业多数都是主营业务突出、经营比较单一的企业。当企业进入成熟期时，其经营格局就会逐步由单一经营向多元化经营发展。因此，企业的主营业务利润增长率和营业利润增长率可以反映企业不同时期的成长性。在成长初期，采用主营业务利润率考察企业的成长性较为恰当；而在即将进入成熟期或已进入成熟期时，采用营业利润率考察企业的成长性则较为合适。计算公式如下。

主营业务利润增长率=本年主营业务利润增长额÷上年主营业务利润×100%

营业利润增长率=本年营业利润增长额÷上年营业利润×100%

主营业务利润增长率或营业利润增长率高，表明企业主营业务利润或营业利润增长快，也表明企业的主营业务突出或企业的日常经营稳定，企业的成长顺利。主营业务利润增长率或营业利润增长率低，表明企业主营业务发展停滞或日常经营不稳定，企业的业务拓展能力弱，成长不顺利。

要分析主营业务利润增长率或营业利润增长率的优劣，应结合企业的主营业务收入与主营业务成本、税金及附加、销售费用、管理费用、财务费用等进行具体分析。对主营业务利润增长率而言，若通过分析发现主营业务利润增长率低于主营业务收入增长率，则表明企业的主营业务成本、主营业务税金及附加等的增长超过主营业务收入的增长，说明企业的主营业务能力不强，企业发展潜力不大。对营业利润增长率而言，若通过计算和分析发现企业营业利润增长率低于营业收入增长率，则表明企业的营业成本、税金及附加、期间费用等的增长超过营业收入的增长，企业的发展能力有限，应进一步分析，找出制约企业发展的因素，从而提高企业的发展能力，增强竞争实力。

（2）净利润增长率。

由于净利润是企业经营业绩的成果，因此净利润的增长是企业成长性的基本表现。净利润增长率的计算公式如下。

净利润增长率=本年净利润增长额÷上年净利润×100%

净利润增长率越高，表明企业的收益增长越多，说明企业的经营业绩突出，市场竞争能力强；相反，净利润增长率越低，表明企业的收益增长越少，说明企业的经营业绩不佳，市场竞争能力弱。

要全面衡量一个企业净利润增长率的优劣，全面分析其净利润的增长趋势和增长水平，仅计算和分析企业一个时期的净利润增长率是不够的，因为企业某个时期的净利润可能会受一些偶然因素或非正常因素的影响，从而无法反映企业净利润的总体增长趋势。要正确分析企业净利润的总体增长趋势，应选取企业多年净利润的资料，进行净利润增长率指标的分析，发现其变化趋势，从而得出企业是具有良好的净利润发展趋势还是净利润发展不稳定等结论。若通过对多年资料的分析发现净利润增长率一直平稳上升，则企业具有良好的净利润发展趋势和自我发展趋势。若企业的净利润增长率有增、减和不变等情况出现，则表明企业净利润增长不稳定，说明企业的盈利能力不稳定。

【做中学 3.26】下面运用 Power BI 对新兴公司进行发展能力分析。

【分析与处理】

（1）建立度量值。

```
期初金额 = VAR reportyear=SELECTEDVALUE('年度'[年度])
return
CALCULATE([BS 期末余额],FILTER(ALL('年度'),'年度'[年度]=reportyear-1))
期末金额 = SUM('资产负债表'[金额])
资产增长率 = DIVIDE([资产期末余额]-[资产期初余额],[资产期初余额])
期末现金增长率=DIVIDE([现金期末余额]-[现金期初余额],[现金期初余额])
```

（2）发展能力分析可视化。

构建一个簇状柱形图，*X* 轴选择“年度”，*Y* 轴选择“资产增长率”“期末现金增长率”。发展能力分析可视化如图 3-25 所示。

根据可视化数据分析，在 2019—2022 年，公司的资产增长率和期末现金增长率均呈现出显著的上升态势。然而，在 2023—2024 年，资产增长率和期末现金增长率出现了下滑。这一趋势表明，公司在前期的资产和现金积累速度较快，但随后可能遇到了增长动力减弱或外部市场环境变化，导致资产和现金的增长放缓。这需要公司对市场环境和内部管理进行深入分析，寻找促进持续增长的有效策略。

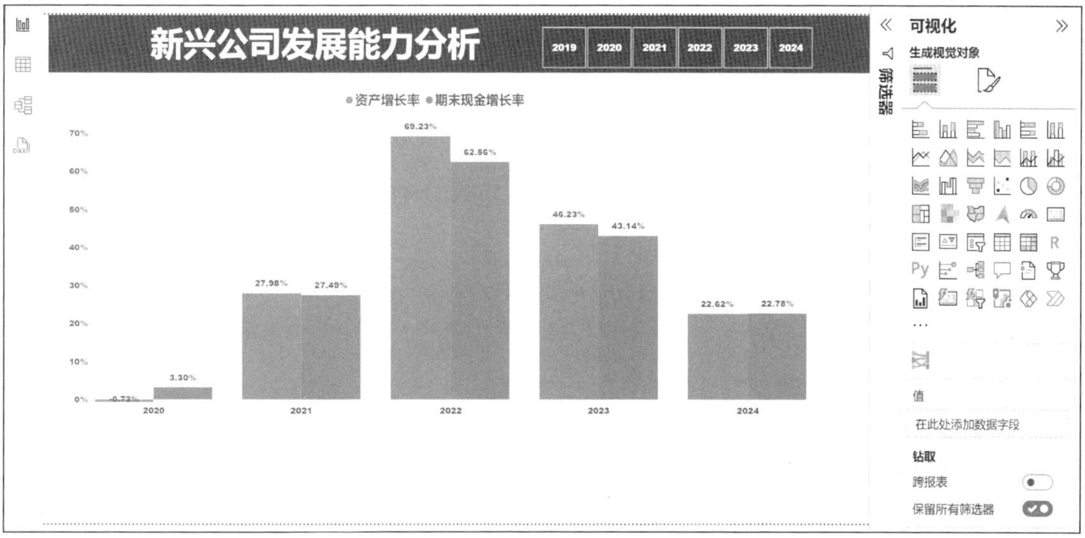

图 3-25　发展能力分析可视化

任务实施

根据本任务“任务导入”中的资料，红河有限责任公司财务部经理张晨要完成企业 2024 年度的财务综合分析，需要进行如下工作。

第一步，根据资产负债表相关数据，张晨可选取流动比率、速动比率、现金比率等财务指标计算并分析企业的短期偿债能力，选取资产负债率指标计算并分析企业的长期偿债能力。

年初流动比率=（145+60+125）÷150=2.20

年末流动比率=（135+82+135）÷200=1.76

年初速动比率=（60+125）÷150≈1.23

年末速动比率=（82+135）÷200≈1.09

年初现金比率=60÷150=0.40

年末现金比率=82÷200=0.41

年初资产总额=145+60+125+580+120=1 030（万元）

年末资产总额=135+82+135+700+200=1 252（万元）

年初资产负债率=（150+300）÷1 030×100%≈43.69%

年末资产负债率=（200+400）÷1 252×100%≈47.92%

第二步，根据利润表相关数据，张晨可选取销售净利率、总资产报酬率、净资产收益率 3 个指标计算并分析企业的盈利能力。

销售净利率=250÷1 000×100%=25%

总资产报酬率=250÷[（1 030+1 252）÷2]×100%≈21.91%

净资产收益率=250÷[（580+652）÷2]×100%≈40.58%

第三步，根据利润表、资产负债表及现金流量表等相关数据，张晨可选取应收账款周转率、存货周转率、流动资产周转率、总资产周转率指标计算并分析企业的营运能力。

应收账款周转率=800÷[（125+135）÷2]=5.71（次）

存货周转率=560÷[（145+135）÷2]=4（次）

年初流动资产=145+60+125=330（万元）

年末流动资产=135+82+135=352（万元）

流动资产周转率=1 000÷[（330+352）÷2] ≈2.93（次）

总资产周转率=1 000÷[（1 030+1 252）÷2]=0.88（次）

第四步，根据利润表，结合资产负债表等相关数据，选取销售增长率、资产增长率和净利润增长率计算并分析企业的发展能力。

销售增长率=（1 000- 896）÷896×100%≈11.61%

资产增长率=（1 252-1 030）÷1 030×100%≈21.55%

净利润增长率=（260- 213）÷213×100%≈22.07%

第五步，整理并分析上述计算结果，撰写财务分析报告，提交给副总经理赵明审阅。

任务训练

1. 单项选择题

（1）惠民公司2024年的主营业务收入为60 111万元，其年初资产总额为6 810万元，年末资产总额为8 600万元，该公司总资产周转率及周转天数分别为（　　）。

A. 8.83次，40.77天　　B. 6.99次，51.5天

C. 8.83次，51.5天　　D. 7.8次，46.15天

（2）下列各项中，（　　）指标是评价上市公司盈利能力的基本核心指标。

A. 每股收益　　B. 每股市价　　C. 净资产收益率　　D. 每股净资产

（3）企业商品经营盈利状况最终取决于（　　）。

A. 主营业务利润　　B. 营业利润　　C. 利润总额　　D. 投资收益

（4）总资产周转率高，表明企业全部资产的使用效率较高；总资产周转率低，表明企业全部资产的使用效率较低，最终会影响企业的（　　）。

A. 盈利能力　　B. 发展能力　　C. 偿债能力　　D. 营运能力

（5）净利润增长率是从企业盈利能力方面衡量企业发展能力的，净利润增长率越高，表明企业的发展潜力（　　）。

A. 越大　　B. 越小　　C. 不变　　D. 越弱

（6）留存收益率与利润分配水平之间的关系是（　　）。

A. 此高彼低

B. 留存收益率与利润分配水平正相关

C. 没有直接联系

D. 有关系，但不一定是正相关，也不一定是负相关

（7）下列各项中，能够反映企业发展能力的指标是（　　）。

A. 总资产周转率　　B. 销售增长率　　C. 已获利息倍数　　D. 净资产收益率

（8）某企业2024年流动资产平均余额为1 000万元，流动资产周转次数为7次。若企业2024年销售利润为2 100万元，则2024年销售利润率为（　　）。

A. 30%　　B. 50%　　C. 40%　　D. 15%

（9）营业利润与营业利润率的关系是（　　）。

A. 正比关系　　B. 反比关系　　C. 相等关系　　D. 没有关系

（10）下列项目中，不属于速动资产的是（　　）。

A. 应收账款　　B. 货币资金　　C. 应收票据　　D. 预收款项

2. 多项选择题

（1）反映企业盈利能力的指标有（　　）。

A. 销售净利率　　B. 净资产收益率　　C. 已获利息倍数　　D. 成本费用利润率

（2）分析企业营运能力的指标有（　　）。

A. 存货周转率　　B. 速动比率

C. 流动资产周转率　　D. 应收账款周转率

（3）应收账款周转率越高，则（　　）。

A. 资金回笼速度越慢　　B. 应收账款周转天数越少

C. 资产流动性越强　　D. 短期偿债能力越强

（4）衡量企业长期偿债能力的财务指标主要包括（　　）。

A. 流动比率　　B. 资产负债率

C. 产权比率　　D. 已获利息倍数

（5）企业财务综合分析主要从（　　）方面进行。

A. 盈利能力　　B. 发展能力　　C. 偿债能力　　D. 营运能力

（6）下列说法中正确的有（　　）。

A. 决定企业利润分配水平的是净收益

B. 决定企业利润分配水平的是现金

C. 利润分配水平越高，表明企业的实力越强

D. 利润分配水平与企业的经营状况、财务状况和未来发展有关

（7）存货周转率越低，则（　　）。

A. 资金回笼速度越慢　　B. 存货周转天数越多

C. 资产流动性越强　　D. 短期偿债能力越强

（8）反映商品经营盈利能力的指标有（　　）。

A. 总资产报酬率　　B. 销售净利率　　C. 净资产收益率　　D. 成本费用利润率

（9）提高企业销售净利率的途径有（　　）。

A. 增强偿债能力　　B. 增加销售收入　　C. 提高发展能力　　D. 降低成本费用

（10）反映企业短期偿债能力的指标有（　　）。

A. 流动比率　　B. 速动比率　　C. 资产负债率　　D. 应收账款周转率

3. 判断题

（1）尽管流动比率可以反映企业的短期偿债能力，但会出现有的企业流动比率较高却没有能力支付到期的应付账款的现象。（　　）

（2）存货周转率越高，库存的占用水平越低，说明企业存货转化为现金或应收账款的速度越慢。（　　）

（3）资产负债率越高，说明企业的长期偿债能力越强。（　　）

（4）营运能力反映企业资金实现盈利的效率，表明企业管理人员经营管理和使用资金的能力。（　　）

（5）借助应收账款周转期与企业信用期限的比较，可以评价购买单位的信用程度及企业原定的信用条件是否得当。（　　）

（6）每股收益越高，意味着股东可以从公司分得的利润越多。（　　）

（7）偿债能力很强的企业，其盈利能力也很强。（　　）

（8）在销售净利率不变的情况下，提高资产利用率可以提高资产报酬率。 （ ）
（9）净资产收益率是所有财务指标中综合性最强、最具代表性的指标。 （ ）
（10）应收账款周转次数越多，说明应收账款周转天数越多。 （ ）

4. 简答题

（1）简述企业财务综合分析的意义。
（2）简述企业偿债能力分析所运用的主要财务指标及相应的含义。
（3）简述企业盈利能力分析所运用的主要财务指标及相应的含义
（4）简述企业营运能力分析所运用的主要财务指标及相应的含义。
（5）简述企业发展能力分析所运用的主要财务指标及相应的含义。

5. 计算及案例题

（1）甲公司2024年部分财务指标如表3-14所示。

表3-14 甲公司2024年部分财务指标

项目	月份											
	1	2	3	4	5	6	7	8	9	10	11	12
流动比率	2.2	2.3	2.4	2.2	2.0	1.9	1.8	1.9	2.0	2.1	2.2	2.2
速动比率	0.7	0.8	0.9	1.0	1.1	1.1	1.2	1.1	1.1	1.0	0.9	0.8
资产负债率/%	52	55	60	55	53	50	42	45	46	48	50	52
资产报酬率/%	4	6	8	13	15	16	18	16	10	6	4	2
销售净利率/%	7	8	8	9	10	11	12	11	10	8	8	7

提示：该案例涉及企业财务、生产、采购和营销等方面的问题。

要求：根据甲公司2024年部分财务指标，回答下列问题。

① 甲公司的生产经营有何特点？
② 流动比率与速动比率的变动趋势为什么会产生差异？怎么消除这种差异？
③ 资产负债率的变动说明什么问题？3月资产负债率最高说明什么问题？
④ 资产报酬率与销售净利率的变动程度为什么不一致？
⑤ 甲公司在筹资、投资方面应注意哪些问题？

（2）光明公司流动资产由速动资产和存货构成，2024年年初存货为145万元、应收账款为125万元，2024年年末流动比率为3、速动比率为1.5、存货周转率为4次、流动资产余额为270万元。一年按360天计算。

要求：①计算该公司流动负债年末余额。
② 计算该公司存货年末余额和平均余额。
③ 计算该公司本年销货成本。
④ 假定本年主营业务收入净额为960万元，应收账款以外的其他速动资产忽略不计，计算该公司应收账款周转率。

（3）某企业2022—2024年资产负债表部分项目如表3-15所示。

表3-15 2022—2024年资产负债表部分项目 单位：万元

项目	2022年	2023年	2024年
流动资产	2 200	2 680	2 680
其中：应收账款	944	1 028	1 140

（续表）

项目	2022 年	2023 年	2024 年
存货	1 060	928	1 070
固定资产	3 800	3 340	3 500
资产总计	8 800	8 060	8 920

已知 2024 年主营业务收入为 10 465 万元，比 2023 年增长 15%，主营业务成本为 8 176 万元，比 2023 年增长 12%。

要求：①计算并分析该企业 2024 年和 2023 年的应收账款周转率、存货周转率、流动资产周转率、总资产周转率。

② 对该企业的资产利用效率进行评价。

（4）某企业经营 A、B、C 共 3 种产品，其相关资料如表 3-16 所示。

表 3–16　　企业产品相关资料

产品	销售数量/件		主营业务收入/万元		主营业务成本/万元	
	本期	上期	本期	上期	本期	上期
A	2 700	2 700	567	540	337	334
B	5 400	5 625	3 402	3 375	2 095	1 996
C	4 950	4 500	1 634	1 350	1 029	810
合计	13 050	12 825	5 603	5 265	3 461	3 140

要求：计算该企业的毛利和毛利率，并对影响该企业毛利和毛利率的变动因素进行分析。

归纳总结

本模块的主要内容分为 4 个部分：资产负债表的解读与分析、利润表的解读与分析、其他财务报表的解读与分析和企业财务综合分析，其中重点是资产负债表、利润表的解读与分析及企业财务综合分析。本模块分别对资产负债表、利润表等主要财务报表的列报项目进行解读，指出了各项目蕴含的主要信息和解读的重点；在此基础上，对资产负债表、利润表等进行分析，指出了分析的目的和内容，并通过实际案例，采取科学的财务报表分析方法进行结构、趋势等的分析，并得出了相应的分析结论，有助于学生理解和掌握财务报表分析的基本方法和内容，满足相应的工作岗位和业务需要。

附　录

会计凭证的填制与审核

红光机械有限责任公司（增值税一般纳税人）2024 年 12 月发生的部分经济业务如下，同时附列相关原始凭证。同时，该公司运用借贷记账法分析经济业务，并根据审核无误的原始凭证填制了相应的记账凭证。

（1）12 月 1 日，收到投资方华达投资有限责任公司投入的 100 万元，存入银行，原始凭证和记账凭证如表 A-1 $\frac{1}{4}$ 至表 A-1-$\frac{4}{4}$ 和表 B-1 所示。

表 A–1 $\frac{1}{4}$

投资协议书

投资协议

投资方：华达投资有限责任公司

被投资方：红光机械有限责任公司

投资方与被投资方经过充分协商，在平等自愿的基础上，投资方华达投资有限责任公司以现金 100 万元投资红光机械有限责任公司，获得 100 万元的股份。

甲方：华达投资有限责任公司	乙方：红光机械有限责任公司
法定代表人：李欣	法定代表人：赵宏
签约日期：2024 年 11 月 10 日	签约日期：2024 年 11 月 10 日

表 A–1 $\frac{2}{4}$

关于同意红光机械有限责任公司注册资本金变更的批复函

关于同意红光机械有限责任公司注册资本金变更的批复

蓉市监〔2024〕96 号

红光机械有限责任公司：

你公司《关于要求变更企业资质证书注册资本金的请示》已收悉。经审核，上报材料符合有限责任公司企业资质管理有关规定，同意你公司注册资本金增加 100 万元。

成都市市场监督管理局

2024 年 11 月 25 日

表 A-1 $\frac{3}{4}$

收款收据

No. 0615263

第三联：记账　　　　2024 年 12 月 01 日

今收到华达投资有限责任公司投资款 人民币壹佰万元整 ¥1 000 000.00		红光机械有限责任公司 财务专用章

单位盖章：　会计：张珊　出纳：赵玲　经手人：

表 A-1 $\frac{4}{4}$

中国工商银行进账单（收账通知）　3

2024 年 12 月 01 日

出票人	全称	华达投资有限责任公司		收款人	全称	红光机械有限责任公司									
	账号	55486587509			账号	532001260004619									
	开户银行	建设银行培风支行			开户银行	工商银行高新西区支行									
金额	人民币（大写）壹佰万元整					千	百	十	万	千	百	十	元	角	分
						¥	1	0	0	0	0	0	0	0	0
票据种类	转账支票	票据张数	1	工商银行高新西区支行 2024.12.01 转讫 银行盖章											
票据号码	0276549														
复核：记账：															

此联是收款人开户银行交收款人的收账通知

表 B-1

记账凭证

2024 年 12 月 01 日　　　　记字第1号

摘要	总账科目	明细科目	√	借方										贷方									
				千	百	十	万	千	百	十	元	角	分	千	百	十	万	千	百	十	元	角	分
收到投入本金	银行存款				1	0	0	0	0	0	0	0	0										
	实收资本	华达投资有限责任公司													1	0	0	0	0	0	0	0	0
合计				¥	1	0	0	0	0	0	0	0	0	¥	1	0	0	0	0	0	0	0	0

附件 4 张

会计主管：李华　　记账：张珊　　稽核：柳芳　　填制：王铭

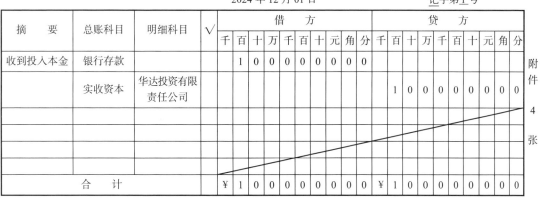

（2）12 月 1 日，借入短期借款 15 万元，款项已存入企业存款账户，原始凭证和记账凭证如表 A-2$\frac{1}{2}$至表 A-2$\frac{2}{2}$和表 B-2 所示。

表 A–2$\frac{1}{2}$

短期借款申请书

2024 年 12 月 01 日

企业名称：红光机械有限责任公司　　　　企业性质：有限责任公司

申请借款金额	150 000 元
借款用途	流动资金周转借款
借款期限	6 个月
还款资金来源	销货款
（印章：红光机械有限责任公司 合同专用章） 申请企业：红光机械有限责任公司	负责人：赵宏（印章：赵宏）
（印章：工商银行 成都分行 业务专用章） 经办行审批意见：同意借款。	经办人：何跃

表 A–2$\frac{2}{2}$

贷款凭证（3）（收账通知）

2024 年 12 月 01 日

<table>
<tr><td>贷款单位名称</td><td colspan="2">红光机械有限责任公司</td><td>种类</td><td>流动资金贷款</td><td>贷款户账号</td><td colspan="10">532001260004619</td></tr>
<tr><td rowspan="2">金额</td><td colspan="4" rowspan="2">人民币（大写）：壹拾伍万元整</td><td></td><td>千</td><td>百</td><td>十</td><td>万</td><td>千</td><td>百</td><td>十</td><td>元</td><td>角</td><td>分</td></tr>
<tr><td></td><td></td><td>¥</td><td>1</td><td>5</td><td>0</td><td>0</td><td>0</td><td>0</td><td>0</td><td>0</td></tr>
<tr><td rowspan="2">用途</td><td rowspan="2">生产周转</td><td>单位申请期限</td><td colspan="8">自 2024 年 12 月 1 日至 2025 年 6 月 30 日</td><td rowspan="2">利率</td><td colspan="4" rowspan="2">10.89%</td></tr>
<tr><td>银行核定期限</td><td colspan="8">自 2024 年 12 月 1 日至 2025 年 5 月 31 日</td></tr>
<tr><td colspan="5">上列贷款已核准发放 流动资金贷款。
并已转收你单位　高新西区支行　账号账户。
银行签章　　　　2024 年 12 月 1 日</td><td colspan="11">单位会计分录
收入
付出
复核　　　　记账
主管　　　　会计</td></tr>
</table>

表 B-2

记账凭证

2024 年 12 月 01 日　　　　记 字 第 2 号

摘要	总账科目	明细科目	√	借方										贷方									
				千	百	十	万	千	百	十	元	角	分	千	百	十	万	千	百	十	元	角	分
借入短期借款	银行存款					1	5	0	0	0	0	0	0										
	短期借款															1	5	0	0	0	0	0	0
合计					¥	1	5	0	0	0	0	0	0		¥	1	5	0	0	0	0	0	0

附件 2 张

会计主管：李华　　记账：张珊　　稽核：柳芳　　填制：王铭

（3）12 月 2 日，职工张小明出差归来，报销差旅费 1 500 元，退回多余款项现金 100 元，原始凭证和记账凭证如表 A-3 $\frac{1}{2}$ 至表 A-3 $\frac{2}{2}$ 和表 B-3 所示。

表 A-3 $\frac{1}{2}$

差旅费报销单

姓名：张小明　所属部门：供应科　　2024 年 12 月 02 日　　金额单位：元

起日			止日			各项补助费							车船费		合计金额
						出差补助			住宿费金额	夜间乘车补助					
月	日	起	月	日	讫	天数	标准	金额		日数	标准	金额	类别	金额	
11	25	成都	11	26	重庆									150	150
11	26	重庆	12	1	重庆	6	50	300	900						1 200
12	2	重庆	12	2	成都									150	150
								300	900					300	1 500
合计人民币大写 ⊗ 万壹仟伍佰零拾零元零角零分															
原借差旅费 1 600 元报销 1 500 元补付（退回）100 元															
出差事由	洽谈业务														

附件　张

审批人签字：赵文明　会计主管签字：李华　报账人签字：张小明　领款人签字：张小明

表 A-3 $\frac{2}{2}$

收款收据　　No. 0615264

第三联：记　账　　2024 年 12 月 02 日

今收到：供应科张小明

交　来：差旅费预借款

人民币（大写）壹仟陆佰元整　（实际报销 1 500 元）　¥1 600.00

现金收讫

备注：

收款单位（盖章）　　收款人：赵玲　　经办人：高慧

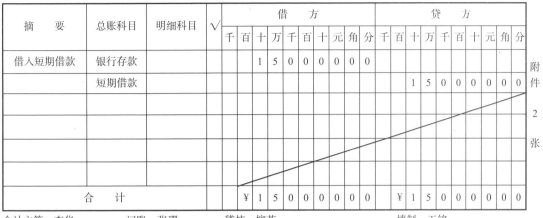

表 B-3

记账凭证

2024 年 12 月 02 日　　　　记 字第 3 号

摘　要	总账科目	明细科目	√	借方										贷方									
				千	百	十	万	千	百	十	元	角	分	千	百	十	万	千	百	十	元	角	分
张小明出差归来，报销差旅费，原借款 1 600 元	管理费用	差旅费						1	5	0	0	0	0										
	库存现金								1	0	0	0	0										
	其他应收款	张小明																1	6	0	0	0	0
合　计							¥	1	6	0	0	0	0				¥	1	6	0	0	0	0

附件 2 张

会计主管：李华　　记账：张珊　　稽核：柳芳　　填制：王铭

（4）12 月 6 日，向成都市辉煌建材有限公司购入 30 吨圆钢，材料已入库，款已支付，原始凭证和记账凭证如表 A-4 $\frac{1}{7}$ 至表 A-4 $\frac{7}{7}$ 和表 B-4 所示。

表 A-4 $\frac{1}{7}$

四川省增值税专用发票

抵扣联

（全国统一发票监制章 四川 国家税务总局监制）

3400033260

No.00481621

开票日期：2024 年 12 月 06 日

购买方	名　称：红光机械有限责任公司 纳税人识别号：510208830020288 地 址、电 话：成都市新鸿路 156 号　87846158 开户行及账号：工商银行高新西区支行 532001260004619				密码区	>56937*-536//32 8784636<*56932+- <8574-686<79>56 409-8-85><56>>8	加密版本： 01340003326000049262
货物或应税劳务、服务名称	规格型号	单位	数量	单价	金额	税率	税额
圆钢		吨	30	3 000.00	90 000.00	13%	11 700.00
合计					¥ 90 000.00		¥ 11 700.00
价税合计（大写）	⊗壹拾万壹仟柒佰元整（小写）¥101 700.00						
销售方	名　称：成都市辉煌建材有限公司 纳税人识别号：5567098321 地 址、电 话：成都市蜀光路 180 号　56239068 开户行及账号：工行蜀光支行 512085373293482				备注	（成都市辉煌建材有限公司 5567098321 发票专用章）	

第二联：抵扣联 购买方扣税凭证

收款人：兰 蕙　复核：刘大伟　开票人：何 斌　销售方：（章）

表 A-4 $\frac{2}{7}$

四川省增值税专用发票

（印章：全国统一发票监制章　四川　国家税务总局监制）

3400033260

No.00481621

开票日期：2024 年 12 月 06 日

购买方	名　　称：红光机械有限责任公司 纳税人识别号：510208830020288 地 址、电 话：成都市新鸿路 156 号　87846158 开户行及账号：工商银行高新西区支行 532001260004619	密码区	>56937*-536//32 8784636<*56932+- <8574-686<79>56 409-8-85><56>>8 加密版本： 01340003326000 049262

货物或应税劳务、服务名称	规格型号	单位	数量	单价	金额	税率	税额
圆钢		吨	30	3 000.00	90 000.00	13%	11 700.00
合计					¥90 000.00		¥11 700.00
价税合计（大写）	⊗壹拾万壹仟柒佰元整（小写）¥101 700.00						

销售方	名　　称：成都市辉煌建材有限公司 纳税人识别号：5567098321 地 址、电 话：成都市蜀光路 180 号　56239068 开户行及账号：工行蜀光支行 512085373293482	备注	（印章：成都市辉煌建材有限公司　5567098321　发票专用章）

收款人：兰　蕙　复核：刘大伟　开票人：何　斌　销售方：（章）

第三联：发票联　购买方记账凭证

表 A-4 $\frac{3}{7}$

四川省增值税专用发票

（印章：全国统一发票监制章　四川　国家税务总局监制）

3600039857

No.00241063

开票日期：2024 年 12 月 06 日

购买方	名　　称：红光机械有限责任公司 纳税人识别号：510208830020288 地 址、电 话：成都市新鸿路 156 号　87846158 开户行及账号：工商银行高新西区支行 532001260004619	密码区	>56937*-536//32 8784636<*56932+- <8574-686<79>56 409-8-85><56>>8 加密版本： 01340003326000 049262

货物或应税劳务、服务名称	规格型号	单位	数量	单价	金额	税率	税额
运费					1 200.00	9%	108.00
合计					¥1 200.00		¥108.00
价税合计（大写）	⊗壹仟叁佰零捌元整（小写）¥1 308.00						

销售方	名　　称：成都市捷运公司 纳税人识别号：53645768239 地 址、电 话：成都市临江路 128 号　56723856 开户行及账号：工行临江支行 612091235687569	备注	（印章：成都市捷运公司　53645768239　发票专用章）

收款人：柳　荫　复核：兰　原　开票人：张　海　销售方：（章）

第二联：抵扣联　购买方扣税凭证

表 A–4 $\frac{4}{7}$

全国统一发票监制章 四川 国家税务总局监制

四川省增值税专用发票

3600039857

No.00241063

开票日期：2024 年 12 月 06 日

购买方	名　　称：红光机械有限责任公司 纳税人识别号：510208830020288 地 址、电 话：成都市新鸿路 156 号　87846158 开户行及账号：工商银行高新西区支行 532001260004619	密码区	>56937*-536//32 8784636<*56932+- <8574-686<79>56 409-8-85><56>>8 加密版本： 01340003326000 049262

货物或应税劳务、服务名称	规格型号	单位	数量	单价	金额	税率	税额
运费					1 200.00	9%	108.00
合计					¥1 200.00		¥108.00
价税合计（大写）	⊗壹仟叁佰零捌元整（小写）¥1 308.00						

销售方	名　　称：成都市捷运公司 纳税人识别号：53645768239 地 址、电 话：成都市临江路 128 号　56723856 开户行及账号：工行临江支行 612091235687569	备注	成都市捷运公司 53645768239 发票专用章

收款人：柳　荫　复核：兰　原　开票人：张　海　销售方：（章）

第三联：发票联　购买方记账凭证

表 A–4 $\frac{5}{7}$

收料单

供货单位：成都市辉煌建材有限公司　　凭证编号：

发票编号：00481621　　2024 年 12 月 06 日　　收料仓库：材料物资仓库

类别	编号	名称	规格	单位	数量		实际成本				计划成本	
					应收	实收	单价	金额	运费	合计	单位成本	金额
	A01	圆钢		吨	30	30	3 000	90 000.00	1 200.00	91 200.00	3 000	90 000.00

主管：王新民　记账：汪笑蕊　仓库保管：钱维光　经办人：赵乐乐

表 A-4 $\frac{6}{7}$

ICBC 中国工商银行　转账支票存根

Ⅵ　Ⅱ9726501

附加信息

出票日期：2024 年 12 月 06 日

收款人：	成都市辉煌建材有限公司
金额：	¥101 700.00
用途：	付货款

单位主管：　　　　会计：

表 A-4 $\frac{7}{7}$

ICBC 中国工商银行　转账支票存根

Ⅵ　Ⅱ9726502

附加信息

出票日期：2024 年 12 月 06 日

收款人：	成都市捷运公司
金额：	¥1 308.00
用途：	支付代垫运费

单位主管：　　　　会计：

表 B-4

记账凭证

2024 年 12 月 06 日　　　　记　字 第 4 号

摘　要	总账科目	明细科目	√	借方										贷方									
				千	百	十	万	千	百	十	元	角	分	千	百	十	万	千	百	十	元	角	分
购买原材料，款付，料入库	原材料	主要材料（圆钢）					9	1	2	0	0	0	0										
	应交税费	应交增值税（进项税额）					1	1	8	0	8	0	0										
	银行存款															1	0	3	0	0	8	0	0
合　计					¥	1	0	3	0	0	8	0	0		¥	1	0	3	0	0	8	0	0

附件 5 张

会计主管：李华　　记账：张珊　　稽核：柳芳　　填制：王铭

（5）12 月 7 日，购买办公用品，付现金 300 元，原始凭证和记账凭证如表 A-5 $\frac{1}{2}$ 至表 A-5 $\frac{2}{2}$ 和表 B-5 所示。

表 A–5 $\frac{1}{2}$

四川省国家税务总局直属分局通用机打发票

（全国统一发票监制章 四川 发票联）

发票代码 152901536001
发票号码 53157283
购货方名称：
发票号码：53157283
机器编号：018110026572 开票人：杜文
收款单位：成都市文宇办公用品商店
开票日期：2024/12/07 14:28:16
付款单位：红光机械有限责任公司

项目	单价	数量	金额
A4 复印纸	40	5	200.00
32K 笔记本	10	10	100.00

除购货方名称 手写无效

现金付讫

小计金额：¥300.00
应收金额：¥300.00 折扣金额：¥-0.00 外
小写合计：¥300.00
大写合计：叁佰元整
防伪码：0193 6153 6352 2310

（成都市文宇办公用品商店 51067532018 发票专用章）

凡持购物卡购买商品金额部分不作报销

表 A–5 $\frac{2}{2}$

办公用品领用表

金额单位：元

领用单位：厂部管理部门 2024 年 12 月 07 日 编号：

材料名称	领发数量			金额	备注
	A4 复印纸	32K 笔记本	碳素笔		
厂部管理部门	5	10		300.00	
合计	5	10		300.00	

主管： 审核： 领料：王宁 发料：张明

表 B–5

记账凭证

2024 年 12 月 07 日 记 字 第 5 号

摘要	总账科目	明细科目	√	借方 千	百	十	万	千	百	十	元	角	分	贷方 千	百	十	万	千	百	十	元	角	分
购买办公用品	管理费用	办公费							3	0	0	0	0										
	库存现金																		3	0	0	0	0
合计								¥	3	0	0	0	0					¥	3	0	0	0	0

附件 2 张

会计主管：李华 记账：张珊 稽核：柳芳 填制：王铭

（6）12 月 13 日，销售普通车床，货款及代垫运费已办妥托收手续，并支付托收手续费，原始凭证和记账凭证如表 A-6 $\frac{1}{5}$ 至表 A-6 $\frac{5}{5}$ 和表 B-6 至表 B-7 所示。

表 A-6 $\frac{1}{5}$

四川增值税专用发票

全国统一发票监制章 四川 国家税务总局监制

3600028562

No. 05051998

开票日期：2024 年 12 月 10 日

购买方	名　　称：重庆市机电公司 纳税人识别号：500103617588689 地 址、电 话：重庆市西城路 50 号 67844668 开户行及账号：工行西城支行 823380887				密码区	略	
货物及应税劳务、服务名称	规格型号	单位	数量	单价	金额	税率	税额
普通机床		台	10	43 000.00	430 000.00	13%	55 900.00
合　计					¥430 000.00		¥55 900.00
价税合计（大写）	⊗肆拾捌万伍仟玖佰元整　（小写）¥485 900.00						
销售方	名　　称：红光机械有限责任公司 纳税人识别号：510208830020288 地 址、电 话：成都市新鸿路 156 号 87846158 开户行及账号：工行高新西区支行 532001260004619				备注	红光机械有限责任公司 510208830020288 发票专用章	

收款人：赵玲　　复核：　　开票人：李新　　销售方：（章）

第一联：记账联　销售方记账凭证

表 A-6 $\frac{2}{5}$

托收凭证（受理回单）　1

委托日期 2024 年 12 月 12 日

业务类型		委托收款（□邮划 □电划）　托收承付（☑邮划 □电划）													
付款人	全称	重庆市机电公司	收款人	全称	红光机械有限责任公司										
	账号或地址	823380887		账号	532001260004619										
	开户银行	工行西城支行		开户银行	工行高新西区支行										
托收金额	人民币（大写）　肆拾捌万玖仟叁佰元整				千	百	十	万	千	百	十	元	角	分	
						¥	4	8	9	3	0	0	0	0	
款项内容	货款、税金、运费	托收凭据名称	托收承付	附寄单证张数	3 张										
商品发运情况	已发运	合同名称号码													
备注： 复核　记账	款项收妥日期 年　月　日	工商银行高新西区支行 2024.12.12 收讫 收款单位开户银行盖章 2024 年 12 月 12 日													

此联是收款人开户银行给收款人的银行回单

表 A-6 $\frac{3}{5}$

中国工商银行成都市分行邮、电、手续费收费凭证（借方凭证） 1

2024 年 12 月 12 日

缴款人名称：红光机械有限责任公司	信（电）汇笔汇票笔其他笔
账号：工行高新西区支行 532001260004619	托收、委托笔支票本专用托收笔

邮电金额					电报费金额					手续费金额					合计金额						科目 对方科目 复核记账 复票制票
百	十	元	角	分	百	十	元	角	分	百	十	元	角	分	千	百	十	元	角	分	
											1	5	0	0		¥	1	5	0	0	

表 A-6 $\frac{4}{5}$

货票 A No. 04315

计划号码或运输号码 成都市铁路局 丙联 运及收款凭证：发站→托运人

发站	成都	到站	重庆	车种车号	货车标重		承运人/托运人装车
到站所属省区市				施封号码			
托运人	名称	红光机械有限责任公司		经由	铁路货车篷布号码		
	住址		电话		集装箱号码		
收货人	名称	重庆市机电公司		运价里程			
	住址		电话				

货物名称	件数	包装	货物价格	托运人确定质量（千克）	现付费用			
					费别	金额	费别	金额
普通车床	10		430 000		运费	3 400.00		
					基金 1			
					基金 2			
					印花税			
合计					合计	3 400.00		
托运人记载事项					承运人记载事项			

托运人签约须知见背面		托运人盖章或签字 李勇 2024 年 12 月 10 日	到站交付日期	成都市铁路局 业务专用章	发站承运日期

表 A-6 $\frac{5}{5}$

中国工商银行　转账支票存根

Ⅵ　Ⅱ9726503

附加信息______________________

出票日期：2024 年 12 月 10 日

收款人：成都市铁路局	
金额：3 400.00	
用途：支付代垫运费	

单位主管：　　　　会计：

表 B-6

记账凭证

2024 年 12 月 10 日　　　　记 字 第 6 号

摘要	总账科目	明细科目	√	借方										贷方									
				千	百	十	万	千	百	十	元	角	分	千	百	十	万	千	百	十	元	角	分
销售普通车床，商品已发出，款项已办妥托收	应收账款	重庆市机电公司				4	8	9	3	0	0	0	0										
	主营业务收入	普通车床														4	3	0	0	0	0	0	0
	应交税费	应交增值税（销项税额）															5	5	9	0	0	0	0
	银行存款																	3	4	0	0	0	0
合计					¥	4	8	9	3	0	0	0	0		¥	4	8	9	3	0	0	0	0

附件 4 张

会计主管：李华　　记账：张珊　　稽核：柳芳　　填制：王铭

表 B-7

记账凭证

2024 年 12 月 10 日　　　　记 字 第 7 号

摘要	总账科目	明细科目	√	借方										贷方									
				千	百	十	万	千	百	十	元	角	分	千	百	十	万	千	百	十	元	角	分
支付托收手续费	财务费用	手续费								1	5	0	0										
	银行存款																			1	5	0	0
合计									¥	1	5	0	0						¥	1	5	0	0

附件 1 张

会计主管：李华　　记账：张珊　　稽核：柳芳　　填制：王铭

（7）12 月 14 日，向南京铸城机电有限责任公司购入一台刨床，原始凭证和记账凭证如表 A-7 $\frac{1}{6}$ 至表 A-7 $\frac{6}{6}$ 和表 B-8 所示。

表 A-7 $\frac{1}{6}$

江苏增值税专用发票 550023678

（全国统一发票监制章 江苏 国家税务总局监制）

No.02974926

开票日期：2024 年 12 月 02 日

购买方	名　　称：红光机械有限责任公司 纳税人识别号：510208830020288 地 址、电 话：成都市新鸿路 156 号　87846158 开户行及账号：工行高新西区支行 532001260004619				密码区	25709388079<>5684+5872<64+5-327><56875983*632*>+769694<<978*+7636583+8*	加密版本：3200032864 02974926	
货物或应税劳务、服务名称	规格型号	单位	数量	单价	金额	税率	税额	
刨床		台	1	100 000.00	100 000.00	13%	13 000.00	
合计					¥100 000.00		¥13 000.00	
价税合计（大写）	⊗壹拾壹万叁仟元整（小写）¥113 000.00							
销售方	名　　称：南京铸城机电有限责任公司 纳税人识别号：321001140498721 地 址、电 话：锦绣路 232 号　46862386 开户行及账号：工行大厂营业部 1108020007546008				备注	（南京铸城机电有限责任公司 321001140498721 发票专用章）		

第二联：抵扣联 购买方抵扣凭证

收款人：刘小小　复核：郑　丽　开票人：郑　文　销售方：（章）

表 A-7 $\frac{2}{6}$

江苏省增值税专用发票 550023678

（全国统一发票监制章 江苏 国家税务总局监制）

No.02974926

开票日期：2024 年 12 月 02 日

购货方	名　　称：红光机械有限责任公司 纳税人识别号：510208830020288 地 址、电 话：成都市新鸿路 156 号　87846158 开户行及账号：工行高新西区支行 532001260004619				密码区	25709388079<>5684+5872<64+5-327><56875983*632*>+769694<<978*+7636583+8*	加密版本：3200032864 02974926	
货物或应税劳务、服务名称	规格型号	单位	数量	单价	金额	税率	税额	
刨床		台	1	100 000.00	100 000.00	13%	13 000.00	
合计					¥100 000.00		¥13 000.00	
价税合计（大写）	⊗壹拾壹万叁仟元整（小写）¥113 000.00							
销售方	名　　称：南京铸城机电有限责任公司 纳税人识别号：321001140498721 地 址、电 话：锦绣路 232 号　46862386 开户行及账号：工行大厂营业部 1108020007546008				备注	（南京铸城机电有限责任公司 321001140498721 发票专用章）		

第三联：发票联 购货方记账凭证

收款人：刘小小　复核：郑　丽　开票人：郑　文　销售方：（章）

表 A-7 $\frac{3}{6}$

江苏省增值税专用发票

（印章：全国统一发票监制章 江苏 国家税务总局监制）

550013465

No.00241063

开票日期：2024 年 12 月 14 日

购买方	名　　称：红光机械有限责任公司 纳税人识别号：510208830020288 地 址、电 话：成都市新鸿路 156 号　87846158 开户行及账号：工行高新西区支行 532001260004619			密码区	>56937*-536//32 8784636<*56932+- <8574-686<79>56 409-8-85><56>>8	加密版本： 01340003326000049262	
货物或应税劳务、服务名称	规格型号	单位	数量	单价	金额	税率	税额
运费					3 000.00	9%	270.00
合计					¥3 000.00		¥270.00
价税合计（大写）	⊗叁仟贰佰柒拾元整（小写）¥3 270.00						
销售方	名　　称：南京枫影物流公司 纳税人识别号：756023891856092 地 址、电 话：南京市雨花台路 128 号　86723856 开户行及账号：工行雨花支行 612091235687569			备注	（印章：南京枫影物流公司 756023891856092 发票专用章）		

第二联：抵扣联　购买方扣税凭证

收款人：柳　荫　复核：兰　原　开票人：张　海　销售方：（章）

表 A-7 $\frac{4}{6}$

江苏省增值税专用发票

（印章：全国统一发票监制章 江苏 国家税务总局监制）

550013465

No.00241063

开票日期：2024 年 12 月 14 日

购买方	名　　称：红光机械有限责任公司 纳税人识别号：510208830020288 地 址、电 话：成都市新鸿路 156 号　87846158 开户行及账号：工行高新西区支行 532001260004619			密码区	>56937*-536//32 8784636<*56932+- <8574-686<79>56 409-8-85><56>>8	加密版本： 01340003326000049262	
货物或应税劳务名称	规格型号	单位	数量	单价	金额	税率	税额
运费					3 000.00	9%	270.00
合计					¥3 000.00		¥270.00
价税合计（大写）	⊗叁仟贰佰柒拾元整（小写）¥3 270.00						
销售方	名　　称：南京枫影物流公司 纳税人识别号：756023891856092 地 址、电 话：南京市雨花台路 128 号　86723856 开户行及账号：工行雨花支行 612091235687569			备注	（印章：南京枫影物流公司 756023891856092 发票专用章）		

第三联：发票联　购买方记账凭证

收款人：柳　荫　复核：兰　原　开票人：张　海　销售方：（章）

表 A-7 $\frac{5}{6}$

固定资产验收单

供货单位：南京铸城机电有限责任公司　　　　凭证编号：

发票编号：02974926　　　　2024年12月14日　　　　收料仓库：材料物资仓库

类别	编号	名称	规格	单位	数量		实际成本			
					应收	实收	单价	金额	运费	合计
	C01	刨床		台	1	1	100 000.00	100 000.00	3 000.00	103 000.00

主管：王新民　记账：汪笑蕊　仓库保管：钱维光　经办人：赵乐乐

表 A-7 $\frac{6}{6}$

网银国内跨行汇款凭证

网银业务编号：7600000827878306　渠道编号：CBTT736812018168　业务类型：C200 汇兑

发起行行号：104651003017　汇款人开户行行号：532001260004619 汇出行委托日期：2024/12/09

汇款人开户行名称：工行高新西区支行

汇款人账号：532001260004619

汇款人名称：红光机械有限责任公司

接收行行号：354651016258 收款人开户行行号：354651016258　汇出行经办日期：2024/12/09

收款人开户行名称：工行大厂营业部

收款人账号：1108020007546008

收款人名称：南京铸城机电有限责任公司

汇款币种、金额：CNY 116 270.00

大写金额：壹拾壹万陆仟贰佰柒拾元整

手续费币种、金额：CNY 0.50

大写金额：伍角整

电子汇划费币种、金额：CNY 2.50

大写金额：贰元伍角整

附言：

摘要：设备款

工商银行 四川省成都分行高新西区支行 自助回单专用章

此联为客户回单自助设备打印，注意避免重复自助打印次数：1　银行盖章

打印时间：2024/12/09　15:20:28

表 B-8

记账凭证

2024年12月14日　　　　记字第 8 号

摘要	总账科目	明细科目	√	借方										贷方									
				千	百	十	万	千	百	十	元	角	分	千	百	十	万	千	百	十	元	角	分
向南京铸城机电有限责任公司购入刨床	固定资产	生产经营用固定资产				1	0	3	0	0	0	0	0										
	应交税费	应交增值税（进项税额）					1	3	2	7	0	0	0										
	财务费用	手续费									3	0	0										
	银行存款															1	1	6	2	7	3	0	0
合计					¥	1	1	6	2	7	3	0	0		¥	1	1	6	2	7	3	0	0

附件 4 张

会计主管：李华　记账：张珊　稽核：柳芳　填制：王铭

（8）12 月 15 日，各车间领用材料，相关原始凭证和记账凭证如表 A-8 $\frac{1}{22}$ 至表 A-8 $\frac{22}{22}$ 和表 B-9 所示。

表 A–8 $\frac{1}{22}$

领料单

金额单位：元

领用单位：铸造车间　　2024 年 12 月 15 日　　编号：

项目	材料名称：生铁		规格型号：	计量单位：吨	
	请领	实发	单位成本	总成本	备注
普通车床	30	30	2 350	70 500	
合计					

主管：　　审核：　　领料：黄德　　发料：严明

表 A–8 $\frac{2}{22}$

领料单

金额单位：元

领用单位：铸造车间　　2024 年 12 月 15 日　　编号：

项目	材料名称：焦炭		规格型号：	计量单位：吨	
	请领	实发	单位成本	总成本	备注
普通车床	15	15	480	7 200	
合计					

主管：　　审核：　　领料：黄德　　发料：严明

表 A–8 $\frac{3}{22}$

领料单

金额单位：元

领用单位：铸造车间　　2024 年 12 月 15 日　　编号：

项目	材料名称：煤		规格型号：	计量单位：吨	
	请领	实发	单位成本	总成本	备注
普通车床	10	10	180	1 800	
合计					

主管：　　审核：　　领料：黄德　　发料：严明

表 A-8 $\frac{4}{22}$

领料单

金额单位：元

领用单位：铸造车间　　2024年12月15日　　编号：

项目	材料名称：生铁		规格型号：	计量单位：吨	
	请领	实发	单位成本	总成本	备注
刻模铣床	8	8	2 350	18 800	
合计					

主管：　　审核：　　领料：黄德　　发料：严明

表 A-8 $\frac{5}{22}$

领料单

金额单位：元

领用单位：铸造车间　　2024年12月15日　　编号：

项目	材料名称：焦炭		规格型号：	计量单位：吨	
	请领	实发	单位成本	总成本	备注
刻模铣床	10	10	480	4 800	
合计					

主管：　　审核：　　领料：黄德　　发料：严明

表 A-8 $\frac{6}{22}$

领料单

金额单位：元

领用单位：铸造车间　　2024年12月15日　　编号：

项目	材料名称：煤		规格型号：	计量单位：吨	
	请领	实发	单位成本	总成本	备注
刻模铣床	5	5	180	900	
合计					

主管：　　审核：　　领料：黄德　　发料：严明

表 A-8 $\frac{7}{22}$

领料单

金额单位：元

领用单位：加工车间　　2024 年 12 月 15 日　　编号：

项目	材料名称：润滑油		规格型号：	计量单位：千克	
	请领	实发	单位成本	总成本	备注
刻模铣床	20	20	4	80	
合计					

主管：　　审核：　　领料：李一　　发料：严明

表 A-8 $\frac{8}{22}$

领料单

金额单位：元

领用单位：加工车间　　2024 年 12 月 15 日　　编号：

项目	材料名称：圆钢		规格型号：	计量单位：吨	
	请领	实发	单位成本	总成本	备注
刻模铣床	6	6	3 000	18 000	
合计					

主管：　　审核：　　领料：李一　　发料：严明

表 A-8 $\frac{9}{22}$

领料单

金额单位：元

领用单位：装配车间　　2024 年 12 月 15 日　　编号：

项目	材料名称：电机		规格型号：Y123M	计量单位：台	
	请领	实发	单位成本	总成本	备注
刻模铣床	10	10	1 450	14 500	
合计					

主管：　　审核：　　领料：王海　　发料：严明

表 A-8 $\frac{10}{22}$

领料单

金额单位：元

领用单位：装配车间　　2024 年 12 月 15 日　　编号：

项目	材料名称：电机		规格型号：AOB-25	计量单位：台	
	请领	实发	单位成本	总成本	备注
刻模铣床	50	50	260	13 000	
合计					

主管：　　审核：　　领料：王海　　发料：严明

表 A-8 $\frac{11}{22}$

领料单

金额单位：元

领用单位：装配车间　　2024 年 12 月 15 日　　编号：

项目	材料名称：轴承		规格型号：D318	计量单位：套	
	请领	实发	单位成本	总成本	备注
刻模铣床	20	20	340	6 800	
合计					

主管：　　审核：　　领料：王海　　发料：严明

表 A-8 $\frac{12}{22}$

领料单

金额单位：元

领用单位：装配车间　　2024 年 12 月 15 日　　编号：

项目	材料名称：轴承		规格型号：D462	计量单位：套	
	请领	实发	单位成本	总成本	备注
刻模铣床	10	10	140	1 400	
合计					

主管：　　审核：　　领料：王海　　发料：严明

表 A-8 $\frac{13}{22}$

领料单

金额单位：元

领用单位：装配车间　　2024 年 12 月 15 日　　编号：

项目	材料名称：润滑油		规格型号：	计量单位：千克	
	请领	实发	单位成本	总成本	备注
刻模铣床	30	30	4	120	
合计					

主管：　　审核：　　领料：王海　　发料：严明

表 A-8 $\frac{14}{22}$

领料单

金额单位：元

领用单位：加工车间　　2024 年 12 月 15 日　　编号：

项目	材料名称：圆钢		规格型号：	计量单位：吨	
	请领	实发	单位成本	总成本	备注
普通车床	15	15	3 000	45 000	
合计					

主管：　　审核：　　领料：李一　　发料：严明

表 A-8 $\frac{15}{22}$

领料单

金额单位：元

领用单位：加工车间　　2024 年 12 月 15 日　　编号：

项目	材料名称：润滑油		规格型号：	计量单位：千克	
	请领	实发	单位成本	总成本	备注
普通车床	50	50	4	200	
合计					

主管：　　审核：　　领料：李一　　发料：严明

表 A-8 $\frac{16}{22}$

领料单

金额单位：元

领用单位：装配车间　　2024 年 12 月 15 日　　编号：

项目	材料名称：电机		规格型号：Y123M	计量单位：台	
	请领	实发	单位成本	总成本	备注
普通车床	30	30	1 450	43 500	
合计					

主管：　　审核：　　领料：王海　　发料：严明

表 A-8 $\frac{17}{22}$

领料单

金额单位：元

领用单位：装配车间　　2024 年 12 月 15 日　　编号：

项目	材料名称：电机		规格型号：AOB-25	计量单位：台	
	请领	实发	单位成本	总成本	备注
普通车床	100	100	260	26 000	
合计					

主管：　　审核：　　领料：王海　　发料：严明

表 A-8 $\frac{18}{22}$

领料单

金额单位：元

领用单位：装配车间　　2024 年 12 月 15 日　　编号：

项目	材料名称：轴承		规格型号：D318	计量单位：套	
	请领	实发	单位成本	总成本	备注
普通车床	50	50	340	17 000	
合计					

主管：　　审核：　　领料：王海　　发料：严明

表 A-8 $\frac{19}{22}$

领料单

金额单位：元

领用单位：装配车间　　2024 年 12 月 15 日　　编号：

项目	材料名称：轴承		规格型号：D462	计量单位：套	
	请领	实发	单位成本	总成本	备注
普通车床	200	200	140	28 000	
合计					

主管：　　审核：　　领料：王海　　发料：严明

表 A-8 $\frac{20}{22}$

领料单

金额单位：元

领用单位：装配车间　　2024 年 12 月 15 日　　编号：

项目	材料名称：标准件		规格型号：	计量单位：个	
	请领	实发	单位成本	总成本	备注
普通车床	300	300	21	6 300	
合计					

主管：　　审核：　　领料：王海　　发料：严明

表 A-8 $\frac{21}{22}$

领料单

金额单位：元

领用单位：装配车间　　2024 年 12 月 15 日　　编号：

项目	材料名称：润滑油		规格型号：	计量单位：千克	
	请领	实发	单位成本	总成本	备注
普通车床	100	100	4	400	
合计					

主管：　　审核：　　领料：王海　　发料：严明

表 A-8 $\frac{22}{22}$

发料凭证汇总表

2024 年 12 月 15 日　　单位：元

应借科目		原料及主要材料	燃料	辅助材料	外购半成品	合计
生产成本	普通车床	115 500.00	9 000.00	600.00	120 800.00	245 900.00
	刻模铣床	36 800.00	5 700.00	200.00	35 700.00	78 400.00
合计		152 300.00	14 700.00	800.00	156 500.00	324 300.00

会计主管：李华　　审核：张珊　　制表：王铭

表 B-9

记账凭证

2024年12月15日　　　　记 字 第 9 号

摘要	总账科目	明细科目	√	借方										贷方									
				千	百	十	万	千	百	十	元	角	分	千	百	十	万	千	百	十	元	角	分
生产领用材料	生产成本	普通车床				2	4	5	9	0	0	0	0										
	生产成本	刻模铣床					7	8	4	0	0	0	0										
	原材料	原料及主要材料														1	5	2	3	0	0	0	0
	原材料	燃料															1	4	7	0	0	0	0
	原材料	辅助材料																	8	0	0	0	0
	原材料	外购半成品														1	5	6	5	0	0	0	0
合　计					¥	3	2	4	3	0	0	0	0		¥	3	2	4	3	0	0	0	0

附件 22 张

会计主管：李华　　记账：张珊　　稽核：柳芳　　填制：王铭

（9）12月16日，向华新集团公司购进圆钢，材料入库，货款尚未支付，原始凭证和记账凭证如表 A-9$\frac{1}{3}$至表 A-9$\frac{3}{3}$和表 B-10 所示。

表 A-9$\frac{1}{3}$

全国统一发票监制章 四川 国家税务总局监制

四川增值税专用发票　　3600025468

No. 02041159

开票日期：2024年12月16日

购买方	名　称：红光机械有限责任公司 纳税人识别号：510208830020288 地 址、电 话：成都市新鸿路156号 87846158 开户行及账号：工行高新西区支行 532001260004619			密码区	略		
货物及应税劳务、服务名称	规格型号	单位	数量	单价	金额	税率	税额
圆钢	40CRΦ55	吨	50	3 100.00	155 000.00	13%	20 150.00
合　计					¥155 000.00		¥20 150.00
价税合计（大写）	⊗壹拾柒万伍仟壹佰伍拾元整　　（小写）¥175 150.00						
销售方	名　称：华新集团公司 纳税人识别号：510108618686315 地 址、电 话：成都市西湾东路5号 86475545 开户行及账号：成都市商业银行西村支行 19225580134067			备注	华新集团公司 510108618686315 发票专用章		

第二联：抵扣联　购买方扣税凭证

收款人：蔡涛　　复核：戴刚　　开票人：高鹏　　销售方：（章）

表 A-9 $\frac{2}{3}$

四川增值税专用发票

全国统一发票监制章 四川 国家税务总局监制

3600025468

No. 02041159

开票日期：2024 年 12 月 16 日

购买方	名　　称：红光机械有限责任公司 纳税人识别号：510208830020288 地 址、电 话：成都市新鸿路 156 号 87846158 开户行及账号：工行高新西区支行 532001260004619			密码区	略		
货物及应税劳务名称	规格型号	单位	数量	单价	金额	税率	税额
圆钢	40CR Φ 55	吨	50	3 100.00	155 000.00	13%	20 150.00
合　计					¥155 000.00		¥20 150.00
价税合计（大写）	⊗壹拾柒万伍仟壹佰伍拾元整　（小写）¥175 150.00						
销售方	名　　称：华新集团公司 纳税人识别号：510108618686315 地 址、电 话：成都市西湾东路 5 号 86475545 开户行及账号：成都市商业银行西村支行 19225580134067			备注	华新集团公司 510108618686315 发票专用章		

收款人：蔡涛　　复核：戴刚　　开票人：高鹏　　销售方：（章）

第三联：发票联　购买方记账凭证

表 A-9 $\frac{3}{3}$

收料单

供货单位：华新集团公司　　凭证编号：

发票编号：02041159　　2024 年 12 月 16 日　　收料仓库：材料物资仓库

类别	编号	名称	规格	单位	数量		实际成本			
					应收	实收	单价	金额	运费	合计
	A01	圆钢		吨	50	50	3 100	155 000.00		155 000.00

主管：王新民　记账：汪笑蕊　仓库保管：钱维光　经办人：赵乐乐

表 B-10

记账凭证

2024 年 12 月 16 日　　记 字 第 10 号

摘　要	总账科目	明细科目	√	借方										贷方									
				千	百	十	万	千	百	十	元	角	分	千	百	十	万	千	百	十	元	角	分
购进圆钢，货款尚未支付	原材料	原料及主要材料（圆钢）				1	5	5	0	0	0	0	0										
	应交税费	应交增值税（进项税额）					2	0	1	5	0	0	0										
	应付账款	华新集团公司														1	7	5	1	5	0	0	0
合　计					¥	1	7	5	1	5	0	0	0		¥	1	7	5	1	5	0	0	0

附件 2 张

会计主管：李华　　记账：张珊　　稽核：柳芳　　填制：王铭

（10）12 月 19 日，收回销货款，原始凭证和记账凭证如表 A-10 和表 B-11 所示。

表 A-10

托收凭证（收账通知） 4

委托日期 2024 年 12 月 19 日

业务类型	委托收款（□邮划 □电划） 托收承付（☑邮划 □电划）														
付款人	全称	重庆市机电公司	收款人	全称	红光机械有限责任公司										
	账号或地址	823380887		账号	532001260004619										
	开户银行	工行西城支行		开户银行	工行高新西区支行										
托收金额	人民币 肆拾捌万玖仟叁佰元整（大写）				千	百	十	万	千	百	十	元	角	分	
						¥	4	8	9	3	0	0	0	0	
款项内容	货款、税金、运费	托收凭据名称	托收承付	附寄单证张数	3 张										
商品发运情况	已发运	合同名称号码													
备注： 复核记账	款项收妥日期 年 月 日			工商银行高新西区支行 2024.12.19 收讫 收款单位开户银行盖章 2024 年 12 月 19 日											

此联是收款人开户银行给收款人的银行回单

表 B-11

记账凭证

2024 年 12 月 19 日 记 字 第 11 号

摘要	总账科目	明细科目	√	借方										贷方									
				千	百	十	万	千	百	十	元	角	分	千	百	十	万	千	百	十	元	角	分
收到销货款	银行存款					4	8	9	3	0	0	0	0										
	应收账款	重庆市机电公司														4	8	9	3	0	0	0	0
合计					¥	4	8	9	3	0	0	0	0		¥	4	8	9	3	0	0	0	0

附件 1 张

会计主管：李华 记账：张珊 稽核：柳芳 填制：王铭

（11）12 月 19 日，偿还短期借款，款项已从企业存款账户划出，原始凭证和记账凭证如表 A-11 和表 B-12 所示。

表 A–11　　　　　　　　　　偿还贷款凭证（第一联）

2024 年 12 月 19 日

借款单位名称	红光机械有限责任公司	贷款账号	84621	结算账号					53200126004619				
偿还金额（大写）	人民币贰拾万元整			千	百	十	万	千	百	十	元	角	分
					¥	2	0	0	0	0	0	0	0
贷款种类	短期借款	借出日期	2024 年 07 月 19 日	原约定还款日期					2024 年 12 月 19 日				
上列款项请由本单位账户内偿还到期贷款 红光机械有限责任公司 财务专用章 借款单位盖章		会计分录： 收： 付： 复核员记账员 工商银行高新西区支行 2024.12.19 收讫											

偿还贷款收据

表 B–12　　　　　　　　　　记账凭证

2024 年 12 月 19 日　　　　　　记 字 第 12 号

摘　要	总账科目	明细科目	√	借方										贷方									
				千	百	十	万	千	百	十	元	角	分	千	百	十	万	千	百	十	元	角	分
偿还短期借款	短期借款					2	0	0	0	0	0	0	0										
	银行存款															2	0	0	0	0	0	0	0
合　计					¥	2	0	0	0	0	0	0	0		¥	2	0	0	0	0	0	0	0

附件 1 张

会计主管：李华　　记账：张珊　　稽核：柳芳　　填制：王铭

（12）12 月 20 日，开出现金支票，提取现金 5 000 元备用，原始凭证和记账凭证如表 A-12 和表 B-13 所示。

表 A–12

中国工商银行　现金支票存根
支票号码Ⅳ　056256
附加信息
出票日期：2024 年 12 月 20 日
收款人：红光机械有限责任公司
金额：¥5 000.00
用途：备用
单位主管：　　　　会计：

表 B-13　　　　记账凭证

2024 年 12 月 20 日　　　　记 字 第 13 号

摘要	总账科目	明细科目	√	借方										贷方									
				千	百	十	万	千	百	十	元	角	分	千	百	十	万	千	百	十	元	角	分
提现备用	库存现金							5	0	0	0	0	0										
	银行存款																	5	0	0	0	0	0
合计							¥	5	0	0	0	0	0				¥	5	0	0	0	0	0

附件 1 张

会计主管：李华　　记账：张珊　　稽核：柳芳　　填制：王铭

（13）12 月 20 日，销售部王峰预借差旅费 3 000 元，以现金付讫，原始凭证和记账凭证如表 A-13 和表 B-14 所示。

表 A-13　　　　借款单

借款日期：2024 年 12 月 20 日

借款部门	销售部	借款理由	去西安进行市场推广
借款金额（大写）人民币叁仟元整			¥3 000.00
部门领导意见： 同意借支，返回报销。 赵云光　2024.12.20			借款人签字： 王峰

现金付讫

借款记账联

表 B-14　　　　记账凭证

2024 年 12 月 20 日　　　　记 字 第 14 号

摘要	总账科目	明细科目	√	借方										贷方									
				千	百	十	万	千	百	十	元	角	分	千	百	十	万	千	百	十	元	角	分
王峰预借差旅费	其他应收款	王峰						3	0	0	0	0	0										
	库存现金																	3	0	0	0	0	0
合计							¥	3	0	0	0	0	0				¥	3	0	0	0	0	0

附件 1 张

会计主管：李华　　记账：张珊　　稽核：柳芳　　填制：王铭

（14）12 月 23 日，向鼎盛广告设计有限公司支付广告费 10 000 元，增值税 600 元。原始凭证和记账凭证如表 A-14$\frac{1}{3}$至表 A-14$\frac{3}{3}$和表 B-15 所示。

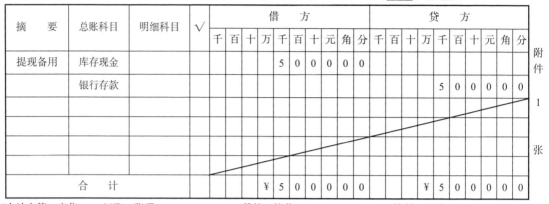

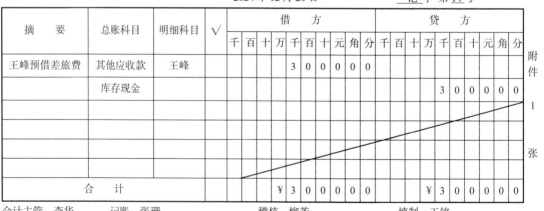

表 A-14 $\frac{1}{3}$

中国工商银行 转账支票存根

支票号码Ⅵ Ⅱ9726504

附加信息

出票日期：2024 年 12 月 23 日

收款人：	鼎盛广告设计有限公司
金额：	¥10 600.00
用途：	付广告费

单位主管： 会计：

表 A-14 $\frac{2}{3}$

四川省增值税专用发票

全国统一发票监制章 四川 国家税务总局监制

3600015261

No.00341236

开票日期：2024 年 12 月 23 日

购买方	名　　称：红光机械有限责任公司 纳税人识别号：510208830020288 地 址、电 话：成都市新鸿路 156 号　87846158 开户行及账号：工行高新西区支行 532001260004619	密码区	>56937*-536//32 8784636<*56932+- <8574-686<79>56 409-8-85><56>>8 加密版本： 01340003326000 049262

货物或应税劳务、服务名称	规格型号	单位	数量	单价	金额	税率	税额
广告费					10 000.00	6%	600.00
合计					¥10 000.00		¥600.00
价税合计（大写）	⊗ 壹万零陆佰元整（小写）¥10 600.00						

销售方	名　　称：鼎盛广告设计有限公司 纳税人识别号：586123891876397 地 址、电 话：成都市春江路 128 号　66153872 开户行及账号：工行春江支行 512161235687620	备注	鼎盛广告设计有限公司 586123891876397 发票专用章

收款人：章 兰　复核：刘 原　开票人：兰 天　销售方：（章）

第二联：抵扣联 购买方扣税凭证

表 A–14 $\frac{3}{3}$

四川增值税专用发票

（印章：全国统一发票监制章 四川 国家税务总局监制）

3600015261

No.00341236

开票日期：2024年12月23日

购买方	名　　称：红光机械有限责任公司 纳税人识别号：510208830020288 地 址、电 话：成都市新鸿路156号　87846158 开户行及账号：工行高新西区支行 532001260004619	密码区	>56937*-536//32 8784636<*56932+- <8574-686<79>56 409-8-85><56>>8 加密版本： 01340003326000 049262

货物或应税劳务名称	规格型号	单位	数量	单价	金额	税率	税额
广告费					10 000.00	6%	600.00
合计					¥10 000.00		¥600.00
价税合计（大写）	⊗壹万零陆佰元整（小写）¥10 600.00						

销售方	名　　称：鼎盛广告设计有限公司 纳税人识别号：586123891876397 地 址、电 话：成都市春江路128号　66153872 开户行及账号：工行春江支行 512161235687620	备注	鼎盛广告设计有限公司 586123891876397 发票专用章

收款人：章 兰　复核：刘 原　开票人：兰 天　销售方：（章）

第三联：发票联　购买方记账凭证

表 B–15

记账凭证

2024年12月23日　　记字 第15号

摘要	总账科目	明细科目	√	借方 千	百	十	万	千	百	十	元	角	分	贷方 千	百	十	万	千	百	十	元	角	分
付广告费	销售费用	广告费					1	0	0	0	0	0	0										
	应交税费	应交增值税（进项税额）							6	0	0	0	0										
	银行存款																1	0	6	0	0	0	0
合计						¥	1	0	6	0	0	0	0			¥	1	0	6	0	0	0	0

附件 2 张

会计主管：李华　记账：张珊　稽核：柳芳　填制：王铭

（15）12月25日，发放12月职工工资，原始凭证和记账凭证如表A-15 $\frac{1}{9}$ 至表A-15 $\frac{9}{9}$ 和表B-16所示。

表 A-15 $\frac{1}{9}$

中国工商银行 转账支票存根

支票号码Ⅵ Ⅱ9726505

附加信息

出票日期：2024 年 12 月 25 日

收款人：	红光机械有限责任公司
金额：	￥456 590.00
用途：	发工资

单位主管：　　　　会计：

表 A-15 $\frac{2}{9}$

工资结算单

部门：铸造车间　　　　2024 年 12 月　　　　单位：元

姓名		基本工资	奖金	津贴	应扣工资		应付工资	代扣款项			实发金额	签章
					病假	事假		个税	公积金	社保		
生产工人	张大明	4 900	1 000	80		40	5 940	8.4	200	500	5 231.6	
	王勇	4 850	900	50			5 800	6	150	450	5 194	
	合计	60 000	6 500	1 000		500	67 000	520	5 600	9 800	51 080	
管理人员	王霞	5 500	500	280			6 280	13.8	220	600	5 446.2	
	史艳	5 300	400	200	80		5 820	3.6	200	580	5 036.4	
	合计	46 000	2 000	980		180	48 800	180	4 300	6 500	37 820	

人事主管：　　　　复核：李冰洁　　　　制表：王艳

表 A-15 $\frac{3}{9}$

工资结算单

部门：加工车间　　　　2024 年 12 月　　　　单位：元

姓名		基本工资	奖金	津贴	应扣工资		应付工资	代扣款项			实发金额	签章
					病假	事假		个税	公积金	社保		
生产工人	顾勇	5 000	1 200	200			6 400	18.3	210	580	5 591.7	
	邓小海	4 800	1 000	200		80	5 920	9.9	150	520	5 240.1	
	合计	74 000	16 000	10 000	200	200	99 600	600	7 500	15 000	76 500	
管理人员	黄斌	5 400	300	200	50		5 850	2.1	210	220	5 017.9	
	郑洋	5 300	200	180		30	5 650		200	580	4 770	
	合计	50 000	800	580	50	30	51 300	120	5 300	9 100	36 780	

人事主管：　　　　复核：李冰洁　　　　制表：王艳

表 A-15 $\frac{4}{9}$

工资结算单

部门：装配车间　　　　2024 年 12 月　　　　单位：元

姓名		基本工资	奖金	津贴	应扣工资		应付工资	代扣款项			实发金额	签章
					病假	事假		个税	公积金	社保		
生产工人	苏美	6 000	1 300	200			7 500	46.2	300	660	6 493.8	
	刘海	5 900	1 000	300			7 200	37.5	300	650	6 212.5	
	合计	65 000	11 600	7 600			84 200	200	12 000	15 000	57 000	
管理人员	沈阳	5 800	600	500		100	6 800	28.71	295	648	5 828.29	
	合计	40 000	7 200	3 000		200	50 000	100	6 000	7 200	36 700	

人事主管：　　　　复核：李冰洁　　　　制表：王艳

表 A-15 $\frac{5}{9}$

工资结算单

部门：配电车间　　　　2024 年 12 月　　　　单位：元

姓名	基本工资	奖金	津贴	应扣工资		应付工资	代扣款项			实发金额	签章
				病假	事假		个税	公积金	社保		
杜明宏	6 100	600	400			7 100	34.32	306	650	6 109.68	
合计	32 000	5 000	3 400			40 400	300	2 300	5 800	32 000	

人事主管：　　　　复核：李冰洁　　　　制表：王艳

表 A-15 $\frac{6}{9}$

工资结算单

部门：机修车间　　　　2024 年 12 月　　　　单位：元

姓名	基本工资	奖金	津贴	应扣工资		应付工资	代发款项	代扣款项			实发金额	签章
				病假	事假			个税	公积金	社保		
李渊	6 500	200	300			7 000		29.7	330	680	5 960.3	
杨树	5 480	220	260			5 960		3.45	220	625	5 111.55	
合计	48 000	2 800	800		200	51 400		200	3 900	6 300	41 000	

人事主管：　　　　复核：李冰洁　　　　制表：王艳

表 A-15 $\frac{7}{9}$

工资结算单

部门：销售部门　　　　2024 年 12 月　　　　单位：元

姓名	基本工资	奖金	津贴	应扣工资		应付工资	代扣款项			实发金额	签章
				病假	事假		个税	公积金	社保		
杜威	6 800	700		80		7 420	43.5	350	700	6 326.5	
张娜	6 700	500				7 200	34.8	345	695	6 125.2	
合计	35 000	3 800		80		38 720	350	2 100	3 600	32 670	

人事主管：　　　　复核：李冰洁　　　　制表：王艳

表 A-15 $\frac{8}{9}$

工资结算单

部门：厂部　　　　2024 年 12 月　　　　单位：元

姓名	基本工资	奖金	津贴	应扣工资		应付工资	代扣款项			实发金额	签章
				病假	事假		个税	公积金	社保		
王菲菲	7 000	1 000			100	7 900	54	380	720	6 746	
罗格	5 900	800				6 700	22.5	300	650	5 727.5	
合计	58 700	12 600			100	71 200	760	5 600	9 800	55 040	

人事主管：　　　　复核：李冰洁　　　　制表：王艳

表 A-15 $\frac{9}{9}$

工资结算汇总表

2024 年 12 月　　　　单位：元

车间、部门		基本工资	奖金	津贴	应扣工资	应付工资	代扣款项			实发工资
							个税	公积金	社保	
铸造车间	生产工人	60 000	6 500	1 000	500	67 000	520	5 600	9 800	51 080
	管理人员	46 000	2 000	980	180	48 800	180	4 300	6 500	37 820
加工车间	生产工人	74 000	16 000	10 000	400	99 600	600	7 500	15 000	76 500
	管理人员	50 000	800	580	80	51 300	120	5 300	9 100	36 780
装配车间	生产工人	65 000	11 600	7 600		84 200	200	12 000	15 000	57 000
	管理人员	40 000	7 200	3 000	200	50 000	100	6 000	7 200	36 700
机修车间		48 000	2 800	800	200	51 400	200	3 900	6 300	41 000
配电车间		32 000	5 000	3 400		40 400	300	2 300	5 800	32 000
销售部门		35 000	3 800		80	38 720	350	2 100	3 600	32 670
厂部		58 700	12 600		100	71 200	760	5 600	9 800	55 040
合计		508 700	68 300	27 360	1 740	602 620	3 300	54 600	88 100	456 590

会计主管：　　　　复核：柳芳　　　　制表：王铭

表 B-16

记账凭证

2024 年 12 月 25 日　　　　记字 第 16 号

摘　　要	总账科目	明细科目	√	借方										贷方									
				千	百	十	万	千	百	十	元	角	分	千	百	十	万	千	百	十	元	角	分
发放 12 月职工工资	应付职工薪酬	工资				6	0	2	6	2	0	0	0										
	银行存款															4	5	6	5	9	0	0	0
	应交税费	个人所得税																3	3	3	0	0	0
	其他应付款	住房公积金															5	4	6	0	0	0	0
	其他应付款	社会保险费															8	8	1	0	0	0	0
合　　计					¥	6	0	2	6	2	0	0	0		¥	6	0	2	6	2	0	0	0

附件 9 张

会计主管：李华　　记账：张珊　　稽核：柳芳　　填制：王铭

（16）12 月 26 日，销售生铁，款项已收到，原始凭证和记账凭证如表 A-16$\frac{1}{3}$至表 A-16$\frac{3}{3}$和表 B-17 至表 B-18 所示。

表 A-16$\frac{1}{3}$

中国工商银行进账单（收账通知） 3　　No. 2231567

2024 年 12 月 26 日　　第　号

出票人	全称	兴成机车厂	收款人	全称	红光机械有限责任公司
出票人	账号	803335632	收款人	账号	532001260004619
出票人	开户银行	工行西体支行	收款人	开户银行	工行高新西区支行

人民币（大写）伍仟陆佰伍拾元整	千	百	十	万	千	百	十	元	角	分
				¥	5	6	5	0	0	0

票据种类	支票	工商银行高新西区支行 2018.12.26 转讫
票据张数	1	
单位主管　会 计　复 核　记 账		收款人开户行盖章

表 A-16 $\frac{2}{3}$

四川增值税专用发票

（全国统一发票监制章 四川 国家税务总局监制）

3600015261

No. 0505199

开票日期：2024 年 12 月 26 日

购买方	名　　称：兴成机车厂 纳税人识别号：510103617588689 地 址、电 话：成都市西体路 50 号 83344668 开户行及账号：工行西体支行 803335632	密码区	略

货物及应税劳务名称	规格型号	单位	数量	单价	金额	税率	税额
生铁		吨	2	2 500.00	5 000.00	13%	650.00
合　计					¥5 000.00		¥650.00
价税合计（大写）	⊗伍仟陆佰伍拾元整　（小写）¥5 650.00						

销售方	名　　称：红光机械有限责任公司 纳税人识别号：510208830020288 地 址、电 话：成都市新鸿路 156 号 87846158 开户行及账号：工行高新西区支行 532001260004619	备注	（红光机械有限责任公司 510208830020288 发票专用章）

第一联：记账联　销售方记账凭证

收款人：　复核：　开票人：李新　销售方：（章）

表 A-16 $\frac{3}{3}$

出库单

单位：元

领用单位：　2024 年 12 月 26 日　编号：

项目	材料名称：生铁		编号：15405	规格：	单位：吨
	请领	实发	单位成本	总成本	备注
对外销售	2	2	2 350	4 700	
合计					

主管：　审核：　领料：宋平　发料：杨江

表 B-17

记账凭证

2024 年 12 月 26 日　记 字 第 17 号

摘　要	总账科目	明细科目	√	借方 千	百	十	万	千	百	十	元	角	分	贷方 千	百	十	万	千	百	十	元	角	分
销售生铁，款项已收到	银行存款							5	6	5	0	0	0										
	其他业务收入	材料销售																5	0	0	0	0	0
	应交税费	应交增值税（销项税额）																	6	5	0	0	0
合　计							¥	5	6	5	0	0	0				¥	5	6	5	0	0	0

附件 2 张

会计主管：李华　记账：张珊　稽核：柳芳　填制：王铭

表 B–18

记账凭证

2024 年 12 月 26 日　　　　记 字 第 18 号

摘　要	总账科目	明细科目	√	借方										贷方									
				千	百	十	万	千	百	十	元	角	分	千	百	十	万	千	百	十	元	角	分
结转销售生铁成本	其他业务成本							4	7	0	0	0	0										
	原材料	原料及主要材料																4	7	0	0	0	0
合　计							¥	4	7	0	0	0	0				¥	4	7	0	0	0	0

附件 1 张

会计主管：李华　　记账：张珊　　稽核：柳芳　　填制：王铭

（17）12 月 30 日，计提当月固定资产折旧，原始凭证和记账凭证如表 A-17 和表 B-19 所示。

表 A–17

固定资产折旧提取表

2024 年 12 月　　　　单位：元

使用部门	本月应计折旧额				合　计
	房屋、建筑物	机器设备	其他设备	运输工具	
基本生产车间	1 200	800	416		2 416
行政管理部门	1 000			300	1 300
合　计					3 716

会计主管：李华　　审核：柳芳　　制单：王铭

表 B–19

记账凭证

2024 年 12 月 30 日　　　　记 字 第 19 号

摘　要	总账科目	明细科目	√	借方										贷方									
				千	百	十	万	千	百	十	元	角	分	千	百	十	万	千	百	十	元	角	分
计提固定资产折旧	制造费用	折旧费						2	4	1	6	0	0										
	管理费用	折旧费						1	3	0	0	0	0										
	累计折旧																	3	7	1	6	0	0
合　计							¥	3	7	1	6	0	0				¥	3	7	1	6	0	0

附件 1 张

会计主管：李华　　记账：张珊　　稽核：柳芳　　填制：王铭

（18）12 月 30 日，分配工资费用，原始凭证和记账凭证如表 A-18、表 B-20 至表 B-21 所示。

表 A–18

工资费用分配表

2024 年 12 月

部门/产品		分配标准/工时	工资费用	
			分配率（元/工时）	分配额/元
铸造车间	普通车床	3 500		46 900
	刻模铣床	1 500		20 100
	合计	5 000	13.400 0	67 000
加工车间	普通车床	5 800		82 534
	刻模铣床	1 200		17 066
	合计	7 000	14.230 0	99 600
装配车间	普通车床	4 500		50 535
	刻模铣床	3 000		33 665
	合计	7 500	11.230 0	84 200
辅助生产	机修车间			51 400
	配电车间			40 400
制造费用	铸造车间			48 800
	加工车间			51 300
	装配车间			50 000
销售部门				38 720
厂部				71 200
合计				602 620

注：分配率保留 4 位小数。

表 B–20

记账凭证

2024 年 12 月 30 日　　记 字 第 20 号　　1/2

摘要	总账科目	明细科目	√	借方										贷方									
				千	百	十	万	千	百	十	元	角	分	千	百	十	万	千	百	十	元	角	分
分配本月工资费用	生产成本	普通车床				1	7	9	9	6	9	0	0										
	生产成本	刻模铣床					7	0	8	3	1	0	0										
	生产成本	机修车间					5	1	4	0	0	0	0										
	生产成本	配电车间					4	0	4	0	0	0	0										
	制造费用	职工薪酬				1	5	0	4	0	0	0	0										
	管理费用	职工薪酬					7	1	2	0	0	0	0										
合计																							

附件 2 张

会计主管：李华　　记账：张珊　　稽核：柳芳　　填制：王铭

表 B-21

记账凭证

2024年12月30日　　记 字 第20号　　2/2

摘要	总账科目	明细科目	√	借方										贷方										
				千	百	十	万	千	百	十	元	角	分	千	百	十	万	千	百	十	元	角	分	附件
分配本月工资费用	销售费用	职工薪酬					3	8	7	2	0	0	0											
	应付职工薪酬	工资														6	0	2	6	2	0	0	0	2
																								张
合计					¥	6	0	2	6	2	0	0	0		¥	6	0	2	6	2	0	0	0	

会计主管：李华　　记账：张珊　　稽核：柳芳　　填制：王铭

（19）12月30日，计提应由企业负担的职工社会保险费和住房公积金，根据公司职代会决议，调整计提公司职工社会保险费和公积金的缴费比例。原始凭证和记账凭证如表A-19和表B-22至表B-23所示。

表 A-19

职工社会保险费和住房公积金提取分配表

2024年12月

部门/产品		工资/元	社会保险费		住房公积金		合计/元
			比例	金额/元	比例	金额/元	
普通车床		179 969	28%	50 391.32	10%	17 996.9	68 388.22
刻模铣床		70 831	28%	19 832.68	10%	7 083.1	26 915.78
辅助生产	机修车间	51 400	28%	14 392	10%	5 140	19 532
	配电车间	40 400	28%	11 312	10%	4 040	15 352
制造费用		150 100	28%	42 028	10%	15 010	57 038
销售部门		38 720	28%	10 841.6	10%	3 872	14 713.6
厂部		71 200	28%	19 936	10%	7 120	27 056
合计		602 620		168 733.6		60 262	228 995.6

表 B-22

记账凭证

2024年12月30日　　记 字 第21号　　1/2

摘要	总账科目	明细科目	√	借方										贷方										
				千	百	十	万	千	百	十	元	角	分	千	百	十	万	千	百	十	元	角	分	附件
计提社会保险费和公积金	生产成本	普通车床					6	8	3	8	8	2	2											
		刻模铣床					2	6	9	1	5	7	8											
	生产成本	机修车间					1	9	5	3	2	0	0											1
		配电车间					1	5	3	5	2	0	0											
	制造费用	职工薪酬					5	7	0	3	8	0	0											张
	销售费用	职工薪酬					1	4	7	1	3	6	0											
合计																								

会计主管：李华　　记账：张珊　　稽核：柳芳　　填制：王铭

表 B-23

记账凭证

2024 年 12 月 30 日　　　　记 字 第 21 号　　2/2

摘　要	总账科目	明细科目	√	借方										贷方										
				千	百	十	万	千	百	十	元	角	分	千	百	十	万	千	百	十	元	角	分	
计提社会保险费和住房公积金	管理费用	职工薪酬					2	7	0	5	6	0	0											附件
	应付职工薪酬	社会保险费														1	6	8	7	3	3	6	0	1
	应付职工薪酬	住房公积金															6	0	2	6	2	0	0	
																								张
合　计					¥	2	2	8	9	9	5	6	0		¥	2	2	8	9	9	5	6	0	

会计主管：李华　　记账：张珊　　稽核：柳芳　　填制：王铭

（20）12 月 31 日，分配结转机修车间和配电车间本月发生的辅助生产费用，原始凭证和记账凭证如表 A-20 和表 B-24 所示。

表 A-20

辅助生产费用分配表

2024 年 12 月 31 日

产品	机修车间			配电车间			合计/元
	分配标准/工时	分配率（元/工时）	分配额/元	分配标准/工时	分配率（元/工时）	分配额/元	
普通车床	3 500	14.1864	49 652.4	3 500	11.1504	39 026.4	88 678.8
刻模铣床	1 500	14.1864	21 279.6	1 500	11.1504	16 725.6	38 005.2
合计	5 000		70 932	5 000		55 752	126 684

注：分配率保留 4 位小数。

表 B-24

记账凭证

2024 年 12 月 31 日　　　　记 字 第 22 号

摘　要	总账科目	明细科目	√	借方										贷方										
				千	百	十	万	千	百	十	元	角	分	千	百	十	万	千	百	十	元	角	分	
分配结转辅助生产费用	生产成本	普通车床					8	8	6	7	8	8	0											附件
	生产成本	刻模铣床					3	8	0	0	5	2	0											
	生产成本	机修车间															7	0	9	3	2	0	0	1
	生产成本	配电车间															5	5	7	5	2	0	0	
																								张
合　计						¥	1	2	6	6	8	4	0			¥	1	2	6	6	8	4	0	

会计主管：李华　　记账：张珊　　稽核：柳芳　　填制：王铭

（21）12 月 31 日，分配结转制造费用，原始凭证和记账凭证如表 A-21 和表 B-25 所示。

表 A–21

制造费用分配表

2024 年 12 月 31 日

部门/产品	制造费用总额		
	分配标准/工时	分配率（元/工时）	分配额/元
普通车床	3 500	41.910 8	146 687.8
刻模铣床	1 500	41.910 8	62 866.2
合计			209 554

注：分配率保留 4 位小数。

表 B–25

记账凭证

2024 年 12 月 31 日　　记 字 第 23 号

摘要	总账科目	明细科目	√	借方										贷方									
				千	百	十	万	千	百	十	元	角	分	千	百	十	万	千	百	十	元	角	分
分配结转制造费用	生产成本	普通车床				1	4	6	6	8	7	8	0										
	生产成本	刻模铣床					6	2	8	6	6	2	0										
	制造费用															2	0	9	5	5	4	0	0
合计					¥	2	0	9	5	5	4	0	0		¥	2	0	9	5	5	4	0	0

附件 1 张

会计主管：李华　　记账：张珊　　稽核：柳芳　　填制：王铭

（22）12 月 31 日，本月加工生产的普通车床和刻模铣床全部完工，计算并结转完工产品成本，原始凭证和记账凭证如表 A-22$\frac{1}{4}$至表 A-22$\frac{4}{4}$和表 B-26 所示。

表 A–22$\frac{1}{4}$

完工产品成本汇总计算单

产品名称：普通车床　　2024 年 12 月 31 日　　完工产量：50 台　　单位：元

项目	直接材料	直接人工	制造费用	产品总成本
月初在产品成本	158 740.00	42 978.00	25 000.00	226 718.00
本月生产费用	245 900.00	337 036.02	146 687.80	729 623.82
本月生产费用合计	404 640.00	380 014.02	171 687.80	956 341.82
本月完工产品总成本	404 640.00	380 014.02	171 687.80	956 341.82
产品单位成本	8 092.80	7 600.28	3433.76	19 126.84

制表：王铭

表 A-22 $\frac{2}{4}$

完工产品成本汇总计算单

产品名称：刻模铣床　　2024 年 12 月 31 日　　完工产量：20 台　　单位：元

项目	直接材料	直接人工	制造费用	产品总成本
月初在产品成本	57 610.00	29 526.00	13 650.00	100 786.00
本月生产费用	78 400.00	135 751.98	62 866.20	277 018.18
本月生产费用合计	136 010.00	165 277.98	76 516.20	377 804.18
本月完工产品总成本	136 010.00	165 277.98	76 516.20	377 804.18
产品单位成本	6 800.50	8263.90	3825.81	18 890.21

制表：王铭

表 A-22 $\frac{3}{4}$

产品入库单

2024 年 12 月 31 日　　第　号

编号	名称	规格	单位	数量		单价/元	金额/元	备注
				交库	实收			
	普通车床		台	50	50			
合计								

二记账联

记账：张珊　　验收：余华为　　制单：张亮

表 A-22 $\frac{4}{4}$

产品入库单

2024 年 12 月 31 日　　第　号

编号	名称	规格	单位	数量		单价/元	金额/元	备注
				交库	实收			
	刻模铣床		台	20	20			
合计								

二记账联

记账：张珊　　验收：余华为　　制单：张亮

表 B-26

记账凭证

2024 年 12 月 31 日　　记 字 第 24 号

摘　要	总账科目	明细科目	√	借　方										贷　方									
				千	百	十	万	千	百	十	元	角	分	千	百	十	万	千	百	十	元	角	分
结转完工产品成本	库存商品	普通车床				9	5	6	3	4	1	8	2										
	库存商品	刻模铣床				3	7	7	8	0	4	1	8										
	生产成本	普通车床														9	5	6	3	4	1	8	2
	生产成本	刻模铣床														3	7	7	8	0	4	1	8
合　计				¥	1	3	3	4	1	4	6	0	0	¥	1	3	3	4	1	4	6	0	0

附件 4 张

会计主管：李华　　记账：张珊　　稽核：柳芳　　填制：王铭

（23）12 月 31 日，结转已售产品成本，原始凭证和记账凭证如表 A-23 和表 B-27 所示。

表 A-23　　　　产品销售成本计算表

2024 年 12 月 31 日　　　　金额单位：元

产品名称	单位	月初结存			本月完工产品			本月销售		
		数量	单位成本	总成本	数量	单位成本	总成本	数量	单位成本	总成本
普通车床	台	67	15 170.15	1 016 400.05	50	19 126.84	956 341.82	10	16 861.04	168 610.4
合计				1 016 400.05			956 341.82			168 610.4

会计主管：李华　　　　复核：柳芳　　　　制表：王铭

表 B-27　　　　记账凭证

2024 年 12 月 31 日　　　　记 字 第 25 号

摘　要	总账科目	明细科目	√	借方										贷方									
				千	百	十	万	千	百	十	元	角	分	千	百	十	万	千	百	十	元	角	分
结转已售产品成本	主营业务成本	普通车床				1	6	8	6	1	0	4	0										
	库存商品	普通车床														1	6	8	6	1	0	4	0
合　计					¥	1	6	8	6	1	0	4	0		¥	1	6	8	6	1	0	4	0

附件 1 张

会计主管：李华　　记账：张珊　　稽核：柳芳　　填制：王铭

（24）12 月 31 日，结转损益类账户，记账凭证如表 B-28 和表 B-29 所示。

表 B-28　　　　记账凭证

2024 年 12 月 31 日　　　　记 字 第 26 号

摘　要	总账科目	明细科目	√	借方										贷方									
				千	百	十	万	千	百	十	元	角	分	千	百	十	万	千	百	十	元	角	分
结转收入类账户	主营业务收入					4	3	0	0	0	0	0	0										
	其他业务收入							5	0	0	0	0	0										
	本年利润															4	3	5	0	0	0	0	0
合　计					¥	4	3	5	0	0	0	0	0		¥	4	3	5	0	0	0	0	0

附件 张

会计主管：李华　　记账：张珊　　稽核：柳芳　　填制：王铭

表 B–29

记账凭证

2024 年 12 月 31 日　　　　记 字 第 27 号

摘　要	总账科目	明细科目	√	借　方										贷　方									
				千	百	十	万	千	百	十	元	角	分	千	百	十	万	千	百	十	元	角	分
结转费用类账户	本年利润					3	3	8	1	1	8	0	0										
	主营业务成本															1	6	8	6	1	0	4	0
	其他业务成本																	4	7	0	0	0	0
	管理费用															1	0	1	3	5	6	0	0
	财务费用																			1	8	0	0
	销售费用																6	3	4	3	3	6	0
合　计					¥	3	3	8	1	1	8	0	0		¥	3	3	8	1	1	8	0	0

附件　张

会计主管：李华　　记账：张珊　　稽核：柳芳　　填制：王铭

（25）12 月 31 日，计算本月所得税（假设无纳税调整项目），原始凭证和记账凭证如表 A-24 和表 B-30 所示。

表 A–24

企业应纳所得税计算表

2024 年 12 月 1 日至 2024 年 12 月 31 日　　　　金额单位：元

项目	金额
一、本月会计利润总额	96 882
加：应纳税所得额调增项目	
1. 存货跌价准备	
2. 坏账准备	
3.	
小计	
减：应纳税所得额调减项目	
1.	
2.	
小计	
二、应纳税所得额	96 882
乘：适用税率（25%）	
三、应纳所得税	24 220.5

会计主管：李华　　复核：柳芳　　制表：王铭

表 B–30

记账凭证

2024 年 12 月 31 日　　　　记 字 第 28 号

摘　要	总账科目	明细科目	√	借　方										贷　方									
				千	百	十	万	千	百	十	元	角	分	千	百	十	万	千	百	十	元	角	分
计提本月所得税费用	所得税费用						2	4	2	2	0	5	0										
	应交税费	应交所得税															2	4	2	2	0	5	0
合　计						¥	2	4	2	2	0	5	0			¥	2	4	2	2	0	5	0

附件 1 张

会计主管：李华　　记账：张珊　　稽核：柳芳　　填制：王铭

（26）12 月 31 日，结转本月所得税费用，记账凭证如表 B-31 所示。

表 B-31

记账凭证

2024 年 12 月 31 日　　　　记 字 第 29 号

摘要	总账科目	明细科目	√	借方										贷方									
				千	百	十	万	千	百	十	元	角	分	千	百	十	万	千	百	十	元	角	分
结转本月所得税费用	本年利润						2	4	2	2	0	5	0										
	所得税费用																2	4	2	2	0	5	0
合计						¥	2	4	2	2	0	5	0			¥	2	4	2	2	0	5	0

附件　张

会计主管：李华　　记账：张珊　　稽核：柳芳　　填制：王铭

（27）12 月 31 日，结转本年利润，记账凭证如表 B-32 所示。

表 B-32

记账凭证

2024 年 12 月 31 日　　　　记 字 第 30 号

摘要	总账科目	明细科目	√	借方										贷方									
				千	百	十	万	千	百	十	元	角	分	千	百	十	万	千	百	十	元	角	分
结转本年利润	本年利润				1	2	8	9	8	0	2	7	5										
	利润分配	未分配利润													1	2	8	9	8	0	2	7	5
合计				¥	1	2	8	9	8	0	2	7	5	¥	1	2	8	9	8	0	2	7	5

附件　张

会计主管：李华　　记账：张珊　　稽核：柳芳　　填制：王铭

（28）12 月 31 日，计提盈余公积，原始凭证和记账凭证如表 A-25 和表 B-33 所示。

表 A-25

利润分配计算表

2024 年 12 月 31 日　　　　金额单位：元

项目	利润分配基数	分配比例	分配金额
法定盈余公积	1 289 802.75	10%	128 980.28
任意盈余公积	1 289 802.75	5%	64 490.14
向投资者分配利润			待股东大会后再行分配
合计			193 470.42

会计主管：李华　　复核：柳芳　　制表：王铭

表 B–33

记账凭证

2024 年 12 月 31 日　　　　记 字 第 31 号

摘　要	总账科目	明细科目	√	借方										贷方									
				千	百	十	万	千	百	十	元	角	分	千	百	十	万	千	百	十	元	角	分
提取盈余公积	利润分配	提取法定盈余公积				1	2	8	9	8	0	2	8										
	利润分配	提取任意盈余公积					6	4	4	9	0	1	4										
	盈余公积	法定盈余公积														1	2	8	9	8	0	2	8
	盈余公积	任意盈余公积															6	4	4	9	0	1	4
合　计					¥	1	9	3	4	7	0	4	2		¥	1	9	3	4	7	0	4	2

附件 1 张

会计主管：李华　　记账：张珊　　稽核：柳芳　　填制：王铭

（29）12 月 31 日，结转未分配利润，记账凭证如表 B-34 所示。

表 B–34

记账凭证

2024 年 12 月 31 日　　　　记 字 第 32 号

摘　要	总账科目	明细科目	√	借方										贷方									
				千	百	十	万	千	百	十	元	角	分	千	百	十	万	千	百	十	元	角	分
结转未分配利润	利润分配	未分配利润				1	9	3	4	7	0	4	2										
	利润分配	提取法定盈余公积														1	2	8	9	8	0	2	8
	利润分配	提取任意盈余公积															6	4	4	9	0	1	4
合　计					¥	1	9	3	4	7	0	4	2		¥	1	9	3	4	7	0	4	2

附件　张

会计主管：李华　　记账：张珊　　稽核：柳芳　　填制：王铭

更多实训资料

会计账簿的设置与登记

参考文献

[1] 刘永泽，陈文铭. 会计学[M]. 5版. 大连：东北财经大学出版社，2016.
[2] 葛长银. 企业财税会计[M]. 北京：高等教育出版社，2016.
[3] 李莉，杨进，周瑞，等. 企业财税基础与实务[M]. 3版. 北京：清华大学出版社，2017.
[4] 中华人民共和国财政部. 企业会计准则应用指南[M]. 上海：立信会计出版社，2020.
[5] 杨则文. 纳税实务[M]. 4版. 北京：高等教育出版社，2022.
[6] 魏艳华，杜国用. 会计基础与实训[M]. 上海：上海财经大学出版社，2009.
[7] 陈昌才，陈玉，刘忠. 基础会计[M]. 北京：北京师范大学出版社，2012.
[8] 刘成竹，周俐萍. 企业会计报表分析[M]. 北京：中国人民大学出版社，2010.
[9] 夏汉平. 客户财务报表分析识别技巧与信贷风险防范[M]. 北京：中国农业大学出版社，2013.